Vida Nueva

El Maestro *adultos*

Tomo 2

marzo a
agosto 2015

Los estudios bíbli̶̶̶ ̶ ̶ Vida Nueva
han sido desa̶rrollados según
los bosquejos de la Comisión de
Currículum Pentecostal Carismático

Gospel Publishing House
1445 N. Boonville Ave.
Springfield, Missouri 65802

Vida Nueva

*Currículo para una
vida llena del Espíritu*

El Maestro
adultos

Tomo 2

marzo a
agosto 2015

Departamento de
Redacción de
Vida Nueva

El Texto Bíblico ha sido tomado
de la versión Reina-Valera ©
1960 Sociedades Bíblicas en
América Latina; © renovado
1988 Sociedades Bíblicas
Unidas. Utilizado con permiso.

Texto bíblico tomado de la
Santa Biblia, Nueva Versión
Internacional® NVI® Propiedad
literaria © 1999 por Biblica,
Inc.™ Usado con permiso.
Reservados todos los derechos
mundialmente.

EL MAESTRO ES UNA
PUBLICACIÓN SEMESTRAL

Artículo rústica 67-2371
ISBN 978-0-88243-355-4
Artículo tela 67-2379
ISBN 978-0-88243-356-1

El Maestro
adultos

Objetivo de Vida Nueva

Que los alumnos reciban a Cristo como Salvador y
Señor, y que lleguen a ser semejantes a Él
en consagración, conducta, y servicio,
mediante la enseñanza y
el buen ejemplo del maestro.

Metas de la enseñanza

1. SALVACIÓN. Llevar a cada alumno a la
experiencia del nuevo nacimiento.

2. CONOCIMIENTO BÍBLICO. Enseñar de
tal modo que cada alumno conozca, crea, y
obedezca la palabra de Dios.

3. VIDA LLENA DEL ESPÍRITU. Animar
a cada alumno a llevar una vida llena del
Espíritu Santo.

4. CRECIMIENTO CRISTIANO. Contribuir
a la madurez y al crecimiento cristiano de
cada alumno.

5. COMPROMISO PERSONAL. Guiar a cada
alumno al compromiso continuo de vivir
conforme a la voluntad de Dios.

6. MINISTERIO CRISTIANO. Ayudar a cada
alumno a que encuentre y ocupe su lugar en
el ministerio de la iglesia.

7. VIDA CRISTIANA. Velar porque cada
alumno aplique los principios cristianos en
todos los aspectos de su vida.

Para pedir este libro en inglés, llame en los E.U.A. al 1.800.641.4310, o visite www.miiglesiasaludable.com
Para unidades 1 y 2: Adult Teacher Guide (Spring) 67CP1371. Para unidades 3 y 4: Adult Teacher Guide (Summer) 67CP1471.
El currículo en inglés se publica cada tres meses (septiembre–noviembre, diciembre–febrero, marzo–mayo, junio–agosto).

Índice

El Maestro adultos

El Maestro es un material de estudio basado en la Biblia, escrito por personas llenas del Espíritu Santo que desean comunicar claramente las enseñanzas de las Escrituras. En un período de siete años se cubre toda la Biblia, de Génesis a Apocalipsis. Además, se tratan las principales doctrinas de la Iglesia y también temas que ayudan a los alumnos a madurar espiritualmente.

Muchas personas malinterpretan la función del Espíritu Santo en la enseñanza y el uso de un plan de estudios en la preparación de la clase. Se preguntan: "¿Cómo puedo seguir la guía del Espíritu Santo y a la vez usar un currículo?"

La función del Espíritu Santo en la enseñanza

Dios ha dado maestros a la Iglesia para que instruyan a los creyentes y los preparen para la vida y el servicio. La función del Espíritu Santo es dar vida a la enseñanza e iluminar el corazón tanto del maestro como de los alumnos. Sin la iluminación del Espíritu Santo la enseñanza es sólo conocimiento (véase 1 Corintios 2:10-16, especialmente el v. 14). Un maestro no puede dar lo que no ha recibido. Y los alumnos no pueden aprender algo que no han estudiado (2 Timoteo 2:15).

El uso del currículo en la escuela dominical

El uso de la guía del maestro no menoscaba lo que el Espíritu Santo quiere hacer en una clase de escuela dominical. Más bien, con el uso del currículo *Vida Nueva* usted aprovecha el conocimiento de los escritores llenos del Espíritu que han dedicado tiempo y esfuerzo a estudiar los pasajes bíblicos y a escribir el comentario de estudio. ¡Y puede cubrir toda la Biblia en siete años!

Un buen currículo se caracteriza por lo siguiente:

1. Asegura que no se omita ni se enfatice demasiado una cierta información.

2. Elimina las falsas enseñanzas y los errores doctrinales.

3. Provee una variedad de recursos. ¡No olvide que la Biblia es el libro de texto del maestro! El currículo ofrece al maestro instrucción bíblica e ideas para la enseñanza.

4. Ayuda al maestro a hacer las debidas preguntas.

En un reciente estudio se descubrió que los maestros hacen un promedio de cuarenta y cinco preguntas por semana. De éstas, un tercio son retóricas y van dirigidas al alumno o son de tipo "administrativo" (en visitas, en distribución de materiales, o al contestar preguntas acerca de problemas en la clase). Según el estudio, el material de estudio provee al maestro un tercio de las preguntas de discusión que se hacen en clase, de las que casi todas se leen tal como están en el currículo. El otro tercio de las preguntas hechas semanalmente las hace el maestro. Los maestros que NO se valen de las preguntas de discusión del currículo, tenían cinco veces más probabilidad de hacer preguntas muy sencillas (de repaso o de análisis de comprensión, pero no de aplicación). El estudio verificó que estas sencillas preguntas resultan en menos diálogo que las que son más profundas. Los que utilizan un currículo tienen más probabilidad de hacer preguntas profundas (que requieren que el alumno piense en el tema y aplique a su vida el material de la lección).

Cómo preparar la clase

Al preparar la lección de la escuela dominical, use la regla "3 a 1", es decir, por lo menos tres minutos de estudio por cada minuto de clase. Para una clase de cuarenta y cinco minutos, el maestro debe invertir por lo menos dos horas en la preparación de la lección.

Las ideas que se ofrecen a continuación dan al maestro un marco de referencia para establecer el tiempo necesario en la preparación de una clase de cuarenta y cinco minutos:

1. Dé un repaso somero a la lección (10 minutos).

Familiarícese con el contenido y la dirección de la lección.

2. Ore por guía (20 minutos).

Este es el momento de orar por los miembros de la clase. El Espíritu Santo dirigirá al maestro hacia las necesidades de ellos.

3. Estudie el Comentario bíblico (30 minutos).

- Relacione las Escrituras con la interpretación que se da en el Comentario.

- No ceda a la tentación de memorizar y recitar el texto del Comentario bíblico.

- Anote los puntos que se dan en el Comentario que puedan satisfacer las necesidades de los alumnos.

- Considere usar algunas de las actividades que se sugieren bajo "Idea".

- Examine las preguntas y comprenda cómo cada una se contesta en la sección del Comentario bíblico.

- Enfoque la atención en elementos que parecen "saltar de la página".

4. Escriba el objetivo de la lección (15 minutos).

Acomode el objetivo a las necesidades de sus alumnos. El objetivo debe comenzar con las palabras "El alumno podrá…" y después lo seguirá un verbo, como creer, explicar, aceptar, responder, confiar, escribir. Cada parte del estudio y cada actividad debe tener como fin el cumplimiento del objetivo.

5. Prepare las secciones Discipulado en acción y Ministerio en acción (10 minutos).

Use estas secciones para cerrar la clase en oración o para un tiempo de dedicación personal (tendrá que adaptarlas a sus alumnos).

6. Prepare la introducción al estudio (10 minutos).

- Comience la clase con una anécdota o una actividad que capte la atención de los alumnos.
- Evite comenzar con alguna definición.
- Use estudios de caso o alguna noticia de último minuto para una introducción interesante.

7. Organice el Comentario bíblico (15 minutos).

- Válgase del bosquejo que se da en la primera página de la lección.

- Medite en el texto bíblico y el material de la lección para sacar pensamientos propios.
- Decida entre dos o tres conceptos que enfatizará, y subraye en el libro otros temas.

8. Haga una lista de las preguntas de discusión (10 minutos).

Ponga atención a las preguntas y escoja de dos a cinco que estimulen el diálogo.

9. Ore por la unción del Espíritu (10 minutos).

Pida la unción del Espíritu Santo para presentar el material, y para que los alumnos reciban la enseñanza.

10. Reúna los materiales necesarios (5 minutos).

Reúna y organice todos los materiales que necesitará para presentar el estudio.

La vida de Samuel

Si usted lleva tiempo en la Iglesia, es probable que haya oído decir: "Todo saldrá bien; Dios está en su trono". Es una expresión que usamos cuando alguna situación nos deja con un sentimiento de impotencia, o confusión.

Esta expresión refleja la soberanía de Dios, su posición como Rey exaltado de la creación, cuyo poder y autoridad son inigualados e irrefutables. Su soberanía es el fundamento de nuestra esperanza y nos inspira paz en las peores tormentas y luchas de la vida.

Durante las próximas siete semanas, estudiaremos una sección de la Escrituras que desborda las ricas promesas de Dios y su soberano propósito. La vida de Samuel representa un tiempo espiritualmente estéril y turbulento en la historia de Israel. No obstante, la mano de Dios estaba sobre su pueblo.

Vemos la gracia de Dios en acción, al responder a las oraciones de una piadosa madre que dedicó a su hijito al servicio de Dios. Este profeta y juez de Israel, cuyo nacimiento fue un milagro, se convirtió en el vocero de Dios para su pueblo.

Samuel llamó a la nación al arrepentimiento, y la reprendió porque aspiraban a ser como sus vecinos paganos, gobernados por reyes. Su piadosa integridad sirvió como ejemplo de lo que Dios esperaba de los israelitas. El rey Saúl fue ungido por su mano, y con sus palabras, Saúl afrontó su pecado y sus consecuencias.

Aun en los capítulos finales de la vida de Samuel, se ve con claridad el propósito de Dios, en el ascenso de David al trono. La nación tenía sus luchas, pero el plan de Dios siguió adelante.

Y el plan de Dios para la humanidad todavía está en efecto hoy. Es posible que a sus alumnos les cueste ver ese plan en la turbulencia y la incertidumbre presentes en el mundo. Esta unidad puede servir para reafirmar en su vida la presencia de la mano de Dios que los guía, los anima, y les hace ver que son parte de su plan.

Durante esta unidad, exhorte a los alumnos a mantenerse firmes del lado de Dios contra las tentaciones y el conformismo. Se les recordará que con frecuencia, los caminos de Dios son muy diferentes de lo que nosotros pensamos. Y se fortalecerán al saber que Dios guía el curso de nuestra vida. Porque, a pesar de lo que el mañana nos depare, Dios todavía está en su trono.

Fundamento bíblico

1 Samuel 1:8–28; 3:1–21

Enfoque

Reflexionar sobre la providencia de Dios en cuanto al llamado de Samuel y confiar en que Él dirigirá nuestra vida.

Bosquejo

I. Dios contesta la oración de Ana
  A. Movida a orar
  B. El resultado de la oración
II. Samuel es consagrado al Señor
  A. Un voto para toda la vida
  B. Sacrificio y alabanza
III. Llamado a ser profeta
  A. Adquiriendo discernimiento
  B. Dando el mensaje de Dios

Preparación

☐ Escoja las preguntas, las actividades de aprendizaje, y los artículos del *Folleto de ayudas y recursos* que le ayuden a alcanzar sus objetivos en la lección.

☐ Llene la hoja "Planificación de la clase".

☐ Prepare las siguientes copias maestras: La respuesta a la oración, Examen de salud espiritual, Escuchar a Dios, Para un estudio más amplio 1

Dios llama al joven Samuel

Verdad central

Dios escucha las oraciones de sus hijos y dirige la vida de cada uno.

Versículo clave: 1 Samuel 3:10

Y vino Jehová y se paró, y llamó como las otras veces: ¡Samuel, Samuel! Entonces Samuel dijo: Habla, porque tu siervo oye.

Introducción

¿Qué podemos aprender de las desilusiones de la vida? ¿Cómo debemos reaccionar cuando se producen?

La lección de hoy comienza con Ana, una mujer a quien Dios había hecho estéril (véase 1 Samuel 1:1–9). En vez de sucumbir ante la desilusión de no tener un hijo, buscó al Señor en oración. Su confianza en Él aumentó, y Dios finalmente la bendijo con un hijo que se convertiría en uno de los mayores jueces y profetas del Antiguo Testamento. Su ejemplo nos desafía a enfrentarnos nosotros también con una ferviente oración en los tiempos difíciles.

Objetivos del aprendizaje

Al terminar esta lección, sus alumnos podrán:

1. apreciar el valor de perseverar en la oración.
2. reafirmar la importancia de escuchar la voz de Dios por medio de una firme vida de oración.
3. reconocer que la providencia divina es evidente en su vida, y que Dios tiene buenos planes para cada ser humano.

1:10 Ella con amargura de alma oró a Jehová, y lloró abundantemente.

11. E hizo voto, diciendo: Jehová de los ejércitos, si te dignares mirar a la aflicción de tu sierva, y te acordares de mí, y no te olvidares de tu sierva, sino que dieres a tu sierva un hijo varón, yo lo dedicaré a Jehová todos los días de su vida, y no pasará navaja sobre su cabeza.

15. Y Ana le respondió diciendo: No, señor mío; yo soy una mujer atribulada de espíritu; no he bebido vino ni sidra, sino que he derramado mi alma delante de Jehová.

17. Elí respondió y dijo: Ve en paz, y el Dios de Israel te otorgue la petición que le has hecho.

18. Y ella dijo: Halle tu sierva gracia delante de tus ojos. Y se fue la mujer por su camino, y comió, y no estuvo más triste.

20. Aconteció que al cumplirse el tiempo, después de haber concebido Ana, dio a luz un hijo, y le puso por nombre Samuel, diciendo: Por cuanto lo pedí a Jehová.

3:7. Y Samuel no había conocido aún a Jehová, ni la palabra de Jehová le había sido revelada.

9. Y dijo Elí a Samuel: Ve y acuéstate; y si te llamare, dirás: Habla, Jehová, porque tu siervo oye. Así se fue Samuel, y se acostó en su lugar.

10. Y vino Jehová y se paró, y llamó como las otras veces: ¡Samuel, Samuel! Entonces Samuel dijo: Habla, porque tu siervo oye.

19. Y Samuel creció, y Jehová estaba con él, y no dejó caer a tierra ninguna de sus palabras.

20. Y todo Israel, desde Dan hasta Beerseba, conoció que Samuel era fiel profeta de Jehová.

Comentario bíblico

I. Dios contesta la oración de Ana

A. *Movida a orar*
1 Samuel 1:10–16

Ana y su esposo Elcana viajaban todos los años a Silo (1 Samuel 1:3). Este poblado, situado a unos treinta kilómetros al norte de Jerusalén, era el centro religioso de adoración. Allí se había levantado el tabernáculo antes de la construcción del templo de Salomón. Durante una de sus visitas, el sufrimiento de Ana a causa de su esterilidad se hizo especialmente intenso, y fue al tabernáculo a orar. Durante el tiempo que estuvo orando, se sintió movida a hacer un voto al Señor (v. 11). Este voto mostraba su entrega al Señor, puesto que le prometió entregar a su hijo para que le sirviera… si Él se lo daba. Además, viviría conforme al voto de nazareo (véase Números 6:1–15). Estas personas eran apartadas por completo para servir al Señor durante el período de tiempo que duraba su voto. Debían manifestar en su vida las normas más elevadas de santidad y consagración a Dios.

Mientras Ana oraba, el sumo sacerdote Elí observaba sus acciones y había decidido que estaba ebria, lo cual era un serio delito. Así que la reprendió (1:12–14).

Ana le explicó enseguida el motivo de su desesperación. Solo estaba derramando ante Dios lo que había en su corazón (vv. 15,16). Ana estaba afligida y buscaba en el Señor una respuesta a su oración.

IDEA 1. Pida a sus alumnos que completen lo siguiente: "A veces nuestras oraciones quedan sin respuesta porque…" Comente algunas razones de que las oraciones podrían quedar sin respuesta.

B. El resultado de la oración
1 Samuel 1:17–20

Después de esa explicación, Elí notó que Ana era sincera y piadosa, y respondió a su necesidad con palabras de aliento (1 Samuel 1:17,18). Las Escrituras hacen notar que hasta el rostro de Ana cambió como resultado de aquella interacción con Elí.

¿Por qué es bueno que compartamos nuestras cargas con los demás, y qué precaución debemos tener al hacerlo?

Nos sentimos fortalecidos al saber que otros creyentes nos apoyan en oración, y que pueden guardar el secreto que compartimos con ellos. En la intercesión mutua encontramos fortaleza. Sin embargo, también debemos ser sabios al hablar de las necesidades por las que pedimos oración, sobre todo cuando la reacción de otros podría desanimarnos.

Después de su encuentro con Elí, Ana se fue, transformada en su aspecto externo y en sus expectativas. Poco después, Ana y su esposo concibieron un niño. Ella reconoció que Dios se había acordado de ella, y reconoció también su gracia al llamarlo "Samuel". Este nombre significa literalmente "El nombre de Dios es El", y se refiere al poder de Dios.

¿Qué podemos aprender del ejemplo de Ana acerca de la dedicación a la oración?

No se nos dice con precisión cuánto tiempo Ana oró pidiendo un hijo, pero las Escrituras sugieren que fueron años (vv. 2,7). Con todo, nunca se dio por vencida. Su situación la entristecía en ocasiones, aunque mantenía firme su fe y su confianza en el Señor. La perseverancia de Ana no dependía de las circunstancias. Ella había puesto su esperanza en el Señor, y creyó en Él hasta que tuvo respuesta.

IDEA 2. Distribuya la hoja de trabajo "La respuesta a la oración". Diga a sus alumnos que respondan las preguntas de la hoja, que se basan en 1 Samuel 1:10–20. Después comente las respuestas.

II. Samuel es consagrado al Señor
A. Un voto para toda la vida
1 Samuel 1:21–23

Como todos los años, Elcana y su familia fueron a Silo para ofrecer un sacrificio al Señor (véase 1 Samuel 1:3). En aquella ocasión lo hizo también en cumplimiento de un voto que habían hecho al Señor (v. 21). Pero Ana se quedó para cuidar de Samuel hasta el término de su lactancia. Por lo general, este era un proceso de dos o tres años, o incluso seis. Cuando cambió su dieta, Samuel pudo estar lejos de su hogar y su familia. Entonces Ana lo presentó en el tabernáculo y lo dejó allí para que sirviera al Señor (v. 22).

Ana reconoció que Samuel permanecería allí, cuando dijo: "y se quede allá para siempre" (v. 22).

¿Qué nos dicen las palabras de Ana (v. 22) acerca de su personalidad, y qué nos dicen acerca del futuro de Samuel?

¿Imagina la profundidad de la consagración en esa muestra de devoción? Ana entregaría aquel hijo, la respuesta a su oración, al servicio del Señor por el resto de su vida. Elcana estuvo de acuerdo con el deseo de su esposa de presentar a Samuel (v. 23), lo cual confirmaba el compromiso que había hecho. Samuel llevaría una vida completamente consagrada al Señor.

En 1 Samuel 2:19 vemos que Ana visitaba periódicamente a Samuel. El joven era la encarnación de los años que Ana había intercedido con todo el corazón. Así también, nosotros debemos recordar las bendiciones de Dios, alabándolo y viviendo conforme su plan para nuestra vida. También es importante que continuemos en nuestra dedicación para mantener las bendiciones de Dios en nuestra vida. Lo podemos hacer cuando continuamos intercediendo por aquellos a quienes Dios ha bendecido y redimido como respuesta a nuestras oraciones. También lo seguimos haciendo cuando usamos los dones y llamados que Él nos ha dado para que le sirvamos.

> **IDEA 3.** Distribuya la hoja de trabajo "Examen de salud espiritual". Observe que Samuel procedía de un hogar que daba evidencias de tener una buena salud espiritual. Use este ejercicio para animar a sus alumnos a que desarrollen y practiquen una buena salud espiritual en su hogar.

B. Sacrificio y alabanza
1 Samuel 1:24–28

Por fin llegó el día en que Ana entregaría al joven Samuel al servicio del Señor (1 Samuel 1:24,25). Lo llevó, junto con un excelente sacrificio, y lo presentó a Elí en Silo. Después de identificarse como la mujer que Elí había visto años antes en oración ante Dios (v. 26), Ana le comunicó lo que el Señor había hecho en respuesta a su petición (v. 27). Las palabras que dijo a Elí son eco de lo que él le había dicho antes (v.17), y enfatizan la continua presencia del Señor en la vida del joven Samuel.

Después de que entregó a Samuel al cuidado de Elí, tanto ella como el sacerdote irrumpieron en una sincera adoración al Señor (v. 28). Es una conclusión adecuada, coherente con la actitud y la disposición de Ana durante los primeros años de formación de Samuel. Lo más probable es que fuera una escena emotiva, puesto que ella estaba entregando a su único hijo. Pero confiaba en que Dios tenía un plan para la vida del muchacho.

¿De qué manera los cristianos pueden responder cuando Dios les muestra que hagan algo difícil? ¿Cómo podemos recibir esos momentos con alabanza?

Podemos experimentar diversas emociones cuando Dios nos llama a andar por una senda difícil. Allí puede haber soledad, separación y sacrificio. Pero debemos tener siempre presente que Dios tiene un plan superior para nosotros, así como tuvo un maravilloso plan para Samuel. Si adoptamos un punto de vista más amplio, podremos tener una actitud de alabanza.

III. Llamado a ser profeta
A. Adquiriendo discernimiento
1 Samuel 3:1–10

Samuel se inició en el ministerio en un momento de sequía espiritual en Israel (1 Samuel 3:1). Las visiones y las revelaciones habían cesado.

Al parecer, el pueblo había perdido el interés en Dios y en sus caminos. Había una necesidad de la palabra de un profeta como Samuel.

En aquel tiempo, Elí estaba perdiendo la vista (véase 4:15). Esto se sumaba a otra tragedia presente en su vida. Sus hijos eran hombres malvados y corruptos y Elí consintió que sirvieran en el ministerio al Señor. Finalmente, ambos murieron en la batalla, y el enemigo se llevó el arca del pacto (véase 4:11). Esto presenta un poderoso contraste con el carácter de Samuel, cuya vista física y espiritual se mantenía fuerte.

En 1 Samuel 3:3–10 se nos describe la noche decisiva en la vida de Samuel. El versículo 3 señala que el candelabro de siete brazos no se había apagado. Puesto que este candelabro debía arder desde el anochecer hasta la mañana (Levítico 24:2–4), vemos que con toda obediencia, Samuel estaba durmiendo en el tabernáculo de Silo.

También vemos la dedicación de Samuel en que estuvo dispuesto a levantarse tres veces cuando pensó que había escuchado la voz de Elí (1 Samuel 3:5–9). Cuando se dice que Samuel aún no conocía al Señor (v. 7), significa que aún no había tenido una experiencia personal que lo capacitara para conocer la voz de Dios. Sin embargo, su corazón, consagrado a Dios, le permitió muy pronto conocer al Señor como los hijos de Elí nunca lo hicieron.

Después de la tercera vez que Samuel va donde Elí, éste se dio cuenta de que era el Señor quien le hablaba a Samuel, así que le dijo que la próxima vez que oyera la voz, respondiera al Señor (vv.8,9). La escena que sigue está llena de una solemne majestad. Al escuchar la voz, Samuel pidió humildemente al Señor que le hablara (v.10). Dios le entregó un importante mensaje en el cual anunciaba el juicio que vendría sobre la familia de Elí a causa de sus pecados (véase vv.11–18). El papel de Samuel como profeta para la nación había comenzado.

¿Qué podemos hacer para asegurarnos de oír siempre al Señor?

La experiencia de Samuel fue única en cuanto a los detalles específicos. No es probable que veamos físicamente a Dios en este mundo, y son muy pocos los que oyen un mensaje de juicio que deben comunicar a otros. No obstante, Dios sigue hablando a su pueblo, si éste quiere escucharlo. Nos podemos preparar de diversas maneras para escuchar su voz. El desarrollo de las disciplinas más profundas de orar y leer la Biblia nos sintonizará mejor con Dios y con su plan para nuestra vida. Podemos apartar un tiempo para buscar al Señor en un lugar solitario alejados del ruido, libres de las distracciones que apartan nuestra atención del Señor. Y podemos reafirmar nuestra consagración a Dios a través de la adoración y la alabanza, y comprometernos a cumplir su plan para nuestra vida. Él tiene un mensaje para nosotros, así como lo tuvo para Samuel. Y su voluntad es que nosotros escuchemos su voz.

IDEA 4. Distribuya la hoja de trabajo "Escuchar a Dios". Explique las sugerencias prácticas que pueden ayudar a los alumnos a prepararse para oír mejor la voz de Dios. Anímelos a meditar durante la semana en las preguntas que deben responder, y aplicarlas a su vida diaria.

B. Dando el mensaje de Dios

1 Samuel 3:19–21

? ¿Qué nos dice este pasaje de la influencia que tuvo Samuel en el pueblo de Israel?

El Señor bendijo a Samuel, y dio autoridad a sus palabras (1 Samuel 3:19,20). La autoridad profética de Samuel era evidente para los israelitas. La expresión de que la fama de Samuel como profeta se extendía desde Dan hasta Beerseba, lugares que coinciden con la frontera norte y la frontera sur del territorio, nos da una idea de la amplia aceptación que tuvo su ministerio. Así como se propagaban las noticias de él, también se propagaba su labor. Cuando el Señor llama a una persona y la unge poderosamente, quienes la escuchan darán testimonio de ese llamado.

El Señor se reveló a Samuel por medio de su Palabra (v. 21). Cuando seguimos leyendo en el capítulo 4, descubrimos que la Palabra de Dios se convirtió en la palabra de Samuel (4:1). Hablaba con una autoridad que Dios mismo le había dado.

Dios sigue hablando hoy a través de sus hijos. Y aquellos que escuchan pueden reconocer que la mano de Dios está obrando en ellos.

IDEA 5. Explique algunas maneras concretas en que Dios habla a través de las personas para alcanzar a una nación o a un cierto grupo, o para referirse a alguna situación dentro o fuera de la iglesia. Señale por qué es importante que los cristianos oigamos a Dios, e identifique las maneras en que los alumnos pueden tener una mejor sintonía con la voz de Dios.

Discipulado en acción

En medio de la gran angustia y la desilusión de no poder ser madre, Ana presentó una oración que causaría un profundo impacto en el pueblo de Dios. La historia de Samuel y Ana, su madre, revela la eficacia de la oración. Aunque nuestra oración nazca de los problemas, Dios puede hacer cosas que van mucho más allá de nuestras expectativas. No debemos subestimar lo que Dios puede hacer en respuesta a nuestra oración.

Dedique un momento a examinar su propio papel en el reino de Dios. Piense en la manera en que puede producir un impacto, como lo produjo Samuel. Después evalúe su compromiso con la oración. Recuerde que su comunicación con Dios causará un gran impacto en su nombre.

Ministerio en acción

En nuestra oración de intercesión hay poder. Identifique las necesidades que hay entre los alumnos y otras personas que asisten a la iglesia. Reconozca el potencial que tiene cada persona de causar un impacto para Dios. Después tome la iniciativa de buscar a los necesitados y ofrecerse a orar por ellos y con ellos. Prométales que seguirá orando en los próximos días.

Lectura devocional

Lunes
Noé halla gracia.
Génesis 6:8–13; 7:1
Martes
La fe de Abraham.
Génesis 15:1–6
Miércoles
Dios llama a Gedeón.
Jueces 6:11–16

Jueves
Dios llama a Jeremías.
Jeremías 1:4–10
Viernes
Jesús llama a Felipe y a Natanael.
Juan 1:43–50
Sábado
El llamado de Matías.
Hechos 1:15–26

Consolidación del ministerio de Samuel

Verdad central

Dios ministra a través de nosotros para su gloria.

Versículo clave: 1 Samuel 3:20

Y todo Israel, desde Dan hasta Beerseba, conoció que Samuel era fiel profeta de Jehová.

Introducción

> **IDEA 1.** Distribuya copias de la hoja "Equipados para el ministerio". Comente las respuestas de los alumnos y anímelos a que mediten en la pregunta de respuesta personal. Además, pregunte: "¿Qué características busca Dios en sus siervos?"

Entre las respuestas tal vez mencionarán humildad, compasión, santidad, fidelidad, vida de oración, valor, desprendimiento, diligencia. Samuel nos recuerda que es Dios quien nos llama a ser ministros. A través del ejemplo, identificamos los dones únicos que Dios ha puesto en nuestra vida, y también la manera de prepararnos para ser eficaces en el ministerio.

Objetivos del aprendizaje

Al terminar esta lección, sus alumnos podrán:

1. describir el ministerio único de Samuel en el pueblo de Dios.
2. identificar los principios para tener un ministerio que complazca a Dios.
3. reflexionar en el poder de la oración para el ministerio.

Fundamento bíblico
1 Samuel 6:1 a 7:17

Enfoque
Observar que fue Dios quien estableció el ministerio de Samuel, y dejar que ministre a través de nosotros.

Bosquejo

I. Samuel llama a Israel al arrepentimiento
   A. El arca es devuelta a Israel
   B. Llamado al arrepentimiento
II. La intervención de Samuel y la intervención de Dios
   A. El enemigo se moviliza
   B. El enemigo es derrotado
III. Restauración y paz
   A. La nación es restaurada
   B. Samuel, juez de Israel

Preparación

☐ Escoja las preguntas, las actividades de aprendizaje, y los artículos del *Folleto de ayudas y recursos* que le ayuden a alcanzar sus objetivos en la lección.

☐ Llene la hoja "Planificación de la clase".

☐ Prepare las siguientes copias maestras: Equipados para el ministerio, El Arca perdida, Los jueces de Israel, Para un estudio más amplio 2

15

3. Habló Samuel a toda la casa de Israel, diciendo: Si de todo vuestro corazón os volvéis a Jehová, quitad los dioses ajenos y a Astarot de entre vosotros, y preparad vuestro corazón a Jehová, y sólo a él servid, y os librará de la mano de los filisteos.

4. Entonces los hijos de Israel quitaron a los baales y a Astarot, y sirvieron sólo a Jehová.

5. Y Samuel dijo: Reunid a todo Israel en Mizpa, y yo oraré por vosotros a Jehová.

6. Y se reunieron en Mizpa, y sacaron agua, y la derramaron delante de Jehová, y ayunaron aquel día, y dijeron allí: Contra Jehová hemos pecado. Y juzgó Samuel a los hijos de Israel en Mizpa.

8. Entonces dijeron los hijos de Israel a Samuel: No ceses de clamar por nosotros a Jehová nuestro Dios, para que nos guarde de la mano de los filisteos.

9. Y Samuel tomó un cordero de leche y lo sacrificó entero en holocausto a Jehová; y clamó Samuel a Jehová por Israel, y Jehová le oyó.

10. Y aconteció que mientras Samuel sacrificaba el holocausto, los filisteos llegaron para pelear con los hijos de Israel. Mas Jehová tronó aquel día con gran estruendo sobre los filisteos, y los atemorizó, y fueron vencidos delante de Israel.

11. Y saliendo los hijos de Israel de Mizpa, siguieron a los filisteos, hiriéndolos hasta abajo de Bet-car.

13. Así fueron sometidos los filisteos, y no volvieron más a entrar en el territorio de Israel; y la mano de Jehová estuvo contra los filisteos todos los días de Samuel.

14. Y fueron restituidas a los hijos de Israel las ciudades que los filisteos habían tomado a los israelitas, desde Ecrón hasta Gat; e Israel libró su territorio de mano de los filisteos. Y hubo paz entre Israel y el amorreo.

17. Después volvía a Ramá, porque allí estaba su casa, y allí juzgaba a Israel; y edificó allí un altar a Jehová.

Comentario bíblico

I. Samuel llama a Israel al arrepentimiento

A. El arca es devuelta a Israel
1 Samuel 7:1,2

> **IDEA 2.** Distribuya la hoja "El Arca perdida". Refiérase a la información de esta hoja, como una introducción al comentario sobre el arca del pacto en este punto. Anime a sus alumnos a pensar en lo que habían perdido los israelitas al no tener el arca entre ellos, y al haber perdido también su vitalidad espiritual.

El arca del pacto representaba la presencia de Dios en medio de su pueblo (véase Éxodo 25:10–22). Era el foco central de su práctica de la adoración; era el lugar donde el sumo sacerdote rociaba la sangre del sacrificio el día de la Expiación. Cuando los filisteos tomaron el arca, aquel pueblo pagano sufrió una serie de calamidades, y también el pueblo de Dios. A los filisteos, el arca les trajo sufrimiento y juicio (véase 1 Samuel 5 y 6; devolvieron el arca en Quiriat-jearim en cuestión de meses, porque la posesión del arca les había acarreado juicio). En cuanto a Israel, esta pérdida trajo consigo veinte años de lamento (1 Samuel 7:1,2). Este lamento se debía en parte a que el arca se había quedado en Quiriat-jearim. El arca permaneció en casa de Abinadab hasta que David la llevó al lugar que le correspondía en Jerusalén (2 Samuel 6). Los eruditos creen que los filisteos habían destruido Silo (Salmo 78:60; Jeremías 7:12–14).

En 1 Samuel 7:2 se afirma que el pueblo lamentaba lo que había sucedido con el arca.

? ¿Por qué piensa usted que el pueblo lamentaba lo que le había sucedido al arca?

En su corazón reconocieron que necesitaban a Dios. Todavía hoy Dios comienza los avivamientos conmoviendo el corazón de quienes son su pueblo. Cuando estos se desvían, Él produce en ellos una sensación de añoranza, para que regresen a Él humildemente. En el caso de Israel, este regreso sería dirigido por Samuel.

B. Llamado al arrepentimiento
1 Samuel 7:3–6

? ¿Cuál fue el mensaje de Samuel a los israelitas?

Samuel vio la angustia y el lamento, y respondió con un reto solemne. Si su angustia era real, se produciría una respuesta doble. Se librarían de los falsos dioses y se consagrarían únicamente al Señor (1 Samuel 7:3).

Los falsos dioses que menciona son Baal y Astarot (vv. 3,4). Baal era el dios de la fertilidad, y sus adoradores creían que era el hijo del dios Dagón (véase 1 Samuel 5:1–5). Astarot también era diosa de la fertilidad. Ambos estaban asociados con cultos que comprendían depravados ritos sexuales en los santuarios cananeos. Como tal, la adoración de estos falsos dioses era especialmente abominable a los ojos del Señor.

Entonces el reto de Samuel fue drástico. El pueblo debía cambiar completamente de rumbo y de práctica. Tendrían que purgar su vida y su corazón de los ídolos, y también de las horrendas prácticas inmorales que comprendía esa adoración.

? ¿Qué prácticas hoy se podrían considerar abominables a los ojos de Dios, y cómo podrían sentirse atraídos los cristianos a estas?

Los pecados sexuales prevalecen en nuestro tiempo, y con frecuencia parecen reflejar la adoración al placer que caracteriza a nuestra cultura. Dios nos llama a apartarnos de semejantes cosas. Nuestro cuerpo es templo del Espíritu Santo (1 Corintios 6:18–20). Debemos rechazar las acciones que violan esta enseñanza, aunque el mundo nos asegure que estas prácticas deberían ser la norma. Muchas veces, por rechazar estos apetitos se nos ha acusado de mojigatos o de legalistas. No obstante, Dios quiere que seamos puros, y la pureza exige que rechacemos el pecado.

Los israelitas respondieron bien al llamado de Samuel al arrepentimiento (1 Samuel 7:4). No solo se apartaron de sus falsos dioses, sino que también se comprometieron a servir exclusivamente a Dios. En su servicio al Señor, no participarían de prácticas impías.

Entonces Samuel convocó al pueblo para que se reuniera en Mizpa, una ciudad cuyo nombre significa "torre del vigía", debido a que estaba en una colina desde la cual se podía ver los valles circundantes. Era un punto común de vigilancia para las operaciones militares y había sido un lugar de reunión para Israel (véase Jueces 10:17; 20:1). La escena de Mizpa fue de ayuno, confesión en oración, y humilde arrepentimiento (1 Samuel 7:5,6). Representaba el punto culminante del liderazgo reformador de Samuel. El agua vertida era un símbolo solemne de un corazón derramado en penitencia y consagración.

¿Qué nos enseñan estas acciones de Israel respecto al arrepentimiento?

El pueblo de Israel se humilló ante el Señor, y reconoció que había caído en graves pecados. Confesaron sus malas obras. Expresaron su angustia, y buscaron al Señor por medio de su oración colectiva y su ayuno. Samuel los exhortó a dejar el pecado y a seguir una senda nueva que complaciera a Dios, libre de las dolorosas consecuencias del pecado.

Esta clase de humillación ante el Señor no es fácil. Podría ser duro reconocer que hemos obrado mal. Si nos comprometemos a dejar atrás los placeres del pecado para servir a Dios con toda seguridad enfrentaremos retos y tentaciones. Pero cuando lo hagamos, tendremos la seguridad de que estamos en una recta relación con Dios y podremos disfrutar de sus bendiciones.

II. La intervención de Samuel y la intervención de Dios
A. El enemigo se moviliza
1 Samuel 7:7–9

Cuando los filisteos vieron que Israel se reunía en la ciudad de Mizpa, en un sitio elevado y con una vista clara del territorio circundante, pensaron que se trataba de una estrategia militar (1 Samuel 7:7). Temiendo un inminente ataque, decidieron tomar la iniciativa y dar ellos el primer golpe militar. Aquel sería un profundo momento de prueba para Israel, que ya había sido derrotada por los filisteos.

Los israelitas tuvieron temor cuando oyeron que los filisteos se estaban reuniendo para atacarlos

(7:7,8). Sin embargo, su respuesta al ataque fue muy distinta a la que habían tenido cuando los filisteos se levantaron antes contra ellos. En ese tiempo pensaron que por sólo tener el arca, la victoria les estaba asegurada (4:3). En cambio, esta vez su confianza en un objeto físico fue reemplazada por una humilde fe en el Señor. Llamaron a Samuel, el líder que Dios les había dado, para que intercediera a su favor en busca de una respuesta espiritual. Su ferviente oración era muy valiosa para ellos, finalmente habían reconocido que debían poner su confianza en el Señor.

El holocausto (v. 9) fue una ofrenda de penitencia, hecha para buscar el favor de Dios. El pueblo reconoció que necesitaba a Dios, y también que era indigno de recibir su ayuda. Entonces Samuel clamó a Dios, tal como quería el pueblo, y el Señor le respondió. Esta vez el pueblo estaba preparado, siguió al líder que Dios le había dado y muy pronto cosecharon los beneficios de una oración humilde y sincera.

> **IDEA 3.** Haga notar que el liderazgo de Samuel fue eficaz, porque el pueblo respondió a su mensaje con arrepentimiento y fe. Estaban preparados para la batalla.

¿Cómo nos podemos preparar para las batallas espirituales?

Encontramos un buen bosquejo en Efesios 6:10–20. Pida sugerencias sobre los principios que hay en esos versículos que nos ayudarán a prepararnos para las batallas espirituales. Observe también que algo nos falta cuando descuidamos lo que se describe en esos versículos.

B. El enemigo es derrotado
1 Samuel 7:10–13

El Señor escuchó la oración de Samuel y respondió con prontitud, incluso mientras Samuel ofrecía el sacrificio y la oración (1 Samuel 7:10). Cuando los filisteos se acercaron para entrar en batalla, el Señor se manifestó en una poderosa tormenta eléctrica. Los eruditos sugieren que posiblemente también hubo un terremoto. En el caos que siguió, los filisteos se dieron a la retirada. Israel, con la ventaja del terreno más alto y su fe recién renovada en Dios, los siguieron y los hirieron (v.11).

Para conmemorar este triunfo que les había dado Dios, Samuel levantó una piedra memorial entre Mizpa y Sen (v. 12). A la piedra le dio el nombre de Eben-ezer, que significa "piedra de ayuda", un tributo a la ayuda de Dios que les dio el triunfo en la batalla. Anteriormente, los israelitas habían sufrido la derrota en otro lugar, también llamado Eben-ezer (1 Samuel 4:1). Al parecer, Samuel uso aquel nombre para recordar lo que había sucedido antes, y realzar así la gloria de lo que sucedió aquel día, porque él y el resto del pueblo habían puesto su fe en Dios. Como consecuencia de esta gozosa victoria, los israelita no tuvieron otros conflictos con los filisteos durante el resto de la vida de Samuel (7:13).

¿De qué manera conmemoramos las bendiciones divinas que hemos recibido, y por qué es importante que lo hagamos?

Nuestra conmemoración es la acción de gracias y la alabanza dirigidas a Dios, tanto en público como en privado. También expresamos nuestra gratitud a través de una vida que es reflejo de la soberanía de Dios. Al conmemorar las obras del Señor, recordamos cuán importante es confiar en Él, y damos un poderoso testimonio de su gracia a aquellos que nos rodean.

III. Restauración y paz
A. La nación es restaurada
1 Samuel 7:14

La derrota de los filisteos trajo consigo dos bendiciones para los israelitas. En primer lugar, recuperaron la tierra y las ciudades que los filisteos les habían arrebatado. En segundo lugar, establecieron un pacto de paz con los amorreos, quienes no eran tan agresivos como los filisteos, y no consideraban a Israel como una gran amenaza (v. 14). Samuel guió al pueblo a un tiempo de gran paz, restauración y avivamiento espiritual.

¿De qué manera el avivamiento espiritual puede traer restauración a nuestra vida?

Una manifestación clave de un avivamiento genuino es la restauración. Los matrimonios son restaurados a una relación santa y feliz edificada sobre el amor. Las familias son restauradas por el amor y el respeto mutuo. Los cuerpos físicos son restaurados por el rechazo de perjudiciales prácticas pecaminosas. El bienestar espiritual es restaurado cuando las personas cultivan una vida de oración en el poder del Espíritu Santo. Las iglesias son restauradas a un ministerio eficaz, que se caracteriza por la armonía entre los creyentes y la pureza del mensaje. Y los pecadores son alcanzados con el Evangelio de Cristo, porque los creyentes experimentan una necesidad renovada de proclamar el Evangelio.

B. Samuel, juez de Israel
1 Samuel 7:15–17

IDEA 4. Distribuya la hoja de trabajo "Los Jueces de Israel". Después de revisar el contenido de la hoja, anime a sus alumnos a responder las preguntas de reflexión durante la semana.

Los jueces gobernaron en Israel desde la muerte de Josué hasta la instauración de la monarquía. La función de estos gobernantes además de judicial, abarcaba otras áreas. Guiaban a la nación en la guerra y en la paz y, cuando buscaban el rostro del Señor, servían como influyentes líderes espirituales. Samuel fue uno de estos jueces.

El ministerio de Samuel como juez continuó después de la restauración espiritual de Israel (v.15). Esto fue una bendición para Israel, puesto que Samuel era un hombre de un elevado carácter espiritual y comprometido con una justicia conforme a los parámetros de Dios.

Es probable que el ministerio de Samuel de impartir justicia significara presidir sobre disputas que no pudieran resolver otros jueces con menos autoridad. En este ministerio, viajaba por un circuito que comprendía cuatro ciudades: Bet-el, Gilgal y Mizpa, y Ramá, la ciudad donde estaba su casa (v.16). De todas ellas, era Ramá la que le servía de base. Todas estas ciudades sirvieron como centros de adoración en uno u otro momento.

En Ramá, su ciudad natal, fue donde Samuel levantó un altar al Señor (v.17). Samuel mostró que era un hombre consagrado, además de un verdadero siervo de Dios. Ambos atributos son complementarios entre sí. La adoración nos enriquece y nos fortalece, y nos prepara para servir en el Reino.

Samuel fue también el último de los jueces. El capítulo 8 comienza con el relato de cuando Israel exigió tener rey. El período de la monarquía en Israel fue mayormente un tiempo de rebeldía y dificultades para el pueblo de Dios. El fuerte liderazgo espiritual de Samuel y su inalterable consagración al Señor fueron un ejemplo que muchos líderes posteriores no imitaron. Sin embargo, es algo que sería sabio que todos los seguidores de Dios practicaran en su propia vida.

Sin embargo es posible que los detalles específicos de nuestra manera de ministrar son muy diferentes a los de Samuel.

❓ ¿Cómo podemos cumplir eficazmente el llamado de Dios al ministerio, aunque por naturaleza no seamos osados ni firmes de carácter?

Dios nos ha dotado de dones y llamados diversos. La clave del éxito no es una fuerte personalidad ni palabras que se pronuncian con firmeza. El mejor ministerio es el que tiene su raíz en las Escrituras, es motivado por el amor, y se centra en glorificar a Dios y comunicar esperanza a quienes Él ha creado.

Discipulado en acción

La vida de Samuel es un excelente ejemplo de lo que es un ministerio exitoso basado en principios bíblicos. Su ministerio tenía sus raíces en una saludable relación con el Señor, apoyada por su oración. Era juez, profeta y líder de la nación.

Dios también lo puede usar a usted en el ministerio, muchas veces de maneras que le podrían sorprender. Este servicio no se basará en la fuerza de su personalidad ni en su capacidad. Nuestro servicio deberá tener sus raíces en la entrega espiritual, manifestada por medio de la oración, el estudio de la Palabra y el sometimiento al plan de Dios sobre su vida.

Dedique algún tiempo a revisar los dones que Dios le ha dado para ministrar. ¿Cuáles son las capacidades que ha puesto Dios en usted? ¿Cómo se puede preparar mejor para el ministerio? ¿Cuáles son los conceptos errados que tal vez usted tenga en cuanto a sus cualidades para servir en el ministerio? Después busque al Señor, pidiéndole que le guíe hacia unas formas poderosas, y tal vez inesperadas, de servir a su reino.

Ministerio en acción

Una de las maneras más poderosas de ministrar y que más se pasan por alto, es la oración de unos por otros. Al terminar esta clase, invite a sus alumnos a unirse en oración unos por las necesidades de otros. Anímelos a orar que se cumpla la voluntad de Dios en la vida de la persona con la que están orando.

Lectura devocional

Lunes
Escogido para conservar.
Génesis 45:1–7

Martes
Llamado a liberar.
Éxodo 3:1–10

Miércoles
La carga de reconstruir.
Nehemías 2:11–18

Jueves
Ungido para preparar el camino.
Mateo 3:1–6

Viernes
Elogiados por su servicio.
Romanos 16:1–7

Sábado
Exhortado a restaurar.
Filemón 1:10–17

22

Fundamento bíblico

1 Samuel 8:1 a 10:27

Enfoque

Informarnos de la manera en que Israel se rebeló contra Dios, y someternos a la voluntad divina.

Bosquejo

I. La rebelde exigencia de Israel
   A. Danos un rey
   B. Las consecuencias imprevistas
II. Dios manifiesta su providencia
   A. Un nombramiento divino
   B. Se escoge a Saúl
III. Saúl ungido y proclamado rey
   A. Saúl es honrado
   B. Saúl es proclamado rey

Preparación

☐ Escoja las preguntas, las actividades de aprendizaje, y los artículos del *Folleto de ayudas y recursos* que le ayuden a alcanzar sus objetivos en la lección.

☐ Llene la hoja "Planificación de la clase".

☐ Prepare las siguientes copias maestras: Danos un rey, El gobierno de un rey, Las promesas de Dios, y Para un estudio más amplio 3

Israel exige rey

Verdad central

Dios permanece fiel, aun cuando nosotros fallamos.

Versículo clave: 1 Samuel 8:7

Y dijo Jehová a Samuel: Oye la voz del pueblo en todo lo que te digan; porque no te han desechado a ti, sino a mí me han desechado, para que no reine sobre ellos.

Introducción

¿Ha insistido alguna vez en hacer las cosas a su manera, aun usted cuando sabía que no era la mejor decisión? Muchos de nosotros lo hemos hecho. Es parte de la naturaleza humana. El orgullo, la confianza en nosotros mismos, y el temor de reconocer que estamos equivocados nos podría motivar a tomar algunas decisiones muy peligrosas.

Israel había recibido muchas bendiciones de Dios. Sin embargo, cuando llegó el momento de decidir quién gobernaría al pueblo, rechazaron a Dios y pidieron un rey. Por su rebelión sufrieron serias consecuencias, lo cual nos debe recordar que los caminos de Dios son siempre los mejores.

Objetivos del aprendizaje

Al terminar esta lección, sus alumnos podrán:

1. investigar la naturaleza de la rebelión y el motivo de que es tan destructora.
2. enfrentar la rebelión cuando la vean en su vida.
3. reflexionar en la seriedad de su propia entrega a Dios.

8:1. Aconteció que habiendo Samuel envejecido, puso a sus hijos por jueces sobre Israel.

4. Entonces todos los ancianos de Israel se juntaron, y vinieron a Ramá para ver a Samuel,

5. y le dijeron: He aquí tú has envejecido, y tus hijos no andan en tus caminos; por tanto, constitúyenos ahora un rey que nos juzgue, como tienen todas las naciones.

6. Pero no agradó a Samuel esta palabra que dijeron: Danos un rey que nos juzgue. Y Samuel oró a Jehová.

7. Y dijo Jehová a Samuel: Oye la voz del pueblo en todo lo que te digan; porque no te han desechado a ti, sino a mí me han desechado, para que no reine sobre ellos.

19. Pero el pueblo no quiso oír la voz de Samuel, y dijo: No, sino que habrá rey sobre nosotros;

20. y nosotros seremos también como todas las naciones, y nuestro rey nos gobernará, y saldrá delante de nosotros, y hará nuestras guerras.

9:15. Y un día antes que Saúl viniese, Jehová había revelado al oído de Samuel, diciendo:

16. Mañana a esta misma hora yo enviaré a ti un varón de la tierra de Benjamín, al cual ungirás por príncipe sobre mi pueblo Israel, y salvará a mi pueblo de mano de los filisteos; porque yo he mirado a mi pueblo, por cuanto su clamor ha llegado hasta mí.

17. Y luego que Samuel vio a Saúl, Jehová le dijo: He aquí éste es el varón del cual te hablé; éste gobernará a mi pueblo.

10:1. Tomando entonces Samuel una redoma de aceite, la derramó sobre su cabeza, y lo besó, y le dijo: ¿No te ha ungido Jehová por príncipe sobre su pueblo Israel?

9. Aconteció luego, que al volver él la espalda para apartarse de Samuel, le mudó Dios su corazón; y todas estas señales acontecieron en aquel día.

24. Y Samuel dijo a todo el pueblo: ¿Habéis visto al que ha elegido Jehová, que no hay semejante a él en todo el pueblo? Entonces el pueblo clamó con alegría, diciendo: ¡Viva el rey!

Comentario bíblico

I. La rebelde exigencia de Israel

A. Danos un rey
1 Samuel 8:1–8

IDEA 1. Presente la transparencia "Danos un rey". Responda las preguntas que lee en la transparencia mientras presenta la enseñanza. Explique las razones de que Israel quería un rey.

Cuando Samuel era ya anciano, nombró jueces a sus hijos Joel y Abías (1 Samuel 8:1,2). Ellos ejercían en Beerseba, a unos ochenta kilómetros al sur de Ramá, esto indica que posiblemente, Samuel no fue informado de la manera debida respecto al desempeño de ellos en su puesto.

Los hijos de Samuel no siguieron los pasos de su justo padre. En vez de impartir la justicia según Dios, el gobierno que ejercieron se caracterizó por la falta de honradez y la perversión de la justicia. El soborno era una forma de corrupción detestable, puesto que fomentaba el trato injusto. La Ley lo condenaba de manera explícita (Éxodo 23:8).

En estas circunstancias, los ancianos de Israel se acercaron a Samuel. Su exigencia era que la nación debía ser gobernada por un rey (v. 4). Inicialmente le ofrecieron dos razones para esta demanda: la edad avanzada de Samuel y la corrupción de sus hijos (v. 5).

¿Cuál habrá sido el verdadero motivo de que los israelitas querían tener un rey?

Los ancianos revelaron su verdadera intención detrás de esta petición en el versículo 5. Querían ser como las demás naciones. Más tarde las Escrituras arrojan luz sobre sus pensamientos, señalando que querían un hombre que pudiera formar un poderoso ejército y pelear por ellos sus batallas (véase v. 20).

Esta petición disgustó a Samuel, porque sabía que ese no era el plan de Dios. Así que llevó el asunto al Señor en oración (v. 6). En su voluntad hay sabiduría. No hace ningún bien discutir con gente rebelde que ya ha decidido que tomará un mal curso de acción. La mejor respuesta es orar que Dios les ablande el corazón, de manera que reconsideren y vuelvan a sus caminos.

El Señor le dijo a Samuel que les diera lo que ellos querían (vv. 7,8). Es posible que este decreto sorprendiera a Samuel. Pero Dios le explicó lo que en realidad estaba sucediendo. A lo largo de su historia, Israel constantemente mostró una tendencia a rechazar a Dios y a quejarse contra Él (véase Éxodo 16:8). Incluso, Dios le reveló esa rebeldía a Moisés, y le dijo que el pueblo querría ser como las otras naciones. Cuando esto sucediera, era importante que el rey fuera escogido según la voluntad de Dios (Deuteronomio 17:14,15).

B. Las consecuencias imprevistas
1 Samuel 8:9–22

? **Según 1 Samuel 8:9–18, ¿cómo le dijo Dios a Samuel que describiera la vida que tendrían sometidos a un rey?**

Aunque Samuel debía concederles lo que pedían, era importante que les hiciera una seria advertencia. Las consecuencias serían imprevisibles si proclamaban como líder a un monarca de entre ellos (1 Samuel 8:9).

IDEA 2. Presente la transparencia "El gobierno de un rey". Lea 1 Samuel 8:10–18, haciendo notar en la transparencia los aspectos negativos que tendría el nombramiento de un rey sobre Israel.

Es importante notar que la lista que Samuel expuso de los efectos que un rey causaría en Israel solo contemplaba elementos negativos (vv. 10–18). Se reitera en ella que este monarca "tomaría" de ellos. Tendrían que pagarle impuestos, lo cual no se conocía mayormente hasta ese momento; se convertiría en un opresor tal, que el pueblo se sentiría esclavo. Aún, en los peores tiempos, el rey exigiría su parte. Además, reclutaría a los hombres más jóvenes como contingente militar, y para las labores agrícolas a beneficio del rey. Las mujeres, jóvenes y ancianas, también sufrirían este impacto. El rey exigiría que sirvieran también a la causa real.

Al describir los impuestos (vv. 14–18), se hace mención de lo mejor que Israel poseía. Hay reyes humanos que no se satisfacen con lo mediocre, ni mucho menos con lo peor. Al contrario, tienden a gobernar sin sentimientos ni consideración por las necesidades del pueblo. Esto marcaba un terrible contraste con las bendiciones que habían recibido de su misericordioso Dios, y lo que cosechaban cuando vivían fieles a Él.

Dios le dijo a Samuel que el pueblo reconocería el error de sus caminos. Pero sería demasiado tarde. Su clamor por una liberación caería en oídos sordos, puesto que Dios les exigiría que vivieran de acuerdo a sus mal aconsejadas exigencias (v. 18).

¿Cómo respondieron los ancianos a las advertencias de Samuel respecto a un rey?

Cualquiera habría supuesto que esta grave advertencia haría que los ancianos cambiaran de idea. Sin embargo, ellos no quisieron oír el consejo de Samuel (v. 19). Con frecuencia, la rebelión endurece más aún el corazón. En este caso, ellos se sintieron más decididos aún a asemejarse a las naciones vecinas (v. 20). Samuel obedeció al Señor y aceptó darles lo que ellos querían (vv. 21,22).

> **IDEA 3.** Pida a sus alumnos que sugieran consecuencias imprevistas cuando uno procura cosas contrarias al plan de Dios. Haga notar que hay cosas que consideramos bendiciones, sin embargo pueden ser maldición cuando nos impiden andar cerca de Dios.

II. Dios manifiesta su providencia

A. Un nombramiento divino
1 Samuel 9:15–18

¿Qué es la divina providencia?

La providencia puede ser la continua obra de Dios para guiar y gobernar a su pueblo, y toda su creación para su gloria. Se la vio con frecuencia en el ministerio de Samuel, y el caso más notable es la historia de Saúl.

Saúl procedía de una familia acaudalada, y era un hombre de impresionante presencia (véase 1 Samuel 9:1,2). El Señor estaba obrando providencialmente en esas circunstancias (véase vv. 3–14).

El Señor reunió a Samuel y a Saúl (vv. 15–18). Samuel ya sabía que encontraría al hombre que Dios había escogido para que fuera rey y comandante de su pueblo. Cuando se acercaban los dos hombres por el camino, el Señor le dijo a Samuel que ese era el hombre. Mientras tanto, Saúl, que no había podido encontrar las asnas que buscaba, había comenzado a buscar al hombre de Dios del cual le había hablado su siervo (vea v. 6). Esperaba que aquel hombre, que era Samuel, lo ayudara a encontrar las asnas. Pero Dios los estaba reuniendo con un propósito mucho mayor.

> **IDEA 4.** Invite a los alumnos a compartir testimonios sobre la providencia de Dios en su vida. Deben hablar del momento en que se dieron cuenta de que Dios tenía un propósito más elevado. Observe que a veces no sabemos cuáles son los propósitos de Dios en esta vida.

B. Se escoge a Saúl
1 Samuel 9:19–24

Saúl se sintió feliz de haber encontrado con tanta rapidez al hombre de Dios (vv. 19,20). Samuel le dijo que las asnas estaban seguras, pero que había un asunto de mayor importancia que tratar. Todo Israel estaba volviendo sus ojos hacia Saúl, y este estaba a punto de recibir un gran honor. Saúl reaccionó con humildad, diciendo que él pertenecía a la tribu más pequeña de Israel. Esta humilde respuesta a una noticia así era lo que se habría esperado en aquella cultura. Sin embargo, en aquel momento todavía no se le revelaba lo que estaba sucediendo.

Todo lo que supo Saúl fue que se lo estaban homenajeando con el mejor de los banquetes. "La sala" (v. 22) indicaba que se hallaban en el lugar alto situado en las afueras de Ramá. Samuel estaba tratando a Saúl como a un sacerdote. No obstante, éste seguía sin saber la razón.

¿Por qué es importante que estemos abiertos a la obra de la providencia de Dios en nuestra vida, e incluso esperemos que suceda?

Dios puede tomar circunstancias sencillas, encuentros aparentemente casuales, y convertirlos en momentos transformadores para su propósito y su gloria. Todo lo que necesitamos es estar en contacto con el Espíritu Santo, como lo estuvo el profeta, y seguir sus indicaciones.

III. Saúl ungido y proclamado rey

A. Saúl es honrado
1 Samuel 9:25–27; 10:1–13

Después del solemne banquete, y una noche de conversación, Samuel regresó a Ramá con Saúl y su siervo. Los tres pasaron un tiempo en adoración en el techo de la casa de Samuel. Aquellos sucesos eran una preparación para la coronación de Saúl. A la mañana siguiente, cuando salían, Samuel despidió al siervo para darle el mensaje en privado a Saúl (1 Samuel 9:25–27).

En ese momento, Samuel derramó aceite sobre la cabeza de Saúl (v.10:1). Este aceite de la unción era una fórmula exclusiva y se consideraba sagrado (véase Éxodo 30:32,33; Salmo 89:20). El beso de Samuel era una señal de respeto, con la cual reconocía la nueva responsabilidad que Dios le había dado a Saúl.

A continuación, Samuel predijo tres señales que confirmarían que Saúl era el escogido por Dios para ser monarca de Israel (1 Samuel 10:2–6). Primero, Saúl encontraría a dos hombres que le confirmarían que las asnas de su padre estaban seguras. Segundo, se encontraría con tres viajeros que iban al santuario de Bet-el. Entre las ofrendas, llevarían hogazas de pan, y le darían a Saúl dos de ellas. Esta clase de obsequio era lo que se acostumbraba dar a un sacerdote, pero él, como ungido de Dios, lo aceptaría. El tercero era que Saúl se encontraría con un grupo de profetas y profetizaría con ellos. En aquel momento, Saúl se convertiría en un hombre nuevo, y llamado para realizar la tarea que Dios le había puesto delante (v. 7).

Entonces Saúl descendió a Gilgal, un importante santuario situado en el territorio de Benjamín, para esperar a Samuel. Después de una semana, llegaría Samuel para ofrecer sacrificios, y reafirmar el nombramiento de Saúl como rey (v.8; véase 11:14,15). Dios también le cambió el corazón (v.9).

¿Por qué cree usted que Dios le dio las tres señales a Saúl, y cuáles beneficios y aliento habría recibido él de ellas?

> **IDEA 5.** Presente la transparencia "Las promesas de Dios". Cuando explique 1 Samuel 10:2–7, destaque las lecciones prácticas acerca del cuidado y la provisión de Dios que Saúl pudo aprender de las instrucciones de Samuel.

Las señales concedidas a Saúl reafirmarían la legitimidad de la unción divina. También podían servir como recordatorios del cuidado y la provisión de Dios, que Saúl debería reconocer, mientras se aprestaba para guiar como rey al pueblo de Dios. A veces, nosotros también recibimos pruebas palpables de parte de Dios cuando Él nos llama a una tarea. Estos momentos nos inspiran seguridad de las cosas buenas que Dios está haciendo en nosotros.

Saúl experimentó el cumplimiento de la tercera señal cuando se encontró con los profetas y comenzó a profetizar con ellos. Aquí encontramos indicaciones de que Saúl no era conocido como un joven de mucha sensibilidad espiritual. Los que lo observaban se sorprenden cuando lo ven profetizando junto con los profetas (vv.10–13). Su pregunta, "¿Y quién es el padre de ellos?" (v. 12), refleja menosprecio y escepticismo respecto a la legitimidad de aquellos profetas, y la palabra "padre" se refiere a su líder. La aparición de Saúl entre ellos suscitó dudas respecto a todo el grupo.

B. Saúl es proclamado rey
1 Samuel 10:14–27

Mientras la coronación de Saúl se acercaba, él mantuvo la noticia en secreto (1 Samuel 10:14–16). Samuel comunicaría la noticia en una convocación especial que haría en Mizpa.

¿Cuál fue el mensaje de Samuel al pueblo, y por qué comunicó tanto lo positivo como lo negativo?

Samuel le recordó al pueblo las grandes acciones de Dios a favor de ellos a lo largo de su historia, y también su rebelión al querer tener un rey (vv. 17–19). Él aceptó de mal grado su deseo, y echó a andar el proceso de echar suertes para revelar quién sería su nuevo rey (vv. 20–22). Esta acción confirmaría nuevamente que Dios había escogido a Saúl.

Su reacio nuevo rey se estaba escondiendo de ellos entre los víveres que habían traído para la reunión (v. 23). Pero cuando el pueblo vio la fortaleza física y la estatura del nuevo rey, de inmediato lo proclamó como tal (vv. 24,25). Después de una clara descripción de Samuel acerca de la manera en que el monarca se debía comportar, la coronación quedó completa.

Sin embargo, hubo quienes se sintieron escépticos. Las Escrituras los señalan literalmente como "hombres malvados". Ellos no querían un rey, y demostraron el desprecio que sentían por Saúl al no presentarle siquiera los regalos acostumbrados (vv. 26,27).

¿Por qué aquellos escépticos se habrán mostrado tan despectivos con Saúl?

Estos hombres hacen un contraste con los valientes que acompañaban a Samuel. A pesar de las confirmaciones y de las palabras del profeta Samuel, se negaron a reconocer que a fin de cuentas, es Dios y no el hombre, quien gobierna a su pueblo. Hoy también es sabio que reconozcamos lo importante que es el sometimiento a la voluntad de Dios, aun cuando no entendamos sus caminos. Él está con aquellos que le honran.

Discipulado en acción

Ya fuera en el corazón de unos cínicos que rechazaban al escogido de Dios, o en el de una nación que quería ser gobernada según los caminos del mundo, la rebelión produjo un serio impacto en Israel. También nosotros debemos guardarnos de toda forma de rebelión que amenace entrar en nuestra vida. Actitudes rebeldes, como la falta de perdón, la amargura y el espíritu crítico, son espiritualmente cáusticas y le causan problemas a todos los que se dejan dominar por ellas. En el hogar, en la iglesia, en el trabajo o en la escuela, la rebelión puede causar mucho daño en un corto tiempo.

El remedio de Dios para la rebelión es la sumisión. Esto significa que proclamamos su autoridad sobre nuestra vida, y honramos esa autoridad viviendo de una manera que refleje que Él es nuestro Señor.

Dedique un momento a examinar su corazón. ¿Está usted permitiendo que haya una rebelión invisible? Arrepiéntase de todas sus actitudes rebeldes y pecaminosas, y después reafirme su sumisión a Jesucristo como Señor y Salvador de su vida.

Ministerio en acción

Un fuerte antídoto contra la rebelión es la adoración. Cuando nosotros proclamamos la bondad de Dios, las cosas negativas que hay en nuestro corazón quedan al descubierto y las podemos eliminar. Al final de la clase, dedique un tiempo para una adoración centrada en esta idea; anime a los alumnos a orar los unos por los otros, al mismo tiempo que alaban al Señor.

Lectura devocional

Lunes
La rebelión de Israel.
Números 14:1–6

Martes
Las consecuencias de la rebelión.
Números 14:26–35

Miércoles
Israel abandona a Dios.
Jueces 2:10–15

Jueves
Jesús es rechazado por los suyos.
Juan 1:6–13

Viernes
La ceguera espiritual.
Juan 9:39–41

Sábado
Dios es un reconciliador.
2 Corintios 5:17–21

Samuel, ejemplo de integridad

Verdad central

Los cristianos hemos sido llamados a vivir con integridad.

Versículo clave: 1 Samuel 12:23

Así que, lejos sea de mí que peque yo contra Jehová cesando de rogar por vosotros; antes os instruiré en el camino bueno y recto.

Introducción

Escándalos en las corporaciones. Corrupción en el gobierno. Relativismo moral. Vivimos en una sociedad donde los límites de la integridad personal pueden parecer borrosos. Si nos descuidamos, podemos terminar haciendo de la integridad un asunto de opinión personal.

La Palabra de Dios es clara; sus mandamientos son justos. Cuando los seguimos, experimentamos sus bendiciones. Cuando los rechazamos, nos enfrentamos con desagradables consecuencias. La integridad no es algo subjetivo. Es un asunto de obediencia a Dios.

Objetivos del aprendizaje

Al terminar esta lección, sus alumnos podrán

1. reafirmar el valor y la importancia de desarrollar la integridad y rechazar el pecado.
2. darse cuenta de que la falta de integridad representa una rebelión contra Dios.
3. comprometerse a seguir los mandamientos de Dios y vivir con integridad.

Fundamento bíblico
1 Samuel 11:1 a 12:25

Enfoque
Analizar la integridad de Samuel y dejarnos influir por ella para glorificar a Dios con nuestra vida.

Bosquejo
I. El testimonio de integridad de Samuel
   A. Saúl es confirmado rey
   B. Samuel es reafirmado como profeta
II. Samuel llama a Israel a la fidelidad
   A. Palabras de corrección
   B. Palabras de advertencia
III. Reafirmación de la fidelidad de Dios
   A. Manifestación del poder de Dios
   B. Descripción del amor de Dios

Preparación
☐ Escoja las preguntas, actividades de aprendizaje y artículos del *Folleto de ayudas y recursos* que le ayuden a alcanzar sus objetivos en la lección.
☐ Llene la hoja "Planificación de la clase".
☐ Prepare las siguientes copias maestras: La verdad y sus consecuencias, Los ídolos, Para un estudio más amplio 4

12:1. Dijo Samuel a todo Israel: He aquí, yo he oído vuestra voz en todo cuanto me habéis dicho, y os he puesto rey.

2. Ahora, pues, he aquí vuestro rey va delante de vosotros. Yo soy ya viejo y lleno de canas; pero mis hijos están con vosotros, y yo he andado delante de vosotros desde mi juventud hasta este día.

3. Aquí estoy; atestiguad contra mí delante de Jehová y delante de su ungido, si he tomado el buey de alguno, si he tomado el asno de alguno, si he calumniado a alguien, si he agraviado a alguno, o si de alguien he tomado cohecho para cegar mis ojos con él; y os lo restituiré.

4. Entonces dijeron: Nunca nos has calumniado ni agraviado, ni has tomado algo de mano de ningún hombre.

5. Y él les dijo: Jehová es testigo contra vosotros, y su ungido también es testigo en este día, que no habéis hallado cosa alguna en mi mano. Y ellos respondieron: Así es.

13. Ahora, pues, he aquí el rey que habéis elegido, el cual pedisteis; ya veis que Jehová ha puesto rey sobre vosotros.

14. Si temiereis a Jehová y le sirviereis, y oyereis su voz, y no fuereis rebeldes a la palabra de Jehová, y si tanto vosotros como el rey que reina sobre vosotros servís a Jehová vuestro Dios, haréis bien.

15. Mas si no oyereis la voz de Jehová, y si fuereis rebeldes a las palabras de Jehová, la mano de Jehová estará contra vosotros como estuvo contra vuestros padres.

18. Y Samuel clamó a Jehová, y Jehová dio truenos y lluvias en aquel día; y todo el pueblo tuvo gran temor de Jehová y de Samuel.

19. Entonces dijo todo el pueblo a Samuel: Ruega por tus siervos a Jehová tu Dios, para que no muramos; porque a todos nuestros pecados hemos añadido este mal de pedir rey para nosotros.

22. Pues Jehová no desamparará a su pueblo, por su grande nombre; porque Jehová ha querido haceros pueblo suyo.

23. Así que, lejos sea de mí que peque yo contra Jehová cesando de rogar por vosotros; antes os instruiré en el camino bueno y recto.

24. Solamente temed a Jehová y servidle de verdad con todo vuestro corazón, pues considerad cuán grandes cosas ha hecho por vosotros.

Comentario bíblico

I. El testimonio de integridad de Samuel

A. Saúl es confirmado rey
1 Samuel 11:12–15

Saúl acababa de obtener una gran victoria para Israel. Por la mañana temprano, aún oscuro, lanzó al ejército israelita en un ataque en el que destruyó por completo a los amonitas (véase 1 Samuel 11:1–11). A raíz de esa victoria, sus partidarios quisieron reivindicarlo ante quienes se habían opuesto a que fuera rey (v. 12). Cuando Dios lo escogió como rey, algunos lo rechazaron y se negaron a ser súbditos de su reino (1 Samuel 10:27).

¿Por qué los partidarios de Saúl habrán querido ejecutar a los que se le opusieron?

Ahora que Saúl había mostrado que era un líder capaz y un comandante valiente, algunos quisieron volverse contra sus detractores, no solo para echarles en cara su error, sino para acabar con ellos. La victoria total que había resultado de una situación que de otra manera habría sido aterradora, y que parecía desesperada, había alimentado su celo. El pueblo se reunió alrededor de su exitoso rey nuevo.

Saúl intervino y detuvo sus planes (11:13), en vez de centrarse en Dios. No era él, sino Dios quien los había librado. No era momento de venganza, sino de regocijo.

La manifestación de liderazgo que tuvo Saúl llevó a Samuel a reunir al pueblo en Gilgal. Allí, en medio de un espíritu de celebración dirigido a Dios, el pueblo reafirmaría a Saúl como rey. Él ya había sido ungido rey por Samuel (1 Samuel 10:1). Había mostrado su capacidad en la batalla (1 Samuel 11:11). Ahora, por medio del liderazgo espiritual de Samuel, su ascenso al trono estaría completo.

B. Samuel es reafirmado como profeta
1 Samuel 12:1–5

No era plan de Dios darle un rey a Israel. Fue la insistencia del pueblo la que llevó a Samuel a preguntarle a Dios, y el Señor les concedió un rey. Como líder espiritual de la nación, Samuel obedeció a Dios y estableció a Saúl como rey (1 Samuel 12:1,2). Sin embargo, el afán de Israel por tener una monarquía representaba un rechazo a Dios, y también a Samuel, su profeta.

En Gilgal, Samuel aprovechó la oportunidad de recordar todo lo que él había hecho en servicio de Israel. Desde el momento en que el Espíritu de Dios había descendido sobre él siendo aún muy joven, se había consagrado a la obra de Dios y al servicio de su pueblo.

La dedicación de Samuel al pueblo de Dios fue demostrada a través de su integridad personal y espiritual. Aunque el pueblo lo rechazó como el gobernante que Dios escogió, él recordó a la nación cómo actuó en su condición de profeta de Dios y de juez. Desafió al pueblo a que examinara su conducta durante todo el tiempo en que había sido su líder (v. 3). Esta era su reivindicación como líder y como hombre de Dios.

Durante todo el tiempo que había servido a Israel, Samuel nunca había tomado nada que no fuera suyo, ni siquiera con el pretexto de que fueran impuestos o multas. No engañó a los demás, ni oprimió a los que estaban bajo su autoridad, ni recibió sobornos ni compensaciones (v.3). Trató con justicia al pueblo y nadie tenía cosa alguna que reprocharle. Su integridad estaba por encima de toda disputa, e incluso aquellos que lo echaron a un lado tuvieron que aceptar que era imposible custrionar su carácter (vv.4,5).

¿Por qué es tan importante que el hijo de Dios sea una persona íntegra?

La integridad es una evidencia palpable de que la fe que anunciamos es genuina. Esto es especialmente cierto cuando circunstancias difíciles desafían nuestra fe. No siempre nos irá bien en la vida. Tristemente, nuestra decisión de vivir con integridad no significa que los demás respondan de igual manera. Es posible que suframos insultos e injusticias. Esos momentos son críticos para un cristiano. Si falla nuestra integridad, corremos el riesgo de arruinar nuestro testimonio a favor de Cristo, y también nuestra relación con Él. Pero si nos mantenemos firmes en Cristo, podremos andar en justicia en medio de cualquier injusticia. Nuestra integridad resultará intacta.

IDEA 1. Dirija a sus alumnos en un comentario sobre las maneras prácticas en que se reafirma la integridad de un cristiano, y también cómo se pone en peligro. Mencionen algunas ideas de cómo los cristianos pueden mantener su integridad en los retos que les presenta la vida. Algunos ejemplos podrían ser la rendición mutua de cuentas y la dedicación a conocer lo que Dios espera de los suyos.

II. Samuel llama a Israel a la fidelidad

A. Palabras de corrección
1 Samuel 12:6–13

El enfoque de Samuel cambió de reafirmar su propia integridad a hacer un nuevo análisis del hecho de que Israel hubiera pedido un rey. Los enfrentó con sus palabras en un lenguaje que evoca imágenes de la sala de un tribunal, al recordarles la herencia de Israel y recordarles que fue Dios mismo quien hizo de ellos un pueblo (vv. 6–7).

Como si estuviera en un tribunal de justicia, Samuel presentó las evidencias de la fidelidad de Dios y la infidelidad de Israel a lo largo de su historia (vv. 8–11). Dios hizo de ellos un pueblo, sacándolos de un increíble aprieto cuando eran esclavos en Egipto, pero esa realidad parecía desvanecerse de la mente de ellos una y otra vez.

A la luz de 1 Samuel 12:8–11, ¿a qué conclusiones podemos llegar a partir de la rebelión de Israel y la fidelidad de Dios?

El ciclo estaba claro: los enemigos de Israel lo oprimían, Dios lo libraba, Israel se regocijaba, Israel olvidaba a Dios, y sus enemigos volvían a oprimirlo, de manera que el ciclo volvía a comenzar. Así fueron las cosas durante generaciones. Y con todo, Dios fue fiel y los libró una y otra vez, incluso cuando Israel seguía rebelde.

Finalmente, ante una amenaza de los amonitas, los israelitas decidieron exigir un rey humano (v. 12). Se cansaron de poner su confianza en Dios. Desafiando las advertencias de Samuel, decidieron emular a las mismas naciones impías de las cuales el Señor los libró.

¿Qué sucede cuando hacemos de las ideas y filosofías humanas nuestra autoridad, en lugar de seguir la autoridad de Dios?

En el mundo que nos rodea podemos ver con facilidad la locura que significa tomar este camino. Los gobiernos humanos caen con frecuencia en la corrupción, explotando a su pueblo mientras los gobernantes viven en medio de lujos. La devastación espiritual es mucho peor; se produce cuando las almas se aferran desesperadamente a sus propias soluciones y sus propios anhelos de que su vida tenga sentido y razón. Pero las consecuencias del pecado cobran un alto precio.

A pesar de la infidelidad de Israel, Dios permaneció fiel. Le dio a Saúl como rey (v. 13). Sin embargo, en ningún momento Dios tuvo en mente dejar que Saúl lo reemplazara en su autoridad. Al contrario; Saúl, y todo el que reinara algún día sobre el pueblo de Dios, debía gobernar con justicia, y reconocer a Dios como la suprema autoridad.

Dios no se opone a quienes están en puestos de autoridad. Vivir con integridad significa reconocer que es Dios quien ha dado autoridad a los líderes. Y así como es responsabilidad nuestra responder a quien está por encima de nosotros, nuestros líderes también tendrán que responder a Dios por la manera en que nos hayan guiado.

B. Palabras de advertencia
1 Samuel 12:14,15

Como profeta y juez, Samuel siempre había tenido el llamamiento a hablar al pueblo en nombre de Dios. Ese llamado no cesó con el nombramiento de un rey. Dios tenía una advertencia para el pueblo de Israel, y se la haría llegar por medio de Samuel.

Su mensaje era claro: el pacto de Dios con Israel no había cambiado. Ellos seguían teniendo la responsabilidad de obedecer sus mandamientos, y responderle a Él. Esto queda claramente expresado en las palabras "Si temiereis a Jehová y le sirviereis, y oyereis su voz, y no fuereis rebeldes a la palabra de Jehová, y si tanto vosotros como el rey que reina sobre vosotros servís a Jehová vuestro Dios, haréis bien" (v. 14). El que Dios los bendijera o los juzgara dependía de la manera en que ellos respondieran (v. 15). El rey tendría que someterse a las mismas normas que el resto de la nación.

El aspecto de "las bendiciones y las maldiciones" de los versículos 14 y 15 es un tema evidente a lo largo de todas las Escrituras. Servir a Dios siempre supone la separación del pecado y el rechazo de las tentaciones.

? ¿Por qué es imposible que el pueblo de Dios ande tras los placeres del pecado y al mismo tiempo se mantenga fiel a Él?

No se puede seguir agendas mundanas y honrar a Dios al mismo tiempo. Las palabras de advertencia de Samuel a Israel siguen teniendo la misma fuerza que entonces. Aunque ciertamente, hay ocasiones en las cuales tropezamos, y podemos hallar el perdón en Cristo (1 Juan 1:9), un corazón rebelde nos llevará por un camino que termina en juicio.

> **IDEA 2.** Distribuya la hoja de trabajo "La verdad y sus consecuencias". Después de que los alumnos trabajen, comente las respuestas.

III. Reafirmación de la fidelidad de Dios

A. Una manifestación del poder de Dios
1 Samuel 12:16–19

Samuel hizo un llamado profético al pueblo a que rechazara los apetitos malvados y sirviera al Señor de todo corazón. Habían errado en su celo al imitar a otras naciones, y las palabras de Samuel serían apoyadas por una gran manifestación del poder de Dios (v.16). Era el tiempo de cosecha, en el cual era muy poco probable que lloviera. Samuel profetizó que una feroz tormenta haría que el pueblo se diera cuenta de la maldad que había en sus caminos (v. 17).

Cuando él oró, Dios envió truenos y lluvia (v. 18). El pueblo recibió el mensaje. Aterrados, sus ojos fueron abiertos a su pecaminosa rebelión. Eran una nación pecadora y su afán de ser como el mundo y tener un rey, solo hacía más grande su culpa (v. 19). El arrepentimiento de corazón los ayudaría a seguir adelante. Desde ese momento, en su futuro habría un rey, pero su esperanza definitiva debía centrarse en el Señor.

> **IDEA 3.** Pida a sus alumnos que mencionen ejemplos de maneras en que se puede ver de maneras maravillosas el poder de Dios. Destaque las respuestas positivas. Las vidas que han sido transformadas dan testimonio del poder salvador de Dios. Él también provee para nosotros de manera poco usual, y a veces hasta milagrosa, lo cual sirve como confirmación de su gracia, su grandeza y su dignidad de ser alabado.

B. Descripción del amor de Dios

1 Samuel 12:20–25

Samuel sintió compasión por el pueblo; calmó sus temores y los exhortó a mantenerse leales a Dios (1 Samuel 12:20). También fue al centro mismo del problema: el pueblo había apartado sus ojos de Dios para ponerlos en cosas que eran inútiles. En esto se incluía su impío deseo de tener un rey humano, y esta actitud los llevaría finalmente a la idolatría (v. 21).

IDEA 4. Distribuya la hoja de trabajo "¿Qué adoramos?" Después de que los alumnos terminen su trabajo, comente en clase las observaciones que hayan hecho.

¿Por qué somos tentados a confiar y a esperar en las cosas de este mundo, y no en Dios, aunque sabemos que Él es omnipotente, misericordioso y lleno de amor?

A veces pudiera ser difícil para nosotros poner nuestra confianza en Dios, a quien no podemos ver, aunque sabemos que está presente. Es más fácil confiar en las cosas que podemos ver, oír y tocar. Pero tanto en los buenos tiempos como en los difíciles, debemos centrar nuestra atención en el amor de Dios.

Ciertamente, Dios mostró que amaba a los israelitas. Habría sido justificado deshacerse de ellos, pues habían fallado en numerosas ocasiones. Pero Dios es paciente y perdona a su creación (v. 22). Él había escogido a Israel para que fuera su pueblo, con pleno conocimiento de sus vulnerabilidades. Y aún tenía planes para ellos, no a causa de sus méritos, sino a causa de su soberana misericordia y su perdurable amor. Los había escogido para la gloria de su gran nombre.

Samuel tampoco se dio por vencido con Israel. Aunque lo habían rechazado como líder, intercedió por ellos (v. 23). También afirmó que no haber orado, habría sido un acto pecaminoso. Su llamado a servir como líder espiritual, enseñando los caminos de Dios por medio de sus palabras y de su ejemplo, no había llegado a su fin. Samuel fue reafirmado en las Escrituras como uno de sus mayores modelos de fortaleza espiritual y de liderazgo (vv. 23,24).

Samuel combinó este mensaje positivo con una grave advertencia. Si el pueblo seguía rebelándose contra Dios, las consecuencias serían terribles. La nación y su rey serían destruidos (v. 25). Si no hay arrepentimiento verdadero tampoco puede haber un cambio espiritual.

¿Cómo podemos reconciliar el amor de Dios por nosotros con sus severas advertencias de juicio a la desobediencia?

Cuando decidimos seguir los mandamientos de Dios, Él nos bendice. Esta promesa tiene su raíz en el amor. Pero su amor nos llama a responderle como decisión de nuestra libre voluntad. Cuando decidimos rechazarlo, rechazamos sus bendiciones y nos ponemos en posición de ser juzgados. Pero las bendiciones de Dios están a nuestro alcance cuando nos comprometemos a vivir en una relación con Él que esté marcada por la obediencia y la confianza.

Discipulado en acción

Los cristianos hemos sido llamados a vivir separados de las prácticas pecaminosas de este mundo caído. Dios nos llama a andar conforme a una "brújula moral" que es guiada por el Espíritu, en vez de buscar satisfacción para los apetitos carnales humanos. Cuando lo hacemos, nuestra vida estará marcada por la integridad. Esa clase de vida será evidente ante todos, tanto santos como pecadores.

Dios ha prometido grandes bendiciones para los que le sigan y vivan con integridad. Experimentarán el gozo, la paz y la satisfacción en este mundo, y tendrán también esperanza para toda la eternidad.

Dedique un instante a examinar su estilo de vida. Su manera de vivir, ¿está marcada por la obediencia a los santos mandamientos de Dios, o presenta su vida una fuerte inclinación hacia las concesiones y el anhelo por las cosas mundanales? Pida a Dios que le muestre cada aspectos en que le falta integridad, y después confíe que Él le dará sabiduría y fortaleza para hacer los cambios que sean necesarios.

Ministerio en acción

Comprométase a vivir con integridad. Busque a otros que estén haciendo lo mismo, y anímelos en sus esfuerzos. Le sugerimos que busque un compañero a quien rendir cuentas del progreso en su cometido. Reúnase regularmente con esa persona para hablar acerca de sus luchas, además de buscar aliento y exhortación.

Lectura devocional

Lunes
Un buen nombre.
Rut 2:8–12

Martes
Un gran testimonio.
2 Reyes 23:21–25

Miércoles
Una reputación de persona íntegra.
Daniel 6:1–4

Jueves
Una gran fe.
Mateo 8:5–13

Viernes
Una iglesia fiel.
Filipenses 1:3–7

Sábado
Una madre fiel.
2 Juan 1:1–6

Fundamento bíblico

1 Samuel 13:1–23;
15:1–35

Enfoque

Resaltar las consecuencias de la falta moral de Saúl y cuidarse de caer en los pecados que él cometió.

Bosquejo

I. Dios rechaza a Saúl como rey
  A. Una decisión crítica
  B. Saúl desobedece

II. La lamentable desobediencia de Saúl
  A. La victoria queda asegurada
  B. La decisión errada de Saúl

III. La obediencia es mejor que el sacrificio
  A. Samuel se enfrenta a Saúl
  B. El fracaso de Saúl

Preparación

☐ Escoja las preguntas, actividades de aprendizaje y artículos del *Folleto de ayudas y recursos* que le ayuden a alcanzar sus objetivos en la lección.

☐ Llene la hoja "Planificación de la clase".

☐ Prepare las siguientes copias maestras: Esperar en Dios, Los amalecitas contra los israelitas, ¿Eso está en la Biblia?, Para un estudio más amplio 5

El juicio de Dios por la desobediencia

Verdad central

Debemos servir a Dios como Él quiere ser servido.

Versículo clave: 1 Samuel 15:22

Y Samuel dijo: ¿Se complace Jehová tanto en los holocaustos y víctimas, como en que se obedezca a las palabras de Jehová? Ciertamente el obedecer es mejor que los sacrificios, y el prestar atención que la grosura de los carneros.

Introducción

¿Qué piensan las personas de los mandamiento de Dios que leemos en la Biblia?

Los mandamientos de Dios no son un tema popular para muchos. Hay quienes los ven con apatía, e incluso con hostilidad. Pero tal vez lo más peligroso es pensar que podemos conformar esos mandamientos a nuestros deseos. Debemos guardarnos de una actitud así. Con frecuencia, los mandamientos de Dios no respaldan lo que nosotros consideramos comprensible o deseable. Debemos estar dispuestos a obedecer a Dios, incluso cuando sus mandamientos sean difíciles, o estén en conflicto con nuestros propios deseos.

Objetivos del aprendizaje

Al terminar esta lección, sus alumnos podrán:

1. reconocer que Dios exige obediencia.
2. arrepentirse de toda falta de obediencia.
3. comprometerse a aprender y seguir los mandamientos de Dios de manera constante y fiel.

13:6. Cuando los hombres de Israel vieron que estaban en estrecho (porque el pueblo estaba en aprieto), se escondieron en cuevas, en fosos, en peñascos, en rocas y en cisternas.

7. Y algunos de los hebreos pasaron el Jordán a la tierra de Gad y de Galaad; pero Saúl permanecía aún en Gilgal, y todo el pueblo iba tras él temblando.

9. Entonces dijo Saúl: Traedme holocausto y ofrendas de paz. Y ofreció el holocausto.

13. Entonces Samuel dijo a Saúl: Locamente has hecho; no guardaste el mandamiento de Jehová tu Dios que él te había ordenado; pues ahora Jehová hubiera confirmado tu reino sobre Israel para siempre.

14. Mas ahora tu reino no será duradero. Jehová se ha buscado un varón conforme a su corazón, al cual Jehová ha designado para que sea príncipe sobre su pueblo, por cuanto tú no has guardado lo que Jehová te mandó.

15:2. Así ha dicho Jehová de los ejércitos: Yo castigaré lo que hizo Amalec a Israel al oponérsele en el camino cuando subía de Egipto.

3. Ve, pues, y hiere a Amalec, y destruye todo lo que tiene, y no te apiades de él; mata a hombres, mujeres, niños, y aun los de pecho, vacas, ovejas, camellos y asnos.

9. Y Saúl y el pueblo perdonaron a Agag, y a lo mejor de las ovejas y del ganado mayor, de los animales engordados, de los carneros y de todo lo bueno, y no lo quisieron destruir; mas todo lo que era vil y despreciable destruyeron.

17. Y dijo Samuel: Aunque eras pequeño en tus propios ojos, ¿no has sido hecho jefe de las tribus de Israel, y Jehová te ha ungido por rey sobre Israel?

18. Y Jehová te envió en misión y dijo: Ve, destruye a los pecadores de Amalec, y hazles guerra hasta que los acabes.

19. ¿Por qué, pues, no has oído la voz de Jehová, sino que vuelto al botín has hecho lo malo ante los ojos de Jehová?

22. Y Samuel dijo: ¿Se complace Jehová tanto en los holocaustos y víctimas, como en que se obedezca a las palabras de Jehová? Ciertamente el obedecer es mejor que los sacrificios, y el prestar atención que la grosura de los carneros.

Comentario bíblico

I. Dios rechaza a Saúl como rey

A. Una decisión crítica
1 Samuel 13:1–7

Saúl escogió a tres mil hombres de Israel para formar su ejército (1 Samuel 13:1–2). Dos mil de ellos estaban bajo su mando directo en Micmas; los otros estaban con su hijo Jonatán en Gabaa (v. 3). Éste era un ejército pequeño comparado con la fuerza de los enemigos de Israel.

Jonatán atacó una guarnición de los filisteos en Gabaa. La noticia llegó con rapidez a los filisteos, quienes respondieron con un contraataque. Saúl reconoció que su propio ejército era pequeño, y envió un mensaje para que los hombres en capacidad de pelear se prepararan para una encarnizada batalla (v. 4). Sin embargo, pronto su dedicación a una piadosa obediencia cambió a una abierta arrogancia.

¿Qué hizo el ejército de Israel cuando vieron a los filisteos?

El tamaño de ejército de Israel era una simple fracción del ejército filisteo, que era tan numeroso "como la arena que está a la orilla del mar" (v. 5). Cuando vieron el número de soldados que había en el ejército filisteo, se aterrorizaron. Muchos huyeron o se escondieron (vv. 6,7). Aun aquellos que estaban con Saúl para pelear, lo hicieron con temor y temblor. Jonatán provocó una crisis en el país, y tanto Saúl como su ejército no estaban preparados para enfrentarla.

B. Saúl desobedece
1 Samuel 13:8–14

Samuel dio instrucciones concretas a Saúl de que permaneciera siete días en Gilgal (1 Samuel 13:8). Después de ese tiempo, llegaría él para ofrecer sacrificios ante Dios. Este período de espera estaba descrito originalmente en las instrucciones que aparecen en 1 Samuel 10:8. Aquella pausa exigiría que Saúl confiara en Samuel y depositara su fe en el Señor.

Saúl esperó los siete días, a pesar de que sus soldados se sentían más y más preocupados. Estaban amedrentados ante el amenazador ejército filisteo que se había reunido, y algunos de los israelitas comenzaron incluso a huír. Finalmente, Saúl se impacientó y decidió que ya no esperaría la llegada de Samuel.

¿Cómo enfrentó Saúl la crisis que aparentemente se había intensificado por el atraso de Samuel?

Aquel era un momento decisivo de prueba para Saúl, quien no superó la prueba. Buscó su propia solución, y asumió la responsabilidad de Samuel; él mismo presentó el sacrificio a fin de alcanzar el favor de Dios (v. 9).

Debemos notar que las Escrituras describen que Samuel llegó inmediatamente después de que Saúl ofreciera el sacrificio (v. 10). Los comentaristas especulan que posiblemente Samuel estaba observando a Saúl, como una prueba de su fe. Cuando llegó el profeta Samuel, rápidamente enfrentó a Saúl, y le preguntó qué había hecho (v. 1).

¿En qué sentido había fallado Saúl?

La falta de Saúl tenía su raíz en su desobediencia a los mandatos de Dios (véase 2 Samuel 24:25 y 1 Reyes 3:15, note que hubo reyes después de él que ofrecieron sacrificios y no fueron castigados). Podríamos suponer que Saúl obró con sinceridad en su deseo de buscar la ayuda de Dios, pero su impetuosidad representaba una descarada falta de respeto por el mandato de Dios que le había comunicado Samuel. Saúl se negó a esperar, y esa negación fue un acto de desobediencia.

> **IDEA 1.** Distribuya la hoja de trabajo "Esperar en Dios". Dé a sus alumnos unos minutos para llenar la hoja. Explique las preguntas que encontrarán en la parte superior, y exhorte a los alumnos a pensar el resto de la semana en las preguntas de reflexión personal.

¿Por qué a veces se hace difícil esperar en Dios?

Esperar que Dios nos responda en momentos de prueba puede ser difícil. Muchas veces nos sentimos desafiados por sentimientos de duda y de temor. Podemos sentirnos tentados a buscar nuestras propias soluciones. Pero si cedemos ante nuestros temores, comenzaremos a vacilar en cuanto a nuestra confianza en Dios. Estos momentos representan tiempos de prueba difíciles, y debemos estar preparados para honrar a Dios, y no a nuestros temores.

Saúl no respondió bien, puesto que dejó que las circunstancias debilitaran su confianza. Reconoció de inmediato que había tomado el asunto en sus manos, y se justificó afirmando que no tenía ninguna otra opción (v. 12). El ejército filisteo los presionaba, la amenaza era abrumadora y los hombres desertaban. Él necesitaba la bendición de Dios, y sin embargo, estuvo dispuesto a ignorar las instrucciones que Dios había dado, para buscar aquella bendición.

Samuel enfrentó de inmediato a Saúl por su impía desobediencia (vv. 13–14). Le dijo que había actuado locamente, una dura observación que incluía un fallo moral. Las consecuencias serían profundas: el linaje de Saúl no sería una dinastía real. De hecho Dios ya había escogido a su sucesor. Por medio de este decreto, Samuel volvió a afirmar la naturaleza única de Israel. Ellos no eran como ninguna otra nación. La obediencia a Dios debe ir por delante de cualquier otra consideración.

II. La lamentable desobediencia de Saúl

A. La victoria queda asegurada
1 Samuel 15:1–8

En Samuel 15, el profeta se acerca a Saúl con otra prueba de obediencia (vv. 1–3). En este intercambio de palabras, Samuel señaló que Saúl era rey por decreto divino, y no por aclamación popular. Como tal, estaba obligado a seguir el mandato de Dios y atacar a los amalecitas. La repetición de la orden de destruirlos por completo reafirma la soberanía de Dios sobre Israel. Él les daría la victoria, y lo que correspondía a Saúl era obedecer a Dios y guiar al ejército.

La destrucción de los amalecitas se produjo por haber atacado a Israel cuando salió de Egipto, y por negarse a temer al Señor (véase Deuteronomio 25:17–18; Éxodo 17:8–13). Dios usaría a Saúl y su ejército como instrumento de juicio.

IDEA 2. Distribuya la hoja de trabajo "Los amalecitas contra los israelitas". Lea las Escrituras y responda las preguntas. Destaque la información acerca de los amalecitas, así como la razón por la que fueron juzgados.

¿Qué nos puede decir el decreto de Dios contra los amalecitas acerca de nuestras propias batallas?

Los cristianos no pelean una batalla como la de Israel en el Antiguo Testamento. No peleamos contra naciones ni contra grupos étnicos. Nuestras batallas son espirituales, y con frecuencia comprenden luchas internas como las dudas, la confianza en nosotros mismos y las tentaciones. En esos momentos podemos sentirnos seguros de que Dios ha prometido cuidar de su pueblo. El Señor nos dará la victoria si nos mantenemos centrados en Él. Para centrarnos en Él, debemos obedecer sus mandamientos.

Saúl reunió a los ejércitos de Israel y se enfrentó al enemigo (vv. 4–5). Al moverse hacia Amalec, advirtió a los ceneos sobre sus intenciones. Los ceneos eran aliados de Israel, y se alejaron del conflicto que se avecinaba (v. 6). La batalla estaba a punto de comenzar.

B. La decisión errada de Saúl
1 Samuel 15:7–11

IDEA 3. Lea 1 Samuel 15:7–9 en voz alta, y después pida a sus alumnos que evalúen la actuación de Saúl. ¿Actuó de acuerdo a lo ordenado por Dios? Si no lo hizo, ¿en qué sentidos se desvió de sus órdenes?

El juicio contra los amalecitas fue rápido y decisivo. Dios capacitó al ejército de Israel para que abriera brecha en su ejército y los hiciera retroceder (1 Samuel 15:7). Sin embargo, Saúl no llevó a cabo la destrucción total decretada por el Señor. Aunque destruyó al pueblo, decidió salvar lo mejor de las ovejas y del ganado. Esencialmente, salvó aquellas cosas que él había decidido que eran "buenas" (vv. 8–9). Al fin y al cabo, así el pueblo de Israel podría disfrutar de aquellos rebaños y manadas de excelente calidad. (Algunos comentaristas hacen notar que tal vez Saúl tuviera la intención de ejecutar más tarde al rey Agag. Note que Samuel enfocó sus palabras en los rebaños que había conservado en la reprensión que le dirigió posteriormente).

¿Cómo reaccionó Dios ante la desobediencia de Saúl?

Dios le dio a Samuel una palabra en la que expresaba que lamentaba incluso el haber hecho rey a Saúl (vv. 10–11). No es de sorprenderse que también Samuel sintiera dolor. Él era quien había ungido a Saúl como rey, solo para ver después cómo desobedecía repetidamente las órdenes de Dios.

¿De qué maneras trata la gente de justificar su desobediencia a Dios, y por qué es incorrecta la desobediencia?

Algunas veces la gente racionaliza la desobediencia a base de apelar a la lógica humana. También es posible que reclamen la seriedad de sus circunstancias como justificación para sus acciones. En el caso de Saúl, conservar todo aquel ganado habría parecido un gran beneficio para el pueblo. Desde un punto de vista

humano, parecía lógico. Nosotros, de manera similar, podríamos usar argumentos humanos para justificar actitudes o acciones que contradigan los mandatos de Dios. Cuando lo hacemos, esencialmente estamos poniendo en tela de juicio su bondad, actuando como si la obediencia a Él no nos trajera consigo los mejores resultados posibles.

III. La obediencia es mejor que el sacrificio
A. Samuel se enfrenta a Saúl
1 Samuel 15:12–21

¿Qué nos dice la actuación de Saúl en 1 Samuel 15:12–13 acerca de él?

En los versículos anteriores, se podría llegar a la conclusión de que sencillamente Saúl no había sabido captar la profundidad de la obediencia a Dios. Pero aquí observamos la raíz de sus defectos. Abandonó todo fingimiento de honrar a Dios, y decidió honrarse a sí mismo y no a Él por la victoria sobre los amalecitas.

Samuel se enfrentó a Saúl para reprocharle su desobediencia (v. 14). Saúl se negó a aceptar la responsabilidad por sus acciones, demostrando su tendencia al engaño, al actuar como si de hecho, él hubiera cumplido las órdenes de Dios (v. 15).

Samuel respondió revisando su situación (vv. 16–19). Le recordó que Dios lo había llamado del anonimato y ungido como rey. Este mismo Dios era el que lo había llamado y le había dado autoridad para guiar a un ejército en la destrucción total de los amalecitas, tarea en la que tristemente, Saúl había fallado. La pregunta que Saúl debía responder era: ¿Por qué había desobedecido?

El engaño de Saúl fue en aumento, al reclamar que en realidad, había hecho lo que debía hacer (vv. 20–21). Al parecer, era incapaz de comprender y seguir las órdenes de Dios. Esencialmente, se escondía detrás de unas supuestas buenas intenciones para justificar su desobediencia.

> **IDEA 4.** Distribuya la hoja de trabajo "¿Eso está en la Biblia?" Cuando la respondan, dirija un comentario con toda la clase.

¿Cuál es la mejor fuente para aprender cuáles son los mandatos de Dios?

Las Escrituras es la mejor fuente para aprender lo que Dios espera de los suyos. Cuando nos negamos a creer su Palabra, rechazamos su autoridad sobre nosotros. A veces, la tentación es más sutil, porque seguimos lo que consideramos como "buena intención" en vez de obedecer a Dios. Cuando se nos enfrenta la Palabra, si nos negamos a admitir nuestra culpa, corremos el riesgo de insertar una cuña de separación en nuestra relación con Dios. La desobediencia es pecado, aunque no comprendamos el porqué. Cuando nos negamos a servir a Dios a su manera, andamos en desobediencia, por buenas que sean nuestras intenciones.

B. El fracaso de Saúl
1 Samuel 15:22–29

Samuel tuvo una clara respuesta a la desobediencia de Saúl, y esto nos dice mucho acerca de lo que Dios espera de su pueblo (1 Samuel 15:22–23).

¿Qué significa que la obediencia sea mejor que el sacrificio?

Estas palabras no les quitan importancia a las acciones externas. En la adoración del Antiguo Testamento, los sacrificios tenían una importancia crítica. Pero la obediencia tiene que salir del corazón. De una manera similar, la desobediencia es una cuestión del corazón, y es un grave pecado ante los ojos de Dios. La caída de Saúl se debió a que puso su idea de lo que era correcto y lo que no, por encima de las órdenes de Dios.

Al parecer, Saúl sintió remordimiento por su impiedad (vv. 24–27). No obstante, su desobediencia repetida había sellado su futuro en cuanto a su derecho al trono de Israel. Dos veces, Samuel repitió el trágico mensaje: Saúl ha sido rechazado como rey de Israel (vv. 23, 26),

Cuando Samuel se dio vuelta para marcharse, Saúl tomó su manto en su desesperación, y lo rasgó. Este incidente sirvió para ilustrar la amarga realidad de lo que había sucedido a Saúl. Su monarquía llegaba a su fin, y un nuevo rey venía en camino. Saúl había tratado de servir a Dios de acuerdo con sus propios términos. Pero la desobediencia solo atrajo el juicio de Dios, y las consecuencias fueron amargas.

¿De qué maneras podríamos nosotros hoy tratar de servir a Dios de acuerdo con nuestros propios términos?

Debemos evitar la adopción de nuestros propios valores, en lugar de obedecer los mandatos de Dios. Nos debemos acercar a Él con humildad, reconociendo que sus caminos son los mejores. Cuando lo hagamos, disfrutaremos de las bendiciones espirituales que caracterizan a una vida obediente.

Discipulado en acción

No basta con decir con nuestra boca que amamos a Dios; también debemos seguir sus mandamientos. El cristianismo no es algo que añadimos a nuestra vida ya tan agitada y llena de actividades. Nuestra fe no debe ser definida por nuestro propio entendimiento, y mucho menos por los valores de este mundo.

La obediencia a Dios exige que sepamos lo que dice su Palabra. Cuando caminamos en obediencia a Dios, aprendemos a amar su Palabra y a seguir sus mandamientos.

Dedique un momento y pregúntese lo siguiente: ¿Tomo mis decisiones antes de preguntarme qué quiere Dios que yo haga? ¿Llego a la conclusión de que algo debe ser voluntad de Dios a partir de la base de lo que yo pienso correcto o lo que quiero hacer? No nos debemos pensar más sabios que Dios. Al contrario; nuestra sabiduría consiste en reconocer que los caminos del Señor son los mejores caminos. Como seguidores suyos, debemos aceptar su camino como el único camino.

Ministerio en acción

Pregunte a los alumnos si hay alguno que se esté enfrentando decisiones difíciles esta semana. Tal vez necesiten sabiduría o discernimiento para comprender la voluntad de Dios para ellos. Tome un tiempo para orar con todos los alumnos. Anímelos a orar unos por otros al terminar la clase, y también durante la próxima semana.

Lectura devocional

Lunes
Enfrentado a su propio pecado.
Génesis 38:24–26

Martes
La desobediencia lleva a la muerte.
Josué 7:19–26

Miércoles
La obediencia al llamado de Dios.
Amós 7:10–17

Jueves
La desobediencia de Adán y la obediencia de Jesús.
Romanos 5:12–21

Viernes
Hijos de desobediencia.
Efesios 5:1–7

Sábado
Hijos de la luz.
Efesios 5:8–14

La tumba vacía y el Salvador viviente

Verdad central

Al ver lo sucedido en el día de la resurrección, el cristiano debe acordarse siempre de que su Señor y Salvador está vivo.

Versículo clave: Marcos 16:6

Buscáis a Jesús nazareno, el que fue crucificado; ha resucitado, no está aquí; mirad el lugar en donde le pusieron.

Introducción

IDEA 1. Pida a sus alumnos que califiquen del uno al diez la importancia de las siguientes creencias del cristianismo: el Nacimiento Virginal, la Crucifixión de Cristo, el bautismo en el Espíritu Santo, Cristo como el único camino de salvación. Comente cuáles ven como más importantes, y por qué.

La clase de hoy nos recuerda que la resurrección de Jesucristo es el fundamento de la fe cristiana. Porque Él resucitó, nosotros tenemos una razón de ser en esta vida, además de tener una esperanza para la eternidad.

Objetivos del aprendizaje

Al terminar esta lección, sus alumnos podrán:

1. estudiar los sucesos que rodearon a la resurrección de Cristo.
2. explicar que la resurrección de Cristo es de máxima importancia para la fe cristiana.
3. comprometerse a obedecer la Gran Comisión.

Fundamento bíblico
Juan 20:1–31

Enfoque
Analizar los sucesos de la resurrección de Cristo para adorarlo y servirlo como nuestro Señor resucitado.

Bosquejo

I. Una tumba vacía
   A. Un cuerpo ausente
   B. Comienza la investigación

II. El Señor resucitado
   A. Un encuentro con ángeles
   B. Una conversación con Jesús

III. La Gran Comisión
   A. Jesús da instrucciones a María
   B. Jesús da poder a sus seguidores

Preparación

☐ Escoja las preguntas, actividades de aprendizaje y artículos del *Folleto de ayudas y recursos* que le ayuden a alcanzar sus objetivos en la lección.

☐ Llene la hoja "Planificación de la clase".

☐ Prepare las siguientes copias maestras: Las costumbres funerarias en los tiempos de Jesús, La Resurrección, Enviados, Para un estudio más amplio 6

1. El primer día de la semana, María Magdalena fue de mañana, siendo aún oscuro, al sepulcro; y vio quitada la piedra del sepulcro.

2. Entonces corrió, y fue a Simón Pedro y al otro discípulo, aquel al que amaba Jesús, y les dijo: Se han llevado del sepulcro al Señor, y no sabemos dónde le han puesto.

6. Luego llegó Simón Pedro tras él, y entró en el sepulcro, y vio los lienzos puestos allí,

7. y el sudario, que había estado sobre la cabeza de Jesús, no puesto con los lienzos, sino enrollado en un lugar aparte.

8. Entonces entró también el otro discípulo, que había venido primero al sepulcro; y vio, y creyó.

9. Porque aún no habían entendido la Escritura, que era necesario que él resucitase de los muertos.

11. Pero María estaba fuera llorando junto al sepulcro; y mientras lloraba, se inclinó para mirar dentro del sepulcro;

12. y vio a dos ángeles con vestiduras blancas, que estaban sentados el uno a la cabecera, y el otro a los pies, donde el cuerpo de Jesús había sido puesto.

13. Y le dijeron: Mujer, ¿por qué lloras? Les dijo: Porque se han llevado a mi Señor, y no sé dónde le han puesto.

14. Cuando había dicho esto, se volvió, y vio a Jesús que estaba allí; mas no sabía que era Jesús.

15. Jesús le dijo: Mujer, ¿por qué lloras? ¿A quién buscas? Ella, pensando que era el hortelano, le dijo: Señor, si tú lo has llevado, dime dónde lo has puesto, y yo lo llevaré.

16. Jesús le dijo: ¡María! Volviéndose ella, le dijo: ¡Raboni! (que quiere decir, Maestro).

19. Cuando llegó la noche de aquel mismo día, el primero de la semana, estando las puertas cerradas en el lugar donde los discípulos estaban reunidos por miedo de los judíos, vino Jesús, y puesto en medio, les dijo: Paz a vosotros.

20. Y cuando les hubo dicho esto, les mostró las manos y el costado. Y los discípulos se regocijaron viendo al Señor.

21. Entonces Jesús les dijo otra vez: Paz a vosotros. Como me envió el Padre, así también yo os envío.

Comentario bíblico

I. Una tumba vacía

A. Un cuerpo ausente
Juan 20:1–2

IDEA 2. Pida voluntarios que lean los siguientes pasajes de las Escrituras: Mateo 28:1; Marcos 16:1; Lucas 24:10; Juan 20:1–2. Haga notar los diferentes personajes que se identifican en cada uno de los pasajes. Hable acerca del estado de ánimo que debe haber prevalecido en la mañana en que Cristo resucitó. ¿Qué es posible que la gente haya estado esperando ver y hacer?

Según la manera de contar judía, era ya el tercer día después de la muerte y sepultura de Cristo: Había sido sepultado el viernes antes de caer el sol, permaneció en la tumba el sábado, y era ya el domingo después del amanecer, el tercer día.

¿Qué pensamientos le habrán pasado por la mente a María Magdalena cuando vio que habían abierto la tumba?

En Marcos 16:1–4 encontramos varios puntos que nos permiten comprender mejor la escena de Juan 20:1–2. En primer lugar, las mujeres se dirigían a la tumba de Cristo para ungir su cuerpo con especias aromáticas. Esto habría compensado el mal olor de la descomposición. En segundo lugar, la piedra que cubría la entrada a la tumba de Cristo era sumamente grande, lo cual significaba que las mujeres necesitarían ayuda para moverla. Cuando María Magdalena y las otras mujeres se acercaron a la tumba, notaron enseguida que habían movido la piedra y, al entrar, vieron que el cuerpo de Cristo ya no estaba allí (véase Marcos 16:5–6). Lo que vieron era alarmante. Pensaron que tal vez los enemigos de Cristo habrían robado su cuerpo. María corrió de inmediato en busca de Pedro, y de Juan, identificado como el discípulo que Jesús amaba, para darles la inquietante noticia.

B. Comienza la investigación
Juan 20:3–9

IDEA 3. Distribuya la hoja "Las costumbres funerarias en los tiempos de Jesús". Use la información que contiene esta hoja para que los alumnos puedan comprender mejor el material que sigue.

Al oír lo que dijo María, Pedro y Juan corrieron hasta la tumba (Juan 20:3–4). Juan llegó primero, se inclinó, miró dentro de la tumba y notó la presencia de la mortaja de lino. En cambio Pedro no vaciló en entrar en la tumba. Él también vio las bandas de lino (vv. 5–7). Él también vio la mortaja que había cubierto la cabeza de Jesús, doblada y puesta aparte de las bandas de lino.

¿Por qué piensa usted que María, Pedro, Juan y los demás estaban tan preocupados sobre el lugar donde estaría el cuerpo de Cristo?

Los seguidores de Cristo que llegaron a la tumba demostraban un amor sincero por Él con su preocupación por su cuerpo. Los sucesos de los días pasados los habían dejado

confusos y desesperados. Hoy en día, nosotros sabemos toda la historia y podemos demostrar nuestro amor por Él siguiéndolo con pasión y celo también. Jesús se había ofrecido a sí mismo como el sacrificio por nuestros pecados. Nuestra respuesta debe consistir en seguirlo como Salvador y Señor.

Juan entró a la tumba detrás de Pedro. A diferencia de los demás, reaccionó ante la escena creyendo que ciertamente, Jesús había resucitado (vv. 8–9). Juan creyó las evidencias palpables, aunque igual que los demás, no comprendía en su totalidad las Escrituras que predecían la resurrección del Cristo.

¿Qué impacto puede causar en nuestra fe el reconocimiento de que Jesús resucitó de entre los muertos?

Los creyentes de hoy tenemos la ventaja de mirar a la historia y leer las narraciones de la resurrección de Cristo. Esto sirve para fortalecer y reafirmar grandemente nuestra fe. Es el fundamento mismo de nuestra fe y nuestra esperanza; sin la Resurrección, careceríamos de esperanza y nuestra situación sería lamentable (véase 1 Corintios 15:12–19).

II. El Señor resucitado
A. Un encuentro con ángeles
Juan 20:10–13

Aunque llenos de dudas acerca de lo sucedido, los discípulos sí sabían que algo extraordinario había tenido lugar. No obstante, quedarse en la tumba no tenía sentido, y habría podido levantar la sospecha de que ellos se habían robado el cuerpo. Así que volvieron a sus hogares en Jerusalén (Juan 20:10).

En cambio, María se quedó en la tumba para llorar su pérdida (vv. 11–12). No quería irse, y volvió a mirar dentro de ella. Esta vez notó que había dos ángeles con vestiduras blancas sentados donde había estado el cuerpo de Jesús y le preguntaron por qué lloraba. Las Escrituras no afirman que ella notó que eran ángeles. Confundida en su dolor, lo más probable es que luchara en su mente para entender lo que sucedía a su alrededor.

¿Por qué los ángeles preguntaron a María algo que sabían?

Los ángeles sabían cuál era el motivo de su dolor. Sin embargo, su pregunta refleja compasión por ella. María tendría la oportunidad de expresar con palabras sus sentimientos. Había pasado por la pérdida de su Salvador, un golpe que solo podría ser más fuerte con la misteriosa desaparición de su cuerpo. Con todo, la pregunta también preparó la escena para que ella pensara en la posibilidad de que había sucedido algo maravilloso. Había una razón para tener esperanza.

B. Una conversación con Jesús
Juan 20: 14–16

> **IDEA 4.** Distribuya la hoja de trabajo "La Resurrección". Dé tiempo a los alumnos para terminar su poema. Después invite a uno o más voluntarios para que lean el suyo ante la clase.

Es posible que María sintiera la presencia de alguien detrás de ella, cuando se dio vuelta después de responderles a los ángeles (Juan 20:14). Era Jesús, aunque ella no lo reconoció. Jesús se dirigió a ella, haciéndose eco de los ángeles al preguntarle por el motivo de su aflicción (v. 15). María, suponiendo que aquel hombre que le preguntaba era el jardinero, le preguntó si Él había tomado el cuerpo y lo había sacado de la tumba. Consumida por el dolor y centrada únicamente en su deseo de saber dónde estaba el cuerpo, no pudo ver que en realidad, estaba hablando con Aquel que ella buscaba.

¿De qué manera las emociones o los temores pueden afectar nuestro discernimiento de las realidades espirituales, o cómo valoramos las promesas de Dios?

Los desafíos de la vida pueden nublar nuestra perspectiva. Las circunstancias nos consumen al punto de que nos parece que son nuestra única realidad. En esos momentos es importante que reiteremos y reafirmemos nuestra fe en Dios y en sus promesas. Algo que parece imposible desde nuestro punto de vista, se puede volver realidad cuando lo miramos con los ojos de la fe.

En aquel tiempo de angustia para María, Jesús le respondió llamándola por su nombre (v. 16).

¿Por qué es significativo que Jesús llamara a María por su nombre?

El nombre de una persona es muy importante para ella. Es la descripción más básica de su identidad. Los que son cercanos a una persona la conocen por su nombre, y este constituye una forma muy personal y exclusiva de dirigirse a esa persona. Aquí recordamos Juan 10:3, donde Jesús dice que el pastor conoce a sus ovejas por su nombre. De igual manera, las ovejas distinguen la voz de su pastor, y le siguen (v. 4). Entonces, no es de sorprendernos que María supiera de inmediato que se trataba de Jesús cuando Él la llamó por su nombre. Él la conocía, y ella conocía la manera en que sonaba su voz cuando pronunciaba el nombre de ella.

Tanto Juan como María experimentaron un cambio decisivo aquella mañana. Los dos habían pensado que Jesús estaba muerto. El hecho de no encontrar el cuerpo en la tumba, y ver solo los lienzos funerarios impulsó a Juan a creer en la resurrección de Cristo. María creyó después de ver a Jesús de pie ante ella, y oírlo pronunciar su nombre. En ambos casos, la consternación y el temor cedieron su lugar a la fe.

¿Cómo podemos superar la incredulidad en los tiempos en que nos sentimos desafiados?

Nos podemos sentir tentados a sucumbir ante la duda y el temor. Sabemos que Jesús vive. Sabemos que ascendió a los cielos, y ahora intercede a favor nuestro ante el Padre. Cuando dudemos, lo más prudente es que repitamos sus promesas en nuestro corazón. Nosotros somos sus ovejas. Él nos quiere profundamente. Podemos confiar en Él, cualesquiera que sean nuestras circunstancias del momento.

III. La Gran Comisión

A. Jesús da instrucciones a María
Juan 20:17–18

> **IDEA 5.** Pida voluntarios que lean Juan 20:17–18 y Mateo 28:9. Hable acerca de las distintas maneras en que reaccionaron los seguidores de Cristo al darse cuenta de que Él estaba vivo.

María adoró al Cristo resucitado (Juan 20:17–18). Su gozo hizo que se abrazara a los pies del Señor. Jesús la detuvo, no porque menospreciara su adoración, sino porque estaba centrado en la tarea que le encomendaría. Ella diría a los discípulos que Jesús estaba vivo, y que regresaría al Padre.

¿Por qué Jesús habrá dicho estas palabras: "Subo a mi Padre y a vuestro Padre, a mi Dios y a vuestro Dios"?

Como es obvio, estas palabras no indican en ningún sentido la existencia de dos dioses separados. Lo que hacen es ayudar a iluminar nuestra comprensión sobre quién es Jesús. Este pasaje nos ayuda a diferenciar entre nuestra humanidad y la de Cristo, quien es plenamente humano y plenamente divino. Nuestra relación con el Padre es distinta a la suya. Él es Dios Hijo, a quien el Padre le encomendó que tomara forma humana. Nosotros somos sus criaturas humanas; los beneficiarios de su obra redentora.

Al fin, María reconoció a Cristo como Redentor resucitado, y lo adoró. Su testimonio es un ejemplo para nosotros. Debemos escuchar las palabras de Jesús y hacer lo que Él nos dice. Esto puede significar el que nos envíe a hablar. Nuestro testimonio personal sobre el poder redentor del mundo es una evidencia para que el mundo sepa que ciertamente, Jesús resucitó de entre los muertos.

B. Jesús da poder a sus seguidores
Juan 20:19–23

Aquella misma noche, Jesús se apareció a sus discípulos (vv. 19–20). Esa sería la segunda aparición de Cristo después de su resurrección, según el libro de Juan. Se les apareció mientras estaban reunidos. Puesto que estaban en una habitación cerrada con candado, su aparición debe haber sido asombrosa y aterradora a la vez. Los comentaristas hacen especulaciones sobre si ellos no estarían reunidos haciendo planes para lo próximo que debían hacer, puesto que estaban identificados con un Hombre que acababan de ejecutar por agitador. Ciertamente, la aparición de Cristo debe haber causado un drástico impacto en ellos.

¿Cómo saludó inicialmente Jesús a sus discípulos cuando se les apareció?

Jesús les dijo: "Paz a vosotros", un mensaje de consuelo después de todas las cosas por las que habían pasado en los días anteriores. Entonces les mostró sus manos y su costado, eliminando así cuantas dudas pudieran quedar sobre si era Él realmente quien estaba allí, de pie ante ellos. Ahora su gozo regresó. Su fe fue renovada.

Jesús también actúa para renovar nuestra fe. Es cierto que no lo vemos físicamente, pero Él se nos revela por medio de su Palabra. De igual manera, la oración nos ofrece la oportunidad de tener comunión con Él y de experimentar el gozo que hay en sus bendiciones. También se renueva nuestra fe cuando nos dedicamos a ministrar su mensaje a aquellos que necesitan la salvación.

IDEA 6. Distribuya la hoja de trabajo "Enviados". Después que los alumnos terminen de llenar sus hojas, comente en clase sus respuestas.

¿Cuál fue el mensaje de Cristo a sus discípulos?

Jesús no los castigó por sus dudas y su incredulidad con respecto a su resurrección. Lo que hizo fue enviarlos. Sus palabras del versículo 22 nos recuerdan Mateo 28:18–20, donde Jesucristo dice a sus seguidores que vayan por todo el mundo y hagan discípulos.

Aquí el enfoque es doble. En primer lugar, reciben el Espíritu Santo cuando Cristo sopla sobre ellos (v. 22). En Génesis 2:7, la Septuaginta (la traducción del Antiguo Testamento al griego) usa el verbo "soplar" para describir la creación de Adán. Es la misma palabra que usó Juan cuando dijo que Jesús sopló sobre los discípulos. Antes de aquel momento, ellos eran creyentes de acuerdo al pacto antiguo. Ahora, así como Dios había soplado vida física en el primer hombre, Cristo soplaba vida espiritual en sus seguidores.

¿Qué quiso decir Jesús al afirmar que sus seguidores podrían perdonar pecados (Juan 20:23)?

Solo Dios tiene el poder y la prerrogativa de conceder el perdón de los pecados. Jesús estaba diciendo que el mensaje de sus seguidores sería el mismo que el suyo: Hay perdón por medio de Él. Nosotros podemos proclamar con autoridad que todos los que lo invoquen podrán recibir el perdón de sus pecados. De igual manera, podemos decir con autoridad que aquellos que rechacen a Cristo como Hijo de Dios y Salvador del mundo, seguirán siendo culpables de sus pecados. Los cristianos somos embajadores de la historia de la salvación. Es nuestro mandato, nuestra misión, que Dios nos ha encomendado.

Discipulado en acción

La Pascua de Resurrección significa una gran cantidad de cosas distintas para las personas. Para unos es un tiempo de vacaciones en la escuela o el trabajo, o un tiempo para comprar ropa nueva, y preguntarse quién asistirá a la iglesia el domingo. Sin embargo, para los creyentes debe significar algo mucho más profundo que eso. Es el centro y el fundamento de nuestra fe. La resurrección de Cristo demuestra que todo lo que Él enseñó es cierto. Al resucitar de los muertos, Cristo nos dio la esperanza de que podremos vencer a la muerte.

Dedique un momento a examinar la forma en que usted celebra la Pascua. ¿Qué impacto causa en su vida el mensaje pascual? Dedique un tiempo extra hoy, y en los próximos días, a adorar al Señor. Evalúe su nivel de compromiso con Él. Desafíese a sí mismo a hallar nuevas maneras de proclamar su esperanza en el Cristo resucitado ante otras personas.

Ministerio en acción

Al terminar la clase, dedique un tiempo a hablar de la manera en que los alumnos se pueden mantener enfocados en el recuerdo de lo que Cristo hizo por medio de su muerte y resurrección. Piense en las formas en que les pueden manifestar todos unidos como clase el amor de Cristo a los necesitados. Después dedique un tiempo a adorar y orar, animando a los alumnos a orar los unos por los otros y sus necesidades, y exhortándose mutuamente en nuestra esperanza como creyentes.

Lectura devocional

Lunes
El Redentor vive.
Job 19:23–27
Martes
La esperanza de la resurrección.
Salmo 16:1–11
Miércoles
Jesucristo vive.
Lucas 24:36–48

Jueves
La promesa de la resurrección.
Juan 5:19–29
Viernes
El cuerpo de resurrección.
1 Corintios 15:49–58
Sábado
Novedad de vida.
Colosenses 3:1–10

Fundamento bíblico
1 Samuel 15:34 a 16:23

Enfoque
Reflexionar sobre la selección y la unción de David, y valorar la sabiduría de Dios.

Bosquejo
I. Dios dirige a Samuel
   A. Samuel llora a Saúl
   B. La nueva encomienda de Samuel
II. Dios escoge a David
   A. Dios rechaza a los hijos mayores de Isaí
   B. David es escogido
III. Dios sitúa a David
   A. David sirve a Saúl
   B. Favor en la corte de Saúl

Preparación
☐ Escoja las preguntas, actividades de aprendizaje y artículos del *Folleto de ayudas y recursos* que le ayuden a alcanzar sus objetivos en la lección.

☐ Llene la hoja "Planificación de la clase".

☐ Prepare las siguientes copias maestras: Unas relaciones rotas, Alguien a quien seguir, Para un estudio más amplio 7

Samuel unge a David como rey

Verdad central
Dios dirige la vida de las personas con su sabiduría.

Versículo clave: 1 Samuel 16:13
Y Samuel tomó el cuerno del aceite, y lo ungió en medio de sus hermanos; y desde aquel día en adelante el Espíritu de Jehová vino sobre David. Se levantó luego Samuel, y se volvió a Ramá.

Introducción
Todos los días tomamos decisiones. Algunas son de poca importancia. Es muy posible que la decisión sobre la ropa que usará, o el camino que tomará para ir al trabajo, no afecte al resto del día, y mucho menos a su vida. Otras decisiones sí tienen efectos perdurables, como cuando se decide por una profesión.

Tristemente, Saúl tomó varias decisiones erradas que acarrearon duras consecuencias. Como resultado, Dios decidió ungir a David como rey para reemplazarlo.

Dios tiene un plan para cada una de nuestras vidas, y nuestras decisiones pueden afectar ese plan. Necesitamos buscar en Dios su sabiduría en cuanto a las decisiones a las que nos enfrentamos cada día.

Objetivos del aprendizaje
Al terminar esta lección, sus alumnos podrán:
1. reconocer el valor que tiene seguir la sabiduría y la dirección de Dios, y no nuestros propios deseos.
2. darse cuenta de que el estado de su corazón es más importante que su apariencia externa.
3. confiar en que Dios dirigirá sus pasos.

16:1. Dijo Jehová a Samuel: ¿Hasta cuándo llorarás a Saúl, habiéndolo yo desechado para que no reine sobre Israel? Llena tu cuerno de aceite, y ven, te enviaré a Isaí de Belén, porque de sus hijos me he provisto de rey.

4. Hizo, pues, Samuel como le dijo Jehová; y luego que él llegó a Belén, los ancianos de la ciudad salieron a recibirle con miedo, y dijeron: ¿Es pacífica tu venida?

5. El respondió: Sí, vengo a ofrecer sacrificio a Jehová; santificaos, y venid conmigo al sacrificio. Y santificando él a Isaí y a sus hijos, los llamó al sacrificio.

7. Y Jehová respondió a Samuel: No mires a su parecer, ni a lo grande de su estatura, porque yo lo desecho; porque Jehová no mira lo que mira el hombre; pues el hombre mira lo que está delante de sus ojos, pero Jehová mira el corazón.

10. E hizo pasar Isaí siete hijos suyos delante de Samuel; pero Samuel dijo a Isaí: Jehová no ha elegido a éstos.

11. Entonces dijo Samuel a Isaí: ¿Son éstos todos tus hijos? Y él respondió: Queda aún el menor, que apacienta las ovejas. Y dijo **Samuel a Isaí: Envía por él, porque no nos sentaremos a la mesa hasta que él venga aquí.**

13. Y Samuel tomó el cuerno del aceite, y lo ungió en medio de sus hermanos; y desde aquel día en adelante el Espíritu de Jehová vino sobre David. Se levantó luego Samuel, y se volvió a Ramá.

14. El Espíritu de Jehová se apartó de Saúl, y le atormentaba un espíritu malo de parte de Jehová.

16. Diga, pues, nuestro señor a tus siervos que están delante de ti, que busquen a alguno que sepa tocar el arpa, para que cuando esté sobre ti el espíritu malo de parte de Dios, él toque con su mano, y tengas alivio.

19. Y Saúl envió mensajeros a Isaí, diciendo: Envíame a David tu hijo, el que está con las ovejas.

21. Y viniendo David a Saúl, estuvo delante de él; y él le amó mucho, y le hizo su paje de armas.

22. Y Saúl envió a decir a Isaí: Yo te ruego que esté David conmigo, pues ha hallado gracia en mis ojos.

Comentario bíblico

I. Dios dirige a Samuel
A. Samuel llora a Saúl
1 Samuel 15:34–35

Después que Saúl rechazara a Dios y a Samuel, el rey y Samuel se separaron. Saúl regresó a su hogar en Gabaa y Samuel fue a Ramá (1 Samuel 15:34). Saúl se negó a arrepentirse de su desobediencia, y por consiguiente, Dios lo rechazó a él como rey. Ahora Samuel se apartaba de Saúl. Su relación se cortó, y Samuel lloró como si Saúl hubiera muerto (v. 35). Nunca más se reuniría con el antiguo rey que había caído en desgracia por su desobediencia.

La decisión de Saúl de rechazar a Dios y desobedecer fue el punto en el cual la relación entre él y Samuel se comenzó a cortar. Dios mismo se lamentó de haber permitido que Saúl se convirtiera en rey. Finalmente, Samuel cortó sus lazos con el rey, y lloró por él. Lloró porque Saúl decidió rechazar a Dios, y por las duras consecuencias que aquel rechazo había traído consigo.

? **¿Cómo debemos reaccionar cuando alguien por quien sentimos afecto rechaza a Dios para seguir por su propio camino?**

IDEA 1. Distribuya el estudio de casos "Unas relaciones rotas". luego que los alumnos hayan leído y respondido a las preguntas, de manera individual, o en grupos, comente sus respuestas con la clase.

Cuando una persona cercana a nosotros decide rechazar a Dios, nuestra relación con ella podría quedar fuertemente dañada. No obstante, nosotros no podemos guardarle resentimiento. Tampoco podemos juzgarla, dando por sentado que es una causa perdida. Al contrario; nuestro dolor y nuestra tristeza nos deberían llevar a orar por su restauración.

Es posible que la naturaleza de su rebelión, o de su actitud hacia nosotros o hacia Dios, termine causando una ruptura en la relación. Sin embargo, aun cuando no podamos ofrecerle nuestro apoyo verbal o práctico, sí podemos orar por esa persona.

B. La nueva encomienda de Samuel
1 Samuel 16:1–5

Aunque Samuel se lamentaba por Saúl, todavía quedaba trabajo por hacer. Dios había escogido otro rey, y le indicó que fuera a Belén para ungir al nuevo rey (1 Samuel 16:1). Es posible que tengamos que hacer a un lado las desilusiones del presente para poder seguir el plan de Dios para el futuro.

Esto sigue siendo cierto hoy. El plan de Dios se sigue desarrollando, y Él tiene un papel a desempeñar en ese plan para cada uno de sus seguidores. Cuando nos mantengamos enfocados en esos planes, y no en nuestras propias luchas y desilusiones, descubriremos fortaleza y motivación para seguir adelante.

Tal vez sea comprensible que Samuel tuviera temor al pensar en lo que Saúl le podría hacer a él si sospechaba que iba a ungir a un nuevo rey (v. 2). Él ya se le había enfrentado fuertemente a Saúl. Los celos crecientes de este y su paranoia solo hacían sentir a Samuel más preocupado y temeroso ante lo que Saúl haría.

Cuando tenemos que enfrentar los temores y desafíos de la vida, ¿qué debemos hacer?

La pregunta de Samuel en el versículo 2 nos proporciona un buen ejemplo: es imprescindible que preguntemos primero al Señor. Dios no espera que enfrentemos solos a los retos de la vida, en especial si se producen debido a algo que Él ha pedido que hagamos. Quiere que lo busquemos a Él y que confiemos en que nos dará la sabiduría que necesitamos para atravesar esos retos. Si preguntaba alguien, Samuel podría decir con toda razón que estaba ofreciendo un sacrificio de acción de gracias a Dios. Este sacrificio también habría estado de acuerdo con el proceso de ungir a un nuevo rey.

Dios le indicó a Samuel que invitara a Isaí junto a sus hijos y a los ancianos del pueblo al sacrificio (vea vv. 3–4). Le estaba revelando su plan paso a paso. Samuel no tenía aún el cuadro entero, sino el próximo paso solamente. Para recibir más indicaciones, primero tendría que obedecer lo que Dios ya había dicho que hiciera. Cuando seguimos el plan de Dios, es frecuente que este nos exija esa obediencia paso a paso.

Samuel obedeció y fue a Belén. Cuando los ancianos vieron al profeta, temblaron, por temor a que llegara con una palabra de juicio (vv. 4–5). Pero Samuel los tranquilizó, asegurando que sus propósitos eran pacíficos. El escenario ya estaba preparado, y el nuevo rey de Israel estaba a punto de ser ungido.

II. Dios escoge a David

A. Dios rechaza a los hijos mayores de Isaí
1 Samuel 16:6–11

¿Cómo reaccionó Samuel cuando vio por vez primera a Isaí y a sus hijos?

Cuando llegaron Isaí y sus hijos, se piensa que posiblemente Samuel se haya reunido en privado con ellos inicialmente. Es posible que Eliab fuera el primero que Isaí presentó a Samuel, porque era el primogénito (1 Samuel 6:6). Samuel se sintió impresionado por su estatura física y su aspecto externo, y supuso que este era el que Dios había escogido (v. 6).

Dios corrigió esa idea suya antes que él actuara en consecuencia. Los comentaristas hacen notar que la corrección de Dios en el versículo 7 era para refrescarle amablemente la memoria, y no para regañarlo con dureza. Samuel tenía que ser cuidadoso en sus juicios, sin dejarse impresionar por la apariencia externa de un hombre; debía recordar que los realmente importantes son el corazón y el carácter de ese hombre. Eso es lo que Dios mira, y esos son los criterios según los cuales se escogería al nuevo rey (v. 7). De hecho, habían sido la estatura y el aspecto externo de Saúl los que habían impresionado primero a los israelitas (1 Samuel 10:23–24). Esta vez había que escoger al rey a partir del estado espiritual de su corazón.

> **IDEA 2.** Distribuya la hoja "Alguien a quien seguir". Dé tiempo a los alumnos para que terminen esta hoja de trabajo, y después comente sus respuestas.

¿Por qué la gente insiste tanto en la apariencia externa?

La belleza y la estatura de una persona nos pueden llegar a impresionar. Nos pueden atraer su encanto y su personalidad carismática. Muchas veces nos dejamos impresionar por la reputación, los éxitos y los logros de una persona. Pero solo Dios conoce su verdadero carácter. Solo Dios puede ver lo que hay en el corazón de una persona. Solo Dios puede sopesar las motivaciones e intenciones de alguien. Nosotros no nos podemos apoyar en nuestro propio juicio cuando se trate de discernir el carácter de otra persona. Solo Dios conoce el corazón.

Así sucedió con los hijos de Isaí. Él los fue llevando a Samuel uno a uno. Y uno por uno, él fue diciendo que no se trataba de aquel (vv. 8–9). En total, rechazó siete hijos, sin darles la posición de rey de Israel (v. 10). Había un hijo más, pero se lo había considerado tan improbable, que Isaí ni siquiera lo hizo venir. Pero Samuel todavía no había hallado al que él buscaba, así que pidió que llevaran a David ante él.

B. David es escogido
1 Samuel 16:12–13

David llegó del campo, y se presentó ante Samuel (1 Samuel 16:12). Las Escrituras lo describen como un jovencito atractivo, con una fisonomía elegante. El hecho de que lo hubieran dejado en el campo para que atendiera las ovejas, en lugar de invitarlo a la ceremonia, podría indicar una falta de aprecio hacia él por parte de su misma familia: les parecía imposible que fuera candidato al gobierno de la nación.

No obstante, los comentaristas observan que la imagen de David trabajando como pastor en el campo es significativa. La metáfora del pastor y la oveja era aplicable a la relación entre un rey y el pueblo que él gobernaba. Y por supuesto, David era el que Dios había escogido (v. 12). Así que le indicó a Samuel que lo ungiera. Debido a la advertencia que Dios había hecho antes (v. 7), Samuel no vaciló en hacerlo. Se limitó a obedecer la orden de Dios (v. 13). Dios sabía que David lo amaba con el corazón.

Con la unción de Samuel, el Espíritu del Señor descendió sobre David (v. 13). Esto se refiere a un poder divino especial que descendió sobre David por medio de la obra del Espíritu Santo. Dios lo había llamado, ungiéndolo con un propósito divino especial. Aunque David no subiría al trono hasta varios años más tarde, Dios lo estaba preparando para la labor que tendría que realizar.

¿Qué piensa usted que significa recibir el poder y la unción del Espíritu Santo para una tarea específica?

IDEA 3. Mientras explica esta pregunta, invite a sus alumnos a relatar situaciones de su propia vida o de la vida de otros, en las cuales han observado con claridad que el Espíritu Santo obraba.

III. Dios sitúa a David

A. David sirve a Saúl
1 Samuel 16:14–20

¿Qué piensa que quieren decir las Escrituras en 1 Samuel 16:14 al referirse a que un espíritu maligno procedente del Señor atormentaba a Saúl?

Cuando Saúl rechazó a Dios, el Espíritu del Señor se apartó de él; entonces fue entregado a una influencia demoníaca (véase 15:23). Esto hizo que estuviera abierto a los tormentos de un espíritu maligno (16:14), los cuales representaban el juicio divino por su rebelión. Dios nunca es la fuente o el autor del mal. Lo que se está teniendo en cuenta en este desafiante pasaje de las Escrituras es que Dios permitió que un espíritu maligno persiguiera a Saúl. Hay eruditos que consideran esto como comparable con el uso de naciones impías por parte de Dios para juzgar a Israel.

Los criados de Saúl reconocieron que sus tormentos eran el juicio de Dios (v. 15). Sin embargo, en lugar de reaccionar con un humilde arrepentimiento, Saúl y sus criados buscaron maneras de tratar los síntomas. Con la esperanza de estabilizar emocionalmente a Saúl, los criados buscaron un músico que tranquilizara su atormentada alma (vv. 16–17). Por esta razón, los eruditos han llegado a la conclusión de que es probable que el problema de Saúl se manifestara en arranques intermitentes de angustia emocional o de perturbación. Pero en lugar de tratarse de la angustia emocional o la enfermedad que sufren muchas personas, se trataba de una batalla espiritual que brotaba de una fuente demoníaca.

[Nota: El que la fuente de la inestabilidad emocional de Saúl fuera demoníaca no significa que todos los problemas emocionales por los que pasan las personas tengan un origen demoníaco].

El versículo 18 indica que David poseía la clase de habilidades musicales que Saúl necesitaba para llevar alivio a su mente y su alma atribuladas. Las Escrituras describen en este momento la forma en que le fueron presentados a Saúl el carácter y la valentía de David. Sin duda, la mano de Dios se hallaba sobre esta escena mientras tenía lugar.

¿En qué sentido nos pueden enseñar nuestros talentos y capacidades sobre los planes que Dios tiene para nuestra vida?

Con gran frecuencia, Dios nos da unas capacidades que tienen que ver con el plan que Él tiene para nuestra vida. Esto nos puede enseñar mucho acerca de los planes que tiene para nosotros, tanto por las habilidades que tenemos, como por las que no tenemos. En el casi de David, su capacidad hizo que Saúl lo mandara llamar (vv. 19–20). Hasta las capacidades naturales que Dios ha puesto en nosotros nos pueden abrir las puertas de las oportunidades.

B. Favor en la corte de Saúl
1 Samuel 16:21–23

David causó inmediatamente una impresión positiva en Saúl. Las Escrituras indican que Saúl "le amó mucho". De hecho, el afecto de Saúl por David era tan grande, que lo hizo su paje de armas (vv.

21–22). Esa posición indicaba que Saúl no confiaba solamente en que David cargara sus armas, sino también en que estaría a su lado en los momentos de peligro. Saúl también pidió a David que se fuera con él y permaneciera a su servicio. Como consecuencia, cuando los espíritus atormentaran a Saúl, él podría llamar a David para que tocara su arpa (v. 23). Es irónico que Saúl hallara consuelo en la misma persona que pronto ocuparía su lugar como rey sobre el pueblo de Dios.

¿Qué nos puede enseñar el ejemplo de David en cuanto a las maneras en que Dios guía y dirige los sucesos de nuestra vida?

Cuando recordamos los sucesos iniciales en la vida de David, podemos ver que Dios lo estaba moldeando y guiando hacia el trono de Israel. Al final, Saúl tendría un trágico fin (véase 1 Samuel 31), pero David experimentaría las bendiciones de Dios, porque había entregado su corazón al Señor. Nosotros también podemos experimentar sus bendiciones. Dios tiene reservadas cosas maravillosas a todos aquellos que pongamos nuestra confianza en Él.

Discipulado en acción

Cuando Dios encomendó a Samuel la tarea de ungir al próximo rey, la sabiduría convencional sugería que buscara alguien que estuviera de acuerdo con los deseos y las expectativas del pueblo. Sin embargo, Dios no escoge a la gente para sus propósitos según las normas y expectaciones humanas. Busca aquellos que tienen su corazón fijo en Él.

Dedique un momento a meditar en los planes que Dios tiene para su vida. ¿Está usted luchando para comprender, o incluso identificar, esos planes? Ahora haga un inventario de las formas en que Dios lo ha preparado para servir; sus dones tanto naturales como sobrenaturales. ¿Cómo se pueden usar los dones que Él ha dado para servir en su reino?

Por último, piense en las puertas de oportunidad que Dios está abriendo ahora mismo. ¿Está dispuesto a atravesar esas puertas, sin tener en consideración sus temores, incertidumbres o deseos personales? Cuando usted siga la dirección que Dios señala, Él lo usará.

Ministerio en acción

Las relaciones son sumamente importantes en el reino de Dios. Las amistades cristianas sanas nos proporcionan apoyo y aliento en un mundo que frecuentemente se manifiesta hostil al cristianismo. Dedique un tiempo junto con todos sus alumnos a analizar las maneras en que ellos pueden ampliar y fortalecer sus relaciones con los demás.

Lectura devocional

Lunes
La sabiduría que viene de Dios.
Génesis 41:33–41

Martes
El conocimiento de Dios y las habilidades.
Éxodo 31:1–6

Miércoles
La fuente de la verdadera sabiduría.
Job 28:20–28

Jueves
Jesús crece en sabiduría.
Lucas 2:43–52

Viernes
La insondable sabiduría de Dios.
Romanos 11:33–36

Sábado
La sabiduría terrenal y la sabiduría celestial.
Santiago 3:13–18

La iglesia apostólica: Hechos,
primera parte

Tertuliano, padre de la Iglesia del siglo II, escribió: "La sangre de los mártires es la semilla de la Iglesia". Esta declaración ha sido veraz muchas veces en la historia cristiana. Pero también habla de una verdad poderosa y sin límites de tiempo: El cuerpo de Cristo no es sacudido por las circunstancias temporales. No vacila bajo el peso de las dificultades, ni se deslumbra con el resplandor de la prosperidad, pues su fundamento es el Evangelio infalible de Cristo, y proclama desde su fundación sus verdades eternas. Examinaremos el comienzo de la Iglesia, como lo presenta el libro de los Hechos, un tiempo de valentía, poder, sacrificio, y gozo.

La lección 8 se centra en el sacrificio y el gozo. Muchas veces, los cristianos del siglo primero se enfrentaron a la pobreza y la necesidad. Pero Dios tenía una solución: su Iglesia sería un lugar de compasión y generosidad. Los creyentes se unirían para asegurar que todos tuvieran lo necesario. Esa dedicación significaba llevar la carga de los otros. Dios nos llama a vivir hoy conforme a esos mismos valores.

El inicio de la Iglesia lo marcó el poder, aun ante la persecución y la intimidación de las autoridades. Las lecciones 9 a 11 (y el Domingo de Pentecostés) lo ilustran de maneras con las que nos identificamos. Los hombres de fe sufrían. El pueblo de Dios oraba y sucedían cosas sobrenaturales. La obra del Espíritu Santo se manifestaba a diario en la Iglesia apostólica y sigue comunicando su poder hoy al pueblo de Dios.

La lección 12 da un mensaje sobre la actitud de Dios hacia los que podríamos pasar por alto al compartir el Evangelio. En su comienzo, la Iglesia luchó con los prejuicios y el orgullo espiritual. Hasta Pedro, un apóstol que estuvo con Cristo en la tierra, tenía actitudes prejuiciosas hacia los gentiles. Por su experiencia, aprendemos que Dios no hace acepción de personas. Él aún nos llama a alcanzar a las almas perdidas, sin importar el pasado ni las diferencias.

La lección 14 nos recuerda que la maldad de este mundo caído no puede vencer a la Iglesia. El pecado no prevalecerá. La Palabra será predicada. Esta proclamación es cierta hoy, como lo fue hace veinte siglos. En la Iglesia apostólica vemos la gran promesa y el gozo que significa seguir a Cristo. La vida nos traerá desafíos. Pero unidos, por medio del poder el Espíritu, podremos experimentar el mismo gozo de andar con Dios y compartir su mensaje de salvación con las almas perdidas.

Fundamento bíblico

Hechos 2:42–47; 4:23–37; 5:12–16

Enfoque

Estudiar y experimentar la dinámica de la vida en los primeros años de la Iglesia.

Bosquejo

I. La dinámica de una iglesia sana
  A. Las disciplinas espirituales llevan al crecimiento
  B. Unidad y poder

II. Una comunidad de oración llena del Espíritu
  A. La oración en respuesta a la persecución
  B. Una poderosa respuesta a la oración

III. El poder de Dios manifestado a través de los apóstoles
  A. Señales y prodigios
  B. Se les añadían creyentes

Preparación

☐ Escoja las preguntas, actividades de aprendizaje y artículos del *Folleto de ayudas y recursos* que le ayuden a alcanzar sus objetivos en la lección.

☐ Llene la hoja "Planificación de la clase".

☐ Prepare las siguientes copias maestras: Las piezas del rompecabezas, Un examen de salud, Señales y prodigios, Para un estudio más amplio 8

La vida en los primeros tiempos de la Iglesia

Verdad central

Las iglesias deben estar llenas de la presencia y la vitalidad del Espíritu.

Versículo clave: Hechos 2:42:

Y perseveraban en la doctrina de los apóstoles, en la comunión unos con otros, en el partimiento del pan y en las oraciones.

Introducción

IDEA 1. Distribuya la hoja "Las piezas del rompecabezas". Indique que escriban en cada una de las piezas una palabra o frase que debería caracterizar a los cristianos y a las iglesias. Comente sus respuestas, y mencione el impacto que produce en una iglesia el que falte alguna de estas características.

A veces, las personas se sienten confundidas en cuanto a lo que significa vivir como cristiano, y cómo eso se traduce en una iglesia saludable y en pleno funcionamiento. Hoy estudiaremos la dinámica de la vida en los primeros años de la Iglesia para comprender mejor la dinámica de la vida cristiana.

Objetivos del aprendizaje

Al terminar esta lección, sus alumnos podrán:

1. describir las cualidades y características que contribuyen a la salud espiritual de una iglesia.
2. buscar ser creyentes llenos y guiados por el Espíritu.
3. orar para que Dios manifieste su poder en los cristianos y por medio de ellos.

2:42. Y perseveraban en la doctrina de los apóstoles, en la comunión unos con otros, en el partimiento del pan y en las oraciones.

43. Y sobrevino temor a toda persona; y muchas maravillas y señales eran hechas por los apóstoles.

44. Todos los que habían creído estaban juntos, y tenían en común todas las cosas;

45. y vendían sus propiedades y sus bienes, y lo repartían a todos según la necesidad de cada uno.

46. Y perseverando unánimes cada día en el templo, y partiendo el pan en las casas, comían juntos con alegría y sencillez de corazón,

47. alabando a Dios, y teniendo favor con todo el pueblo. Y el Señor añadía cada día a la iglesia los que habían de ser salvos.

4:23. Y puestos en libertad, vinieron a los suyos y contaron todo lo que los principales sacerdotes y los ancianos les habían dicho.

24. Y ellos, habiéndolo oído, alzaron unánimes la voz a Dios, y dijeron: Soberano Señor, tú eres el Dios que hiciste el cielo y la tierra, el mar y todo lo que en ellos hay.

29. Y ahora, Señor, mira sus amenazas, y concede a tus siervos que con todo denuedo hablen tu palabra,

30. mientras extiendes tu mano para que se hagan sanidades y señales y prodigios mediante el nombre de tu santo Hijo Jesús.

31. Cuando hubieron orado, el lugar en que estaban congregados tembló; y todos fueron llenos del Espíritu Santo, y hablaban con denuedo la palabra de Dios.

5:12. Y por la mano de los apóstoles se hacían muchas señales y prodigios en el pueblo; y estaban todos unánimes en el pórtico de Salomón.

13. De los demás, ninguno se atrevía a juntarse con ellos; mas el pueblo los alababa grandemente.

14. Y los que creían en el Señor aumentaban más, gran número así de hombres como de mujeres;

15. tanto que sacaban los enfermos a las calles, y los ponían en camas y lechos, para que al pasar Pedro, a lo menos su sombra cayese sobre alguno de ellos.

16. Y aun de las ciudades vecinas muchos venían a Jerusalén, trayendo enfermos y atormentados de espíritus inmundos; y todos eran sanados.

Comentario bíblico

I. La dinámica de una iglesia sana

A. Las disciplinas espirituales llevan al crecimiento
Hechos 2:42–47

¿A quién se refiere Hechos 2:42?

En el día de Pentecostés, Dios derramó su Espíritu sobre los seguidores de Jesús que se habían reunido en Jerusalén, de acuerdo a lo que Él indicó (Hechos 1:4–5; 2:1–4). Este derramamiento atrajo la atención de las multitudes que vinieron a Jerusalén para celebrar la fiesta de Pentecostés (vv. 5–13). Pedro les predicó acerca de Jesús, como el Salvador y Señor resucitado (vv. 14–41). Unas tres mil personas creyeron y fueron bautizadas como respuesta al mensaje de Pedro. Hechos 2:42 se refiere tanto a estos nuevos creyentes como a los creyentes de los que ya se habló en los versículos anteriores.

Hechos 2:42–47 es un modelo para el crecimiento de estos primeros creyentes. A medida que practicaban las disciplinas espirituales, crecían en fe y en número. La primera disciplina de la cual se habla, es el aprendizaje de la Palabra de Dios (v. 42).

¿Por qué es esencial aprender la Palabra de Dios para crecer como discípulos de Jesús?

Es difícil vivir como el Señor quiere que vivamos, si no sabemos qué espera de nosotros. Los creyentes necesitamos recibir continuamente instrucción procedente de la Palabra para entender y obedecer las enseñanzas de Jesús (Mateo 28:19–20). Podemos encontrar oportunidades para instruirnos en los sermones, las clases de Escuela Dominical y las reuniones en grupos pequeños.

La confraternidad también desempeñó un importante papel en el proceso de crecimiento de los primeros cristianos (Hechos 2:42), y lo sigue desempeñando hoy. La confraternidad va más allá de un simple andar con otros cristianos. Debe incluir actividades que nos ayuden a acercarnos más al Señor y a experimentar la presencia de Dios.

La tercera disciplina de la que se habla, es la de partir el pan. Lo más probable que se tratara de compartir las comidas y celebrar juntos la Santa Cena (v. 42). Estas actividades pueden ayudar a los cristianos a fortalecer el lazo común que tienen en Cristo.

La oración era otra disciplina practicada por nuestros primeros hermanos (v. 42). La costumbre de entrar a la presencia de Dios e interceder ante Él por las necesidades de otros, se convirtió también en parte de la cultura de aquella comunidad de fe.

Cristo obró en su Iglesia, dando autoridad a los apóstoles para que realizaran señales y prodigios (v. 43). Esto causó una sensación de profundo respeto, tanto entre los creyentes como entre los no creyentes. Cristo prometió que se producirían señales cuando se proclamaran las buenas nuevas (Marcos 16:15–18).

Es evidente que entre estos primeros cristianos existía un fuerte sentido de comunidad (Hechos 2:44–47). Pasaban tiempo juntos y compartían sus posesiones entre sí para satisfacer las necesidades de todos. Tenían el corazón lleno de generosidad, gozo, y adoración, características que definían a su confraternidad.

El testimonio de esta comunidad de fe tuvo como resultado que hallaron favor con los que les rodeaban (v. 47). También hizo que muchas personas aceptaran la fe en Cristo. La declaración "Y el Señor añadía cada día a la iglesia los que habían de ser salvos" nos recuerda que la salvación es obra de Dios. La única manera de que las personas entren a formar parte de la Iglesia es por medio del nuevo nacimiento; nacer de nuevo por el Espíritu Santo. Los seres humanos son atraídos por el testimonio de los cristianos, pero solo Dios los puede adoptar como hijos y miembros de la comunidad de fe.

B. Unidad y poder
Hechos 4:32–37

La Iglesia apostólica experimentaba unas bendiciones y un crecimiento maravillosos. Pero eso no significa que no existieran problemas que había que enfrentar. Estos seguidores de Jesús eran perseguidos, lo cual los motivó a orar para pedir valentía y poder (Hechos 4:1–31). En vez de dividirlos, los problemas los unieron más. La unidad era una evidencia clara entre estos seguidores de Jesús.

¿Qué evidencias hay de que existe unidad entre los cristianos?

La unidad se evidenciaba por una pasión y un propósito comunes. El versículo 32 describe la unidad como ser "de un corazón y un alma". Los primeros cristianos se mantenían centrados en la misión que Cristo encomendado a la Iglesia: la proclamación del Evangelio.

También se evidenciaba la unidad por la atención mutua que los llevaba a compartir. A medida que surgían las necesidades dentro de la comunidad, los que tenían recursos los compartían con los necesitados (v. 32). Demostraban de maneras prácticas que existía entre ellos un compromiso mutuo, y esto incluía el compartir las posesiones materiales (vv. 34–35). Estas aportaciones no eran forzadas, sino que eran afectuosas respuestas a los necesitados. Los apóstoles supervisaban la distribución de estos bienes.

José, un creyente de Chipre, era un ejemplo de la manera en que compartían sus bienes dentro de este grupo de cristianos (vv. 36–37). Vendió un campo y donó a la iglesia lo que recibió por la venta. Su ejemplo llevó a los apóstoles a darle un nuevo nombre: Bernabé, que significa "hijo de la consolación o del aliento".

En los primeros tiempos de la Iglesia ésta se caracterizó por la unidad y la poderosa proclamación del evangelio (v. 33). Los apóstoles testificaron poderosa y continuamente sobre la resurrección de Cristo. Las generosas bendiciones de Dios eran evidentes entre todos los cristianos.

> **IDEA 2.** Distribuya la hoja de trabajo "Un examen de salud". Pida a sus alumnos que analicen hasta qué punto la dinámica de la iglesia saludable que encontramos en Hechos 2 y 4 se manifiesta también en las vidas de ellos y en la iglesia. Permita que varios voluntarios expliquen su respuesta a la última de las preguntas.

II. Una comunidad de oración llena del Espíritu

A. La oración en respuesta a la persecución
Hechos 4:23–30

Cuando Pedro y Juan sanaron a un hombre que no podía caminar, fueron llevados ante el Sanedrín (Hechos 3:1 a 4:22). Este consejo les ordenó que no hablaran ni enseñaran más en el nombre de Jesús, y después los puso en libertad. Cuando fueron libertados, Pedro y Juan informaron a la iglesia lo sucedido (4:23). Como reacción ante esta amenaza, aquellos primeros creyentes se reunieron para buscar el rostro del Señor.

? Al examinar esta oración de Hechos 4:23–30, ¿qué cosa importante se destaca en ella?

Observe que se resalta el poder y la soberanía de Dios. Los discípulos reconocieron el poder de Dios al reconocerlo como el Creador de todas las cosas (v. 24). Esa fue su manera de confesar que Dios podía ayudarlos en aquella difícil situación.

Los discípulos, al citar el Salmo 2, proclamaron la soberanía de Dios (Hechos 4:25–28). Dios habló por medio del salmista, de la oposición a la que se tendría que enfrentar Cristo (véase el Salmo 2:1–2). Sin embargo, esa oposición solo sirvió para que se cumpliera el plan divino de salvación, realizado por aquel "santo Hijo Jesús" (Hechos 4:27). Y si, en la soberanía de Dios, Cristo se enfrentó a la oposición y la venció, entonces los discípulos no tenían por qué sorprenderse o sentirse abrumados ante las amenazas a las que se enfrentaban ellos.

Esto es una buena lección para nosotros, cuando enfrentemos pruebas y oposición a causa del Evangelio.

Podemos confiar en que Dios nos sacará adelante, porque Él es poderoso, y en última instancia, tiene el control del mundo y de su Iglesia.

? ¿Qué otros textos bíblicos pueden guiar y dar esperanza a los creyentes cuando se enfrenten a las pruebas?

IDEA 3. Escriba en una pizarra las citas de los textos bíblicos que encuentren sus alumnos. Entre los ejemplos estarían Lucas 12:4,5; 2 Corintios 4:8–10; Filipenses 1:27,28.

Luego de reconocer el poder y la soberanía de Dios, los discípulos pidieron valentía para proclamar el Evangelio (v. 29). En vez de orar por protección, o la eliminación de las amenazas, querían la ayuda de Dios para estar firmes y seguir con su misión. Y en vez de rehuir de proclamar el nombre de Jesús, pidieron a Dios que realizara sanidades, señales y prodigios para exaltar su nombre (v. 30).

? ¿De qué manera podrían ayudar las señales y los prodigios a dispersar las hostilidades contra el Evangelio?

Aunque las personas endurezcan el corazón y nieguen aceptar la verdad del Evangelio apoyado por el poder de Dios, los milagros son difíciles de negar. El Sanedrín no podía negar la sanidad del hombre que había estado discapacitado durante cuarenta años (v. 16). Aunque intentaron en vano silenciar a los discípulos, el pueblo alabó a Dios por la milagrosa sanidad. Las vidas que son tocadas por el poder de Dios, conocen la verdad acerca de Jesús, sin importar lo que otros digan o hagan.

B. Una poderosa respuesta a la oración
Hechos 4:31

Dios respondió poderosamente la oración en la cual los creyentes pedían valentía y manifestaciones milagrosas (Hechos 4:31). El lugar donde estaban reunidos tembló, y nuevamente fueron llenos del Espíritu Santo.

? ¿Por qué cree usted que la respuesta de Dios fue llenar del Espíritu Santo a los creyentes?

No sorprende que Dios respondiera así la oración de los discípulos. Jesús ordenó a sus seguidores que esperaran a que Dios derramara su Espíritu, el cual daría poder para ser sus testigos ante el mundo (Hechos 1:8). Así que, al pedir de nuevo poder para testificar, Dios envió un nuevo derramamiento del Espíritu.

La comunidad llena del Espíritu "hablaba con denuedo la palabra de Dios" (v. 31). Cuando Dios respondió su oración, ellos siguieron realizando el trabajo que Dios les encomendó. Sería bueno que los cristianos aprendiéramos del ejemplo de esta comunidad que oraba y estaba llena del Espíritu.

III. El poder de Dios manifiestado a través de los apóstoles
A. Señales y prodigios
Hechos 5:12, 15–16

Dios siguió obrando poderosamente en la Iglesia apostólica. Con el poder del Espíritu Santo, los apóstoles realizaron señales y prodigios en medio del pueblo (Hechos 5:12). Lucas identificó hasta qué punto tan asombroso Dios obró a través de los apóstoles. Las sanidades se producían con tanta frecuencia, que la gente ponía a los enfermos en las calles, con la esperanza de que la sombra de Pedro cayera sobre ellos, y se sanaran (v. 15).

Vemos también que sucedía algo poco usual e innegablemente poderoso en las acciones de aquellos que vivían en los poblados que rodeaban a Jerusalén (v. 16). Estos llevaban a la ciudad a los enfermos y a los atormentados por espíritus malignos, para que fueran sanados. Lucas dice que "todos eran sanados" (v. 16).

¿Deberíamos esperar que se produjeran hoy señales y milagros como los de los primeros tiempos de la Iglesia? Explique su respuesta.

> **IDEA 4.** Distribuya la hoja "Señales y prodigios". Después de darles tiempo a sus alumnos para llenarla, dirija un debate sobre sus respuestas. Anímelos a examinar si realmente ellos esperan que Dios obre señales y prodigios hoy, y ore para que Dios haga esas obras milagrosas por medio de ellos.

El Señor aún usa a sus seguidores hoy para realizar señales y prodigios. A veces, lo que sucede es que no nos percatamos de todo lo que sucede en el mundo. Y tal vez no lo vemos, porque no pedimos al Señor que haga señales y prodigios por medio de nosotros. El Señor que prometió que las señales seguirían a los que creyeran, es el mismo (Marcos 16:17–20).

B. Se les añadían creyentes
Hechos 5:12–14

El poder milagroso de Dios, obrando por medio de los apóstoles,

manifestaba mientras los discípulos se reunían. El pórtico o columna de Salomón era el lugar donde se reunían estos primeros creyentes (v. 12). Se reunían durante los momentos de oración que eran parte del horario de adoración en el templo, estos creyentes se unían en su propósito de adorar y servir al Señor Jesús.

Los sucesos milagrosos que se produjeron, crearon una atmósfera poco usual para la Iglesia naciente. Aunque el pueblo tenía a los creyentes en una alta estima, dudaba en cuanto a unírseles (v. 13). El arresto de Pedro y Juan, en la columnata de Salomón, tuvo un efecto atemorizante para los observadores, como lo tuvo la muerte de Ananías y Safira. Estos sucesos provocaron al temor, el cual a su vez los llevó a dudar (véase Hechos 4:1–3; 5:1–11).

Aunque muchos se mantuvieron a distancia, otros se hicieron seguidores de Cristo (Hechos 5:14). Cada día eran más los hombres y mujeres que eran añadidos a la Iglesia.

¿Por qué las demostraciones del poder de Dios podrían llevar hoy a las personas a poner su fe en Dios?

Lo que sucedió en los primeros años de la Iglesia nos hace ver que el hecho de ver el poder de Dios en acción no es garantía de que las personas depositen su fe en Él. Pero en muchos casos, puede mover a la fe, como las manifestaciones del poder de Dios dan testimonio de la veracidad del Evangelio. Tal vez haga despertar en algunos la realidad de que es cierto que tendrán que rendir cuentas a Dios. En otros casos podría ser la confirmación que andan buscando: que Dios es real, y que quiere estar activo en este mundo y en las vidas de ellos.

Discipulado en acción

Este estudio de la dinámica de vida en los primeros años de la Iglesia nos alienta a meditar en nuestra manera de caminar con el Señor y con nuestros hermanos en la fe. ¿Cuáles evidencias hay de que nosotros personalmente, y la iglesia en general, estamos llenos de la presencia y la vitalidad del Espíritu? ¿Tenemos hambre de la Palabra de Dios? ¿Oramos con pasión por la salvación de las almas perdidas y las necesidades de los demás creyentes? ¿Pasamos tiempo con otros creyentes, y nos ayuda ese tiempo a crecer en la gracia y el conocimiento del Señor? ¿Le pedimos a Dios que se mueva poderosamente en medio de nosotros? ¿Vemos cómo los incrédulos se convierten en creyentes que maduran?

Mientras medita en estas preguntas, recuerde que el plan de Dios para su Iglesia es realizado en última instancia en su pueblo y por medio de él, y en esto está incluido usted mismo. ¿Quiere ser lleno de la presencia y la vitalidad del Espíritu? Busque en Dios el poder y la fortaleza necesarios para desempeñar el papel que le corresponde hoy en la Iglesia.

Ministerio en acción

Esta semana ore para que Dios dé valentía a los cristianos en la proclamación del Evangelio, y para que confirme esa proclamación con señales y prodigios. Únase a uno o dos alumnos más, y compartan los nombres de sus familiares, amigos, compañeros de trabajo o conocidos que no sean salvos. Comprométanse a orar juntos regularmente por las personas que han nombrado.

Lectura devocional

Lunes
Dios identifica a su pueblo.
Éxodo 19:1–7
Martes
La bendición de la unidad.
Salmo 133:1–3
Miércoles
El consuelo de la confraternidad.
Eclesiastés 4:9–12

Jueves
Instrucciones para la comunión.
1 Corintios 11:23–28
Viernes
Ore por todas las personas.
1 Timoteo 2:1–8
Sábado
La base de nuestra confraternidad.
1 Juan 1:1–10

Predicación, poder y perseverancia

Verdad central

Dios da poder a los cristianos para que proclamen su mensaje sin temor.

Versículo clave: Hechos 5:32

Y nosotros somos testigos suyos de estas cosas, y también el Espíritu Santo, el cual ha dado Dios a los que le obedecen.

Introducción

Julia se sorprendió cuando el gerente la llamó a su despacho y la reprendió por hacer proselitismo. Un compañero de trabajo se quejó cuando vio a Julia orar con una persona en la sala de descanso. Julia respondió: "Señor, María me pidió que orara con ella. ¿En qué sentido el gesto bondadoso de orar con una amiga se puede considerar proselitismo?

En el mundo entero, los cristianos sufren por Cristo. La Iglesia también tuvo que enfrentar hostilidades en sus primeros años de vida. Al Estudiar lo que nos dice la Biblia acerca de su persecución, aprenderemos la manera de mantenernos firmes en nuestra fe.

Objetivos del aprendizaje

Al terminar esta lección, sus alumnos podrán:

1. explicar cómo las señales y prodigios ayudan a proclamar del Evangelio.
2. explicar como se refleja el poder de Dios en sus actos de juicio.
3. mantenerse firmes en su fe cuando se enfrenten a la persecución.

Fundamento bíblico

Hechos 3:1–26; 5:1–11, 17–42

Enfoque

Analizar cómo Dios conservó y dio poder a la Iglesia en sus primeros tiempos, y confiar en que Él hará lo mismo hoy.

Bosquejo

I. La sanidad del cojo; Cristo es predicado
  A. Un milagro que captó la atención
  B. Proclamación del Cristo glorificado

II. Manifestación del poder de Dios
  A. La hipocresía es juzgada
  B. El juicio lleva al respeto

III. Una Iglesia perseguida, pero perseverante
  A. Arrestados y sometidos a juicio
  B. Humildes y fieles

Preparación

☐ Escoja las preguntas, actividades de aprendizaje y artículos del *Folleto de ayudas y recursos* que le ayuden a alcanzar sus objetivos en la lección.

☐ Llene la hoja "Planificación de la clase".

☐ Prepare las siguientes copias maestras: siguientes copias maestras: Predicción de los sufrimientos del Cristo, Ejemplos de advertencias, La desobediencia civil, Para un estudio más amplio 9

3:12. Viendo esto Pedro, respondió al pueblo: Varones israelitas, ¿por qué os maravilláis de esto? ¿O por qué ponéis los ojos en nosotros, como si por nuestro poder o piedad hubiésemos hecho andar a éste?

13. El Dios de Abraham, de Isaac y de Jacob, el Dios de nuestros padres, ha glorificado a su Hijo Jesús, a quien vosotros entregasteis y negasteis delante de Pilato, cuando éste había resuelto ponerle en libertad.

19. Así que, arrepentíos y convertíos, para que sean borrados vuestros pecados; para que vengan de la presencia del Señor tiempos de refrigerio.

5:1. Pero cierto hombre llamado Ananías, con Safira su mujer, vendió una heredad,

2. y sustrajo del precio, sabiéndolo también su mujer; y trayendo sólo una parte, la puso a los pies de los apóstoles.

3. Y dijo Pedro: Ananías, ¿por qué llenó Satanás tu corazón para que mintieses al Espíritu Santo, y sustrajeses del precio de la heredad?

4. Reteniéndola, ¿no se te quedaba a ti? y vendida, ¿no estaba en tu poder? ¿Por qué pusiste esto en tu corazón? No has mentido a los hombres, sino a Dios.

5. Al oír Ananías estas palabras, cayó y expiró. Y vino un gran temor sobre todos los que lo oyeron.

18. Y echaron mano a los apóstoles y los pusieron en la cárcel pública.

19. Mas un ángel del Señor, abriendo de noche las puertas de la cárcel y sacándolos, dijo:

20. Id, y puestos en pie en el templo, anunciad al pueblo todas las palabras de esta vida.

21. Habiendo oído esto, entraron de mañana en el templo, y enseñaban. Entre tanto, vinieron el sumo sacerdote y los que estaban con él, y convocaron al concilio y a todos los ancianos de los hijos de Israel, y enviaron a la cárcel para que fuesen traídos.

40. Y convinieron con él; y llamando a los apóstoles, después de azotarlos, les intimaron que no hablasen en el nombre de Jesús, y los pusieron en libertad.

41. Y ellos salieron de la presencia del concilio, gozosos de haber sido tenidos por dignos de padecer afrenta por causa del Nombre.

Comentario bíblico

I. La sanidad del cojo; Cristo es predicado

A. *Un milagro que captó la atención*
Hechos 3:1–11

Pedro y Juan iban al templo para la oración de la tarde cuando se encontraron con un hombre que nació inválido. No podía caminar. Diariamente, lo llevaban a la puerta del templo llamada La Hermosa para pedir limosna (vv. 1–2). Los comentaristas hacen notar que en el judaísmo la limosna era considerada como un acto meritorio. Ponían al hombre en aquel lugar para que la gente que se dirigía al templo pudiera ganar mérito a su llegada. Cuando el hombre vio a Pedro y a Juan, les pidió dinero, como se lo pedía a cualquier otra persona que pasara por su lado (v. 3).

Pedro ordenó al hombre que los mirara a él y a Juan (v. 4). Lo más probable es que el hombre se alegrara de mirarlos, y esperara recibir una limosna. Entonces, Pedro dijo que el regalo que tenía para él no era dinero, sino un toque sanador de Jesús (vv. 5–6). Entonces lo tomó de la mano y tiró de él hasta ponerlo en pie. De inmediato, las piernas de aquel hombre quedaron sanadas y pudo caminar (v. 7). El hombre comenzó a caminar, a saltar y a alabar a Dios (v. 8).

La gente alrededor de ellos notó que el hombre estaba saltando y gritando, y lo reconoció enseguida como el mendigo junto a la puerta La Hermosa (vv. 9–10). Aquella sanidad milagrosa hizo que los observadores se asombraran, maravillaran, y se reunieran alrededor del hombre y los dos apóstoles (v. 11).

En las acciones de Pedro podemos ver los dones del Espíritu en funcionamiento. El don de fe le permitió reconocer que Dios quería hacer algo milagroso a favor de aquel hombre en ese momento. El don de sanidades permitió que caminara un hombre que nunca en su vida había caminado. Los dones del Espíritu ministran a las personas en sus necesidades y a los creyentes les proporcionan oportunidades para proclamar a Cristo.

B. Proclamación del Cristo glorificado
Hechos 3:12–21

Pedro aprovechó la oportunidad que brindó la sanidad para hablar a la multitud acerca de Jesús. Dejó bien claro que esa sanidad no era resultado de nada que hubieran hecho él o Juan. Aquella sanidad era una evidencia de que Jesús es el Hijo de Dios, el Mesías, a quien Dios había glorificado (Hechos 3:12, 13).

Destacó el fuerte contraste existente entre la aceptación de Jesús por Dios y el rechazo que sufrió por parte del pueblo (vv. 14–15). Dios glorificó a Jesús. El pueblo judío se lo entregó a Pilato, el gobernante romano, y exigió que lo crucificara. El hecho de referirse a Jesús como "el Santo y el Justo" (v. 14), quedaba validado por el hecho de que Dios lo resucitó de entre los muertos. Pedro y Juan pudieron testificar sobre la veracidad de la resurrección de Jesús, porque ellos mismos vieron al Salvador resucitado.

¿Por qué destacó Pedro el contraste entre la aceptación de Jesús por parte de Dios y el rechazo que había sufrido de parte del pueblo?

Pedro quiso que sus oyentes captaran la importancia de lo que hicieron al matar al "Autor de la vida" (Hechos 3:15). Jesús, quien es la fuente de la vida, es también la fuente de la sanidad. Por tanto, fueron el nombre de Jesús, es decir, el poder y autoridad que son suyos como el siervo glorificado de Dios, y la fe de ellos en su nombre, los que produjeron la sanidad de aquel hombre (v. 16).

Aunque reprendió a sus compatriotas por su participación en la muerte de Jesús, Pedro también hizo notar que su muerte se produjo de acuerdo al plan de Dios (vv. 17–18). Ni el pueblo ni sus gobernantes reconocieron a Jesús como el Cristo, y por ello actuaron con ignorancia. Por su actuación, se cumplió lo predicho por los profetas con respecto al sufrimiento de Cristo.

IDEA 1. Distribuya la hoja de información "Predicción de los sufrimientos del Cristo". Dé tiempo a sus alumnos para analizar la información, y después destaque algunas de las profecías que se cumplieron con la muerte, la sepultura y la resurrección de Cristo.

Pedro llamó a sus oyentes al arrepentimiento. Si acudían a Dios, recibirían el perdón de sus pecados (v. 19).

¿Es necesario el arrepentimiento para recibir el perdón de los pecados y la salvación? Explique su respuesta.

Arrepentirse significa cambiar de manera de pensar. Es aceptar que nuestros pecados representan una rebelión contra Dios y que con toda razón atraen su juicio, y reconocer que solo la gracia que Dios ofrece por medio de Jesucristo nos otorga el perdón de esos pecados. El arrepentimiento incluye además en el acto de apartarnos de nuestros caminos pecaminosos para vivir de una manera que agrade a Dios. Es decir, que la persona necesita arrepentirse para recibir la salvación.

Pedro indicó que el perdón produce tiempos de refrigerio, porque la persona se encuentra en la presencia del Señor (v. 19). Estos tiempos de refrigerio traen consigo el gozo y la paz que se producen con el perdón de los pecados. Así como los profetas predijeron que Jesús, en su primera venida, sufriría para hacer posible nuestra salvación, también dijeron que en su Segunda Venida restauraría el orden de este mundo para que fuera lo que Dios quiso que fuera, antes de que el pecado arruinara la creación (vv. 20–21).

Es maravilloso saber que Dios tiene un plan para redimir a la humanidad caída y a la creación por medio de Jesucristo. Los seres humanos podemos captar cómo va a ser ese futuro cuando Jesús obra a través de los suyos para realizar señales y prodigios. Cuando lo hace, es necesario que los creyentes lo proclamemos como el Cristo glorificado que perdona, salva, refresca y restaura.

II. Manifestación del poder de Dios

A. La hipocresía es juzgada
Hechos 5:1–6

Las cosas iban bien para la Iglesia en sus primeros tiempos, a pesar de que era perseguida. Sin embargo, se produjo un aterrador incidente en el cual se manifestó el poder de Dios en el juicio por un pecado.

Ananías y Safira, un matrimonio de la iglesia, vendió una propiedad para entregar el dinero al ministerio de la iglesia (Hechos 5:1). Sin embargo, conspiraron para guardar parte del dinero a la vez que hacían pensar a los demás que lo entregaron todo (v. 2).

Cuando Ananías entregó el dinero a los apóstoles, Pedro lo interrogó con respecto a esta ofrenda (vv. 3–4). Dios reveló la duplicidad con que actuó aquel matrimonio. Cuando Ananías oyó la reprensión de Pedro, cayó muerto (v. 5). Algunos de los jóvenes de la iglesia se llevaron su cuerpo para sepultarlo (v. 6).

¿Por qué cree usted que el juicio sobre Ananías fue tan severo?

> **IDEA 2.** Distribuya la hoja "Ejemplos de advertencias". Comente las respuestas de sus alumnos a las preguntas que contiene la hoja.

El juicio que cayó sobre Ananías revelaba que Dios detesta toda falta de honradez en su reino. El engaño entre los creyentes divide al cuerpo de Cristo, destruye la confianza y acarrea la deshonra ante los ojos del mundo. La muerte de Ananías también sirvió como advertencia a los demás, quienes recibieron un mensaje claro que es para los creyentes de entonces y los de ahora: Dios es santo, y su pueblo debe ser santo también. La reacción ante este juicio indica que el mensaje de Dios quedó muy claro: "Y vino un gran temor sobre todos los que lo oyeron" (v. 5).

? ¿Cuál piensa usted que sería la reacción que se produciría dentro y fuera de la iglesia si alguien muriera como consecuencia de un juicio de Dios sobre su pecado?

IDEA 3. Guíe a los alumnos en sus comentarios sobre la pregunta anterior. Pídales que piensen si esto afectaría la manera en que las personas llevan su vida, y su deseo de formar parte de la iglesia.

B. El juicio lleva al respeto
Hechos 5:7–11

Tres horas más tarde, Pedro interrogó a Safira con respecto al precio de la venta de la propiedad, sin saber lo sucedido a su esposo (vv. 7–8). Cuando ella mintió al respecto, Pedro anunció el juicio de Dios que caería sobre ella por haber tentado al Espíritu del Señor. Safira cayó al suelo muerta. Los hombres que sepultaron a su esposo la sacaron y la sepultaron junto a él (vv. 9–10).

El interrogatorio de Pedro dio a Safira la oportunidad de pensar en lo que hizo. Pudo confesar su pecado y pedir perdón. Pero su decisión de continuar en su necedad selló su suerte.

? ¿Por qué a veces no nos acabamos de decidir a apartarnos de un pecado, aun cuando sabemos que es algo incorrecto y que puede traer sobre nosotros el juicio de Dios?

Con frecuencia, el orgullo nos impide confesar nuestro pecado y apartarnos de él. Tal vez temamos que nos humillen, así que nos negamos a admitir que hemos actuado de manera incorrecta. Además, podría-

mos pensar que realmente no nos va a suceder nada por causa de nuestros pecados. Aunque podamos engañar a la demás personas, a Dios nunca lo podremos engañar. La Biblia nos advierte contra el engaño del pecado; cómo nos endurece el corazón para que nos resistamos a la obra del Espíritu (Hebreos 3:12–13).

El juicio sobre Ananías y Safira hizo que tanto creyentes como no creyentes temieran a Dios (Hechos 5:11), al enfrentarlos a la naturaleza santa de Dios y a la naturaleza destructora del pecado. Dios es amoroso y justo a la vez. Nos perdona si nosotros nos apartamos del pecado, pero nos juzga por nuestros pecados si permanecemos en ellos.

III. Una Iglesia perseguida, pero perseverante
A. Arrestados y sometidos a juicio
Hechos 5:17–32

El sumo sacerdote y otros de la secta de los saduceos estaban enojados con respecto a lo que sucedía a los seguidores de Jesús (Hechos 5:17). Esa ira los llevó a encarcelar a los apóstoles (v. 18).

Pero esa noche, el Señor envió un ángel para sacarlos de la prisión (v. 19). El ángel ordenó a los apóstoles que siguieran proclamando el mensaje de la vida nueva en Cristo, y ellos obedecieron (vv. 20–21).

El sumo sacerdote convocó a una reunión del Sanedrín y ordenó que sacaran a los apóstoles de la prisión para que comparecieran ante ellos (v. 21). Los alguaciles informaron que los apóstoles ya no estaban en la prisión, aunque no podían explicarse por qué (vv. 22–23).

Entonces alguien informó que los apóstoles enseñaban al pueblo en el templo (v. 25). Los guardias del templo temieron que hubiera violencia en la multitud y llevaron a los apóstoles ante el concilio (v. 26). El sumo sacerdote dijo a los apóstoles que les ordenó que no siguieran enseñando acerca de Jesús, pero ellos desobedecieron aquella orden. Es posible que los gobernantes religiosos se sintieran culpables por lo que hicieron a Jesús (vv. 27–28).

En vez de pedir perdón, Pedro y los demás apóstoles declararon que tenían que obedecer a Dios (vv. 29–32). Los gobernantes judíos fueron cómplices en la crucifixión de Jesús, pero Dios lo resucitó de entre los muertos y lo exaltó. Jesús abrió el camino para que los seres humanos puedan hallar perdón y salvación. Los apóstoles daban testimonio de ello, y también lo daba el Espíritu Santo. Los que creyeran y obedecieran a Dios, depositando su fe en Jesús, recibirían el Espíritu Santo como testimonio de que eran hijos de Dios (Romanos 8:16).

Al negarse a obedecer al Sanedrín, los apóstoles manifestaron una especie de desobediencia civil.

¿Bajo cuáles circunstancias los creyentes podrían manifestar desobediencia civil?

> **IDEA 4.** Distribuya la hoja "La desobediencia civil". Lean el estudio, y después comenten las preguntas que le siguen.

B. Humildes y fieles
Hechos 5:33–42

El Sanedrín reaccionó con furia ante el desafío de los apóstoles, y estuvo dispuesto a matarlos (Hechos 5:33). Pero el fariseo Gamaliel los convenció de no proceder contra los apóstoles (vv. 34–40).

¿Cuál fue el argumento que presentó Gamaliel a favor de que dejaran tranquilos a los apóstoles?

Gamaliel le recordó al Sanedrín que los charlatanes locales se habían levantado, habían logrado tener seguidores, pero después los habían matado y sus seguidores se habían dispersado. Su consejo era que dejaran que este movimiento siguiera su propio curso. Si solo era un esfuerzo dirigido por seres humanos, fracasaría. Pero si venía de Dios, nada de cuanto ellos hicieran lo podría extinguir. Peor aún, ellos estarían oponiéndose a Dios.

El Sanedrín aceptó escuchar el consejo de Gamaliel (v. 40). Azotaron a los apóstoles, y de nuevo les ordenaron que no hablaran en el nombre de Jesús. Sin embargo, en lugar de sentirse enojados y resentidos, los apóstoles se regocijaron porque habían sido hallados dignos de sufrir aquella vergüenza por Cristo (v. 41).

¿Cree que es adecuado que alguien se regocije cuando lo persigan? Explique su respuesta.

Jesús enseñó a sus seguidores que se debían considerar bendecidos y regocijarse cuando los persiguieran por su causa (Mateo 5:10–12). Por eso, se regocijaron con humildad y gratitud por haber sido reconocidos como seguidores de Jesús, aunque aquel reconocimiento viniera en forma de persecución.

Los apóstoles perseveraron en su fiel servicio al Señor (v. 42). Siguieron hablando diariamente a los demás acerca de Jesús, predicando y enseñando cuando encontraban quienes los quisieran escuchar.

Discipulado en acción

Este estudio ha evidenciado que una de las principales razones por las que existe la Iglesia es para que proclame el Evangelio sin temores y llena de poder. Los creyentes nos enfrentamos a oposición, tanto desde fuera de la iglesia, como desde dentro. Esa oposición puede proceder de diversas fuentes. En algunos casos, hasta es posible que nos sintamos sorprendidos o desanimados si supiéramos de dónde procede el rechazo.

Muchas influencias culturales y políticas trabajan para silenciar a las iglesias, o al menos limitar sus esfuerzos para hablar a los demás acerca de Jesús. El testimonio de algunos cristianos es destruido por un estilo de vida centrado en ellos mismos, y un tibio compromiso de seguir a Cristo. Lamentablemente, esta fe tibia puede llevar a los que consideramos como hermanos en la fe a tentarnos para inclinarnos hacia unos valores impíos.

Los cristianos necesitamos buscar en Dios un nuevo derramamiento del Espíritu Santo para ser testigos poderosos y eficaces de Cristo. Si somos perseguidos por su nombre, podemos contar con que Él nos ayude a perseverar en la proclamación del Evangelio.

Ministerio en acción

En muchas partes de nuestro mundo, los cristianos sufren mucho a causa de la persecución a la que se enfrentan. Haga que los alumnos investiguen las formas en que podrían apoyar a los creyentes perseguidos. Decidan todos los alumnos juntos lo que se puede hacer, y trabajen unidos para proporcionarles el apoyo que necesitan.

Lectura devocional

Lunes
Dios sostiene a su pueblo.
Deuteronomio 8:1–10

Martes
Dios conserva a su pueblo.
Ester 9:20–28

Miércoles
La bondad de Dios con su pueblo.
Salmo 107:1–9

Jueves
La provisión de Dios para su pueblo.
Lucas 12:22–31

Viernes
El poder de Dios en la Iglesia.
Efesios 1:15–23

Sábado
Palabras de Jesús a la iglesia perseguida.
Apocalipsis 2:8–11

Fundamento bíblico
Hechos 6:1 a 7:60

Enfoque
Describir la valiente fe de Esteban e imitar su ejemplo de firmeza en su fe en Cristo.

Bosquejo
I. Con poder para servir
  A. Lleno de fe y del Espíritu
  B. Ministra en medio del pueblo

II. Falsamente acusado
  A. Sus enemigos se enfurecen
  B. Un pacífico acusado

III. El primer mártir cristiano
  A. Una proclamación para producir convicción
  B. Testimonio al morir

Preparación
☐ Escoja las preguntas, actividades de aprendizaje y artículos del *Folleto de ayudas y recursos* que le ayuden a alcanzar sus objetivos en la lección.

☐ Llene la hoja "Planificación de la clase".

☐ Prepare las siguientes copias maestras: La persecución de los cristianos, Esté preparado, El ejemplo de Esteban, Para un estudio más amplio 10

Vivir y morir por Cristo

Verdad central
El cristiano debe proclamar el Evangelio a cualquier precio.

Versículo clave: Hechos 6:8
Y Esteban, lleno de gracia y de poder, hacía grandes prodigios y señales entre el pueblo.

Introducción

> **IDEA 1.** Distribuya la hoja de información "La persecución de los cristianos". Presente toda la información, y después comente con toda la clase las preguntas que la siguen.

En la lección de hoy estudiaremos a Esteban, el primer mártir por Jesucristo. Esteban fue un testigo del Señor Jesucristo, tanto por su vida llena del poder del Espíritu, como por su valerosa muerte. Sirve de ejemplo de cómo mantenernos firmes en nuestra fe en Cristo.

Objetivos del aprendizaje
Al terminar esta lección, sus alumnos podrán:
1. sostener que se necesita el poder del Espíritu Santo para el servicio cristiano.
2. confiar en Dios cuando se enfrenten a hostilidades por causa del Evangelio.
3. comprometerse a permanecer firmes en su fe cuando se enfrenten a la persecución, e incluso al martirio.

6:1. En aquellos días, como creciera el número de los discípulos, hubo murmuración de los griegos contra los hebreos, de que las viudas de aquéllos eran desatendidas en la distribución diaria.

2. Entonces los doce convocaron a la multitud de los discípulos, y dijeron: No es justo que nosotros dejemos la palabra de Dios, para servir a las mesas.

3. Buscad, pues, hermanos, de entre vosotros a siete varones de buen testimonio, llenos del Espíritu Santo y de sabiduría, a quienes encarguemos de este trabajo.

5. Agradó la propuesta a toda la multitud; y eligieron a Esteban, varón lleno de fe y del Espíritu Santo, a Felipe, a Prócoro, a Nicanor, a Timón, a Parmenas, y a Nicolás prosélito de Antioquía;

6. a los cuales presentaron ante los apóstoles, quienes, orando, les impusieron las manos.

8. Y Esteban, lleno de gracia y de poder, hacía grandes prodigios y señales entre el pueblo.

9. Entonces se levantaron unos de la sinagoga llamada de los libertos, y de los de Cirene, de Alejandría, de Cilicia y de Asia, disputando con Esteban.

10. Pero no podían resistir a la sabiduría y al Espíritu con que hablaba.

12. Y solivantaron al pueblo, a los ancianos y a los escribas; y arremetiendo, le arrebataron, y le trajeron al concilio.

13. Y pusieron testigos falsos que decían: Este hombre no cesa de hablar palabras blasfemas contra este lugar santo y contra la ley.

7:54. Oyendo estas cosas, se enfurecían en sus corazones, y crujían los dientes contra él.

55. Pero Esteban, lleno del Espíritu Santo, puestos los ojos en el cielo, vio la gloria de Dios, y a Jesús que estaba a la diestra de Dios,

56. y dijo: He aquí, veo los cielos abiertos, y al Hijo del Hombre que está a la diestra de Dios.

57. Entonces ellos, dando grandes voces, se taparon los oídos, y arremetieron a una contra él.

59. Y apedreaban a Esteban, mientras él invocaba y decía: Señor Jesús, recibe mi espíritu.

60. Y puesto de rodillas, clamó a gran voz: Señor, no les tomes en cuenta este pecado. Y habiendo dicho esto, durmió.

Comentario bíblico

I. Con poder para servir
A. Lleno de fe y del Espíritu
Hechos 6:1–7

Nosotros vemos el crecimiento como algo positivo; sin embargo, el crecimiento suele producir desafíos u obstáculos a los que nos tenemos que enfrentar. Por ejemplo, los niños al crecer necesitan ropa nueva. Los negocios al aumentar su volumen necesitan más empleados y dependencias de mayor tamaño. En el caso de la Iglesia apostólica, el crecimiento trajo consigo problemas relacionados con el cuidado de todos los necesitados. Concretamente, había algunas viudas que se pasaban por alto en la distribución diaria de la ayuda (Hechos 6:1). Esto tuvo por consecuencia que los creyentes griegos se quejaran contra los creyentes hebreos. Los creyentes "griegos" eran en realidad judíos helenistas que mayormente hablaban en griego, y no en hebreo. Es posible que estos creyentes estuvieran entre los que habían llegado a Jerusalén para la Fiesta de Pentecostés y fueron salvos después del derramamiento del Espíritu Santo.

Surgió un serio problema, porque a las viudas de estos creyentes griegos no se las estaba atendiendo como a las de los creyentes hebreos. No se explica la razón de esto, pero es posible que la barrera del idioma haya causado que las viudas nacidas fuera de la Tierra Santa se retrajeran, y por tanto se las pasara por alto. El potencial para la discordia que esta situación traía consigo significaba una verdadera amenaza para la unidad de los creyentes y la misión de la iglesia.

Cuando los apóstoles se dieron cuenta de esta situación, ofrecieron una sensata solución. Pidieron que se nombraran hombres que responsables de asegurarse de que se cuidara de todas las viudas (vv. 2–4). Vale la pena notar que con toda probabilidad, las "mesas" mencionadas en el versículo 2 eran mesas de dinero; la supervisión de aquellas finanzas consumiría mucho tiempo y los distraería a ellos de la predicación del Evangelio.

¿Piensa usted que los apóstoles pensaban que ellos estaban por encima de las tareas de este tipo, o que solo, trataban de empujar a otros para que lo hicieran?

Aunque es posible que algunos vean con cinismo la solución dada por los apóstoles, esa decisión manifiesta madurez y sabiduría. Si ellos delegaban aquellas responsabilidades, la obra del reino podría avanzar mejor. Aunque no parece que ellos se consideraran demasiado distinguidos dentro de la comunidad para realizar esta tarea, sí reconocieron que la prioridad de ellos consistía en ministrar a las necesidades espirituales, más que a las físicas. Además, ellos sabían que Dios podía usar a otros a quienes hubiera dotado para servir. Así que pidieron que se escogiera a siete hombres que fueran conocidos por ser llenos del Espíritu y por demostrar una piadosa sabiduría. Necesitaban tener aquellas cualidades espirituales, porque harían algo más que supervisar las finanzas de la iglesia. Resolverían las relaciones entre los creyentes.

Los creyentes aprobaron esta solución y escogieron a siete hombres para que sirvieran como los primeros diáconos (v. 5). Los apóstoles oraron por aquellos nuevos líderes y les impusieron manos (v. 6). Aunque en Hechos 6 no se utiliza la palabra "diácono", esta procede de un vocablo griego que significa "servidor".

¿Cómo se relaciona la idea de que un diácono es un servidor con el concepto que se tiene de los diáconos en nuestras iglesias?

IDEA 2. Guíe a sus alumnos en la discusión de la pregunta anterior. Invite al pastor y a un diácono de su iglesia para que hablen brevemente acerca del papel que desempeña un diácono en su congregación.

La razón de tener diáconos como parte del grupo de líderes de la iglesia debería ser hoy la misma que era entre aquellos primeros creyentes. Su papel como líderes consiste en facilitar el ministerio de la iglesia al permitir que los pastores se enfoquen en su papel como predicadores, maestros y pastores. Cuando los creyentes llenos del Espíritu respondan al llamado a servir usando los talentos que les ha dado Dios, el Evangelio será proclamado, y el reino de Dios avanzará.

Los nombres de los siete hombres seleccionados indican que todos procedían del grupo de judíos de habla griega. Esto manifiesta la gracia de Dios y la obra del Espíritu Santo en medio de aquellos creyentes, puesto que los diáconos fueron escogidos de entre el grupo minoritario. Ellos serían los responsables de atender a todas las viudas en sus necesidades.

La manera tan sabia en que los apóstoles manejaron aquella crisis en potencia permitió que la iglesia siguiera avanzando (v. 7). Se siguió predicando el Evangelio y los nuevos creyentes se añadieron a la iglesia en unas cantidades asombrosas. Hasta hubo un gran número de sacerdotes que aceptaron la fe en Cristo.

B. Ministra en medio del pueblo
Hechos 6:8

La historia de aquellos primeros diáconos no termina con su selección y su nueva responsabilidad sobre el ministerio a las viudas de la iglesia. El anhelo que tenía Esteban de servir al Señor lo llevó ser usado en otros aspectos del ministerio. Dios usó a este hombre de fe para hacer grandes prodigios y señales milagrosas en medio del pueblo (Hechos 6:8). Este relato sobre el ministerio de Esteban constituye la primera vez en el libro de los Hechos en que se dice que alguien ajeno al grupo de los apóstoles haya sido usado por Dios para realizar maravillas y milagros.

Aunque Esteban tenía un papel de liderazgo entre los creyentes, no era ese papel el que le permitía realizar grandes maravillas y milagros. Esto se debía a que estaba lleno de fe y de poder (v. 8). Confiaba en que el Señor obraría a través de él. A causa de su fe, Esteban iba a los que no pertenecían a la iglesia y creía en que Dios obraría de manera poderosa en la vida de las personas.

¿Qué haría falta para que Dios pudiera hacer cosas milagrosas a través de nosotros?

IDEA 3. Pida voluntarios que lean Marcos 16:17–20 y Hebreos 2:3–4 en voz alta. Incluya estos textos bíblicos en el comentario sobre la pregunta anterior.

El deseo de Dios de bautizarnos a todos los creyentes con el poder del Espíritu Santo y obrar a través de nosotros no ha cambiado. Cuando nosotros proclamemos de verdad el Evangelio en medio de los no creyentes, deberíamos pedir la manifestación de señales y esperar que el Señor confirme su Palabra por medio de las señales que nos seguirán (Marcos 16:20).

II. Falsamente acusado
A. Sus enemigos se enfurecen
Hechos 6:9–10

No faltaron quienes desafiaran el ministerio de Esteban. Uno de los lugares a los que fue a ministrar era una sinagoga a la que asistían judíos que procedían de diversas regiones fuera de Judea (Hechos 6:9). Su presentación de Jesús como el Mesías prometido tuvo como resultado un vigoroso debate con aquellos que asistían a la sinagoga ese día. Esteban, guiado por el Espíritu Santo, fue capaz de presentar varios argumentos que sus oponentes no pudieron rebatir (v. 10). En la defensa que él presentó en Hechos 7, observamos su impresionante capacidad para presentar el Evangelio a partir de las Escrituras del Antiguo Testamento.

¿Cuál es nuestra responsabilidad, y cuál es la obra del Espíritu cuando presentamos el Evangelio a los no creyentes?

IDEA 4. Distribuya la hoja "Esté preparado". Dé tiempo a sus alumnos para que llenen esta hoja de trabajo, y después comente sus respuestas.

B. Un pacífico acusado
Hechos 6:11–15

Como no fueron capaces de rebatir sus argumentos, sus enemigos buscaron otro medio para silenciarlo. Encontraron hombres dispuestos a mentir acerca de él. Su falsa acusación era que habló contra la Ley y contra Dios (Hechos 6:11). Al igual que los enemigos de Jesús, los hombres que se opusieron a Esteban se negaron a ver cómo las tradiciones humanas oscurecieron el verdadero significado de la ley de Moisés. Tampoco estuvieron dispuestos a aceptar las profecías que predecían a Cristo. Al acusar a Esteban de blasfemia (hablar de manera impía e irreverente), lo acusaron de un pecado que merecía la muerte, de acuerdo a la Ley (Levítico 24:16).

Los enemigos de Esteban lograron con sus acusaciones el resultado deseado (Hechos 6:12). Agitaron al pueblo, a los ancianos y a los maestros de la Ley, quienes lo atraparon para hacerlo comparecer ante el Sanedrín, el concilio que gobernaba al pueblo judío. Presentaron más falsos testigos, los cuales afirmaban que Esteban dijo palabras blasfemas contra el templo y la Ley (v. 13). También interpretaron incorrectamente lo que Esteban dijo acerca de Jesús y de los cambios que su venida produciría en la nación judía (v. 14). A la luz de los sucesos recientes que comprendían la comparecencia de los apóstoles ante este mismo cuerpo de líderes (Hechos 5:17–42), tomaron en serio las acusaciones contra Esteban. La frustración de aquel concilio contra los apóstoles se podía desbordar con facilidad sobre aquel hombre, el cual provocó la ira de unos devotos judíos procedentes de otras tierras.

A pesar de la seria situación en la que se hallaba, Esteban no se sentía ansioso ni agitado. Aunque lo acusaron falsamente, él estaba en paz. Esto se hizo evidente por su aspecto externo, puesto que su rostro les pareció como el rostro de un ángel a los que se hallaban en aquella reunión del concilio (Hechos 6:15).

? ¿Cómo es posible estar en paz cuando se enfrenta la oposición a causa del Evangelio?

Lo que nos parece imposible para nuestras propias fuerzas, es posible por medio del poder del Espíritu Santo. Jesús les había prometido a los creyentes que no se tendrían que preocupar acerca de lo que debían responder cuando les pidieran cuentas sobre el Evangelio. El Espíritu Santo los asistiría (Lucas 12:11–12). Y hoy en día, los creyentes que sigan el ejemplo de Jesús pueden tener esa misma seguridad, la cual producirá en ellos firmeza y paz frente a los enemigos (1 Pedro 2:20–23).

III. El primer mártir cristiano
A. Una proclamación para producir convicción
Hechos 7:51–54

A Esteban se le permitió hablar en propia defensa (Hechos 7:1–50). Utilizó los relatos de Abraham, Moisés y David en el Antiguo Testamento para señalar cómo había obrado Dios entre los israelitas, aun a pesar de que siempre se alejaban de Él. Su idea central era que el pueblo de Israel tenía un largo historial de resistencia ante Dios y sus caminos.

Declaró que, tal como lo hicieron sus antepasados, ellos también se resistieron ante Dios (v. 51). Sus padres persiguieron y mataron a los profetas, que eran quienes predijeron la venida del Mesías (v. 52). Al igual que sus padres, ellos rechazaron al Mesías que los profetas dijeron que vendrían, y participaron en su muerte. Su apelación a la Ley como base de la justicia de ellos era en vano, porque no la obedecieron (v. 53).

Las palabras de Esteban hicieron que "se enfurecieran en sus corazones" los que le escucharon (v. 54). Hasta rechinaron los dientes de rabia en su contra.

¿Por qué los miembros del concilio reaccionaron como lo hicieron?

Los que escucharon a Esteban comprendieron lo que implicaba lo que él dijo. La Ley que ellos proclamaban con autoridad suya, en realidad servía para condenarlos. Los profetas que ellos veneraban, fueron ignorados. La Ley y los profetas señalaban claramente que Jesús es el Mesías, y sin embargo, ellos lo rechazaron y eran los responsables de su muerte. Si rechazaban lo que decía Esteban, no eran mejores que los gentiles paganos que tanto despreciaban.

B. Testimonio al morir
Hechos 7:55–60

En contraste con sus oyentes, que se resistían ante el Espíritu Santo, Esteban, estaba lleno del Espíritu, (Hechos 7:55). Usando el título que Jesús usó para sí mismo cuando era juzgado por el mismo tribunal, Esteban declaró que veía "al Hijo del Hombre" de pie a la diestra de Dios (v. 56).

Las palabras de Esteban eran más de lo que el concilio estaba dispuesto a soportar (v. 57). Lo callaron a gritos y se cubrieron los oídos, a la vez que se abalanzaron contra él. Muy pronto, aquella asamblea furiosa se convirtió en una muchedumbre fuera de control. Arrastraron a Esteban hasta fuera de la ciudad y lo apedrearon (v. 58). La idea de justicia, o de seguir un procedimiento correcto fue echada a un lado en medio de su rabiosa violencia.

Un joven llamado Saulo (quien más tarde se convertiría en el apóstol Pablo) estaba presente en el momento de la lapidación de Esteban (v. 58). En aquellos momentos, Saulo ya tenía suficiente edad para formar parte del Sanedrín, y Hechos 26:10 indica que había votado a favor de la ejecución de Esteban (véase Hechos 8:1).

> **IDEA 5.** Distribuya la hoja "El ejemplo de Esteban". Utilícela para destacar cómo las acciones de Esteban en el momento de su muerte reflejaron las acciones de Jesús en la cruz.

Esteban demostró ser seguidor de Jesús tanto en la vida como en la muerte. Mientras lo apedreaban, le pidió a Jesús que recibiera su espíritu; que le diera la bienvenida (v. 59). En la cruz, Jesús le había encomendado su espíritu al Padre (Lucas 23:46). Al igual que Jesús, Esteban oró para que el pecado de sus asesinos no les fuera tenido en cuenta (cl 23:34; Hechos 7:60). Esteban fue testigo de Cristo, incluso en su muerte, y se convirtió en el primer mártir cristiano.

¿Cómo reacciona usted ante el pensamiento de convertirse en mártir de Cristo?

En ciertas partes del mundo, el martirio es una posibilidad muy real para los creyentes. Si vivimos llenos del Espíritu Santo a diario, sirviendo fielmente al Señor, estaremos listos para morir por Él, así como habremos vivido para Él.

Discipulado en acción

Para los cristianos, la proclamación del Evangelio debe ser un valor básico. Esto es cierto, cualesquiera que sean las circunstancias en las cuales se puedan encontrar los creyentes. Vivir para Cristo incluye servirle de testigos por medio de nuestras palabras y acciones, aunque esas palabras y acciones provoquen difíciles consecuencias.

El ejemplo de Esteban nos indica cómo debemos hacerlo. Por haber creído en Jesucristo, debemos permanecer cerca de Él, para podernos mantener llenos del Espíritu Santo y fuertes en nuestra fe. Entonces serviremos al Señor y a los demás con los dones que hemos recibido de Él. Les hablaremos de Jesús a los demás, confiando en que Él confirme el Evangelio de una manera poderosa. Y debemos seguir haciendo estas cosas, incluso ante la oposición y la posibilidad del martirio.

Ministerio en acción

La amenaza del martirio es una realidad para muchos cristianos en diversas partes de nuestro mundo. Se puede conseguir fácilmente la información acerca de los cristianos perseguidos en la internet, y en numerosas organizaciones de las iglesias. Aunque nos sintamos impotentes para ayudar, hay maneras en las cuales podemos acudir en su ayuda. Ore regularmente por esos hermanos y hermanas en Cristo. Ore también por sus naciones, para que el Evangelio se propague en ellos, y las autoridades cesen su hostilidad hacia el mensaje de Cristo.

Lectura devocional

Lunes
Dios honra la fe valiente.
Jueces 7:15–23

Martes
Dios da poder a aquellos que Él escoge.
1 Samuel 16:10–13

Miércoles
Manténgase fiel cuando lo amenacen.
Daniel 3:16–25

Jueves
El Espíritu lo ayudará.
Lucas 12:11–12

Viernes
Enfóquese en lo eterno.
2 Corintios 4:7–18

Sábado
La fe es probada.
1 Pedro 1:3–9

De perseguidor a predicador

Verdad central

El poder de Cristo transformó a Saulo el perseguidor en Pablo el misionero.

Versículo clave: Hechos 9:15

El Señor le dijo [a Ananías]: Ve, porque instrumento escogido me es éste, para llevar mi nombre en presencia de los gentiles, y de reyes, y de los hijos de Israel.

Introducción

? ¿Cuándo fue la última vez que usted compartió personalmente su fe en Cristo?

(Insista en que no quiere hacer sentir "culpable" a nadie para forzarlo a dedicarse al evangelismo personal. Esta pregunta está pensada para hacer una rápida introspección). Cuando evaluemos con sinceridad lo comprometidos que estamos en cuanto a hablar a los demás acerca de nuestra relación con Jesucristo, necesitaremos darnos cuenta de que esta relación es un camino que continúa. Ningún cristiano debería sentir que ya hizo todo lo que debía hacer. La vida de Saúl estuvo dedicada a una interminable proclamación con su palabra, sus obras y sus escritos.

Objetivos del aprendizaje

Al terminar esta lección, sus alumnos podrán:

1. reconocer que Cristo puede transformar la vida.
2. reconocer lo importante que es la obediencia para todo cristiano.
3. tener como meta personal la proclamación del Evangelio.

Fundamento bíblico

Hechos 9:1–31

Enfoque

Comentar la conversión de Pablo y alabar a Dios por el poder transformador de Cristo.

Bosquejo

I. Un encuentro transformador con Cristo
  A. El enemigo de la Iglesia
  B. El siervo de Cristo

II. Enviado por Cristo
  A. La misión de Ananías
  B. Misión cumplida: Saulo cree

III. Predicando y perseguido por Cristo
  A. El campo misionero de Damasco
  B. El regreso a Jerusalén

Preparación

☐ Escoja las preguntas, actividades de aprendizaje y artículos del *Folleto de ayudas y recursos* que le ayuden a alcanzar sus objetivos en la lección.

☐ Llene la hoja "Planificación de la clase".

☐ Prepare las siguientes copias maestras: ¿Imposibles de salvar?, ¿Y si…?, El Mesías prometido, Para un estudio más amplio 11

9:3. Mas yendo por el camino, aconteció que al llegar cerca de Damasco, repentinamente le rodeó un resplandor de luz del cielo;

4 y cayendo en tierra, oyó una voz que le decía: Saulo, Saulo, ¿por qué me persigues?

5 Él dijo: ¿Quién eres, Señor? Y le dijo: Yo soy Jesús, a quien tú persigues; dura cosa te es dar coces contra el aguijón.

6 El, temblando y temeroso, dijo: Señor, ¿qué quieres que yo haga? Y el Señor le dijo: Levántate y entra en la ciudad, y se te dirá lo que debes hacer.

7 Y los hombres que iban con Saulo se pararon atónitos, oyendo a la verdad la voz, mas sin ver a nadie.

10. Había entonces en Damasco un discípulo llamado Ananías, a quien el Señor dijo en visión: Ananías. Y él respondió: Heme aquí, Señor.

11 Y el Señor le dijo: Levántate, y ve a la calle que se llama Derecha, y busca en casa de Judas a uno llamado Saulo, de Tarso; porque he aquí, él ora.

15. El Señor le dijo: Ve, porque instrumento escogido me es éste, para llevar mi nombre en presencia de los gentiles, y de reyes, y de los hijos de Israel;

16 porque yo le mostraré cuánto le es necesario padecer por mi nombre.

17 Fue entonces Ananías y entró en la casa, y poniendo sobre él las manos, dijo: Hermano Saulo, el Señor Jesús, que se te apareció en el camino por donde venías, me ha enviado para que recibas la vista y seas lleno del Espíritu Santo.

18 Y al momento le cayeron de los ojos como escamas, y recibió al instante la vista; y levantándose, fue bautizado.

20. En seguida predicaba a Cristo en las sinagogas, diciendo que éste era el Hijo de Dios.

21 Y todos los que le oían estaban atónitos, y decían: ¿No es éste el que asolaba en Jerusalén a los que invocaban este nombre, y a eso vino acá, para llevarlos presos ante los principales sacerdotes?

22 Pero Saulo mucho más se esforzaba, y confundía a los judíos que moraban en Damasco, demostrando que Jesús era el Cristo.

Comentario bíblico

I. Un encuentro transformador con Cristo

A. El enemigo de la Iglesia
Hechos 9:1−2

❓ ¿Conoce personas que usted piensa que "difícilmente" Dios las salvaría?

Si alguna vez alguien pareció estar fuera del alcance del Evangelio, ese fue Saulo. Hechos 9 vuelve a conectar a los lectores con Saulo después de la mención breve pero reveladora de él, cuando los que apedrearon a Esteban pusieron sus mantos a los pies de él.

La participación de Saulo en el asesinato de Esteban arroja luz sobre las medidas que estuvo dispuesto a tomar para lograr su meta

de erradicar por completo a la Iglesia naciente. Cuando obtuvo cartas para arrestar a los creyentes de Damasco, no tuvo escrúpulos en cuanto a buscar tanto hombres como mujeres. Si lograba volver a Jerusalén con ellos como prisioneros, se enfrentarían al mismo cuerpo de jueces religiosos que había lapidado a Esteban. Muy bien podría pasar que corrieran su misma suerte.

Saulo puso la vista en Damasco, una ciudad de importancia en la región que se había convertido en refugio para los creyentes que estaban huyendo de Jerusalén durante el estallido de la persecución que siguió al martirio de Esteban (vv. 1−2). Roma reconocía la autoridad de los sacerdotes de Jerusalén en las cuestiones religiosas, y al parecer les dio el derecho de extraditar a los judíos que consideraran delincuentes. Por tanto, las cartas que llevaba Saulo le daban una especie de autoridad policíaca, a pesar de que Damasco estaba en la provincia romana de Siria. Podemos llegar a la conclusión de que un hombre como Saulo habría sido inmune a una apelación evangelística en cuanto a las afirmaciones sobre Cristo. Todo el que se acercara a él con el Evangelio, lo haría a riesgo de su propia vida. Pero milagrosamente, el Señor resucitado mismo era el que se iba a enfrentar al perseguidor de su Iglesia.

> **IDEA 1.** Distribuya la hoja "¿Imposibles de salvar?" Según ande de tiempo, explique en clase la primera parte de esta hoja de trabajo. Anime a sus alumnos a usarla como plan de acción para evangelizar a las almas perdidas que existan en sus familias, entre sus amigos y sus compañeros de trabajo.

B. El siervo de Cristo
Hechos 9:3–9

El encuentro de Saulo con Cristo vino acompañado por "un resplandor de luz del cielo" (Hechos 9:3). Más adelante en el mismo libro de los Hechos, cuando el apóstol Pablo relató el testimonio de su conversión, describió de manera similar el resplandor de aquella luz, declarando incluso que era más brillante que el sol (Hechos 22:6; 26:13). Esta luz celestial abrumó tanto a Saulo que cayó al suelo.

Una voz se dirigió a él personalmente, y le hizo una incisiva pregunta: "Saulo, Saulo, ¿por qué me persigues?" (Hechos 9:4). Desde el punto de vista de Saulo, judío piadoso, es casi seguro que la luz y la voz del cielo lo convencieran de que estaba oyendo a Dios. Su respuesta, "¿Quién eres, Señor?", habría sido una manera reverente y profunda de preguntar. Cuando la voz se identificó diciendo que era "Jesús, a quien tú persigues", Saulo se tuvo que enfrentar a una dura realidad: estaba persiguiendo a los seguidores de Dios. Y al hacerlo en realidad estaba persiguiendo al cuerpo de Cristo.

¿Qué nos enseña el encuentro de Cristo con Saulo acerca de la misericordia de Dios?

Jesús, por ser el Salvador resucitado, poseía todo el poder divino del que se había privado a sí mismo mientras vivía en la tierra como ser humano. La luz que rodeaba a Saulo solo era una diminuta demostración de ese poder. Puesto que Saulo estaba decidido a destruir a la Iglesia, Cristo lo habría podido destruir a él. Pero todo lo que hizo el Señor fue despertar dentro de Saulo una conciencia creciente de su pecado contra Dios y de que había rechazado a su Hijo. Esto sirve como poderoso ejemplo de la manera en que nuestro Dios santo y poderoso nos trata a nosotros como pecadores necesitados de recibir la salvación.

La identificación de Jesús con sus seguidores perseguidos debería ser un estímulo para los creyentes de hoy. Así como el Señor se identificó por completo con el sufrimiento y las necesidades de los humanos mientras vivió en la tierra, también se relaciona de manera íntima con el dolor y el rechazo que experimentan sus seguidores en su nombre, tanto entonces como ahora.

Obedeciendo la orden de Jesús, Saulo entró a Damasco para esperar instrucciones (vv. 6–8). El impacto de este suceso fue profundo, física, emocional y espiritualmente. Durante los tres días siguientes, Saulo estuvo ciego y no comió ni bebió nada (v. 9). Sus circunstancias servían para recordar constantemente la cegadora luz venida del cielo y la clara voz del Salvador resucitado.

Es interesante que los hombres enviados con Saulo no tuvieran esa misma visión (v. 7). El encuentro de Saulo con Cristo era exclusivamente suyo. Muchas veces, cuando pensamos en la manera en que Dios trata a las almas perdidas, nos preguntamos por qué hay algunos que reciben un testimonio más persuasivo del Evangelio. Nunca debemos olvidar que Dios interactúa con los seres humanos basado en su conocimiento del corazón de ellos y su comprensión del papel que pueden desempeñar a su servicio.

> **IDEA 2.** (Tenga lapiceras y papel disponible si se necesitan). Pida a los alumnos que escriban los detalles clave de la manera en que llegaron a Cristo. Por ejemplo, tal vez alguno escriba "durante el devocional familiar", o "en un avivamiento". Explique cómo las circunstancias de su experiencia de salvación han influido en su vida y en su manera de servir a Dios.

II. Enviado por Cristo
A. La misión de Ananías
Hechos 9:10–16

Aunque la misión encomendada a Pablo es un punto clave en Hechos 9:10–16, también debemos observar otra misión de vital importancia. Ananías, un discípulo fiel, fue tan claramente guiado en lo que debía hacer, como más tarde lo fue Pablo en todos sus viajes misioneros. La vida de Ananías habla del valor que tienen para Dios todos y cada uno de los miembros del cuerpo de Cristo. Él obedeció abnegadamente la orden de Dios para ministrar a un hombre que él consideraba como una amenaza para su propia vida (Hechos 9:10–12).

La Biblia describe cómo Ananías luchó con el riesgo aparente que significaría obedecer. Su encuentro con Cristo incluía una clara promesa de que ya Dios había preparado el camino para que el discípulo cumpliera su misión. Y sin embargo, la orden del Señor de visitar al perseguidor de su Iglesia, al principio causó que el discípulo protestara (vv. 13–14). Todo lo que Ananías escuchó apoyaba el que evitara a Saulo a toda costa, y ciertamente indicaba que acercársele con el Evangelio tendría la posibilidad de costarle la vida.

¿Por qué la obediencia de Ananías fue tan crítica dentro del marco general de la historia de la Iglesia?

El Señor le reveló a Ananías que Saulo era "instrumento escogido" y desempeñaría un papel clave en la labor de llevar el Evangelio tanto al pueblo de Israel como a los gentiles (vv. 15–16). Ananías no sabía que el hombre que el Señor le ordenaba visitar respondería convirtiéndose en uno de los misioneros más grandes en la historia de la Iglesia, y escribiría más libros del Nuevo Testamento que todos los demás escritores. A pesar de su turbación, actuó en obediencia y confió a pesar de todo.

B. Misión cumplida: Saulo cree
Hechos 9:17–19

Ananías no permitió que sus temores impidieran obedecer al Señor. Fue a aquella casa, tal como Él indicó, y se acercó a Saulo sin vacilación (Hechos 9:17).

¿Cómo se podría usted dirigir a alguien a quien considera adversario del Evangelio?

Es fácil imaginarse que Ananías se debe haber acercado con aprensión a Saulo en el momento descrito en el versículo 17. Sin embargo, sus obras y sus palabras manifiestan la obra del Señor en su vida. Él conocía la reputación de Saulo, y sabía que originalmente, había hecho el viaje a Damasco para perseguir a los creyentes. Y sin embargo, lo saludó como hermano en Cristo. Aunque el acto de imponerle manos a Saulo puede haber servido para orientarlo, ya que estaba ciego, también manifestaba afecto.

La obediencia de Ananías abrió el camino para que Saulo recibiera la sanidad, tanto física como espiritual (vv. 18–19). La vista le fue restaurada, y pidió ser bautizado. Según lo expresado en el versículo 17, Saulo debe haber recibido también en este momento el bautismo en el Espíritu Santo.

III. Predicando y perseguido por Cristo
A. El campo misionero de Damasco
Hechos 9:20–25

Saulo manifestó la sinceridad de su decisión de servir a Cristo de una manera que tal vez fuera la más radical posible: llevó el Evangelio a las sinagogas de Damasco, los lugares de reunión de los enemigos locales de la Iglesia naciente. Allí, su reputación de perseguidor era bien conocida (Hechos 9:20–22). Pero muchos de los que lo observaron en las sinagogas aprobaron su celo anterior contra los seguidores de Cristo. Se quedaron atónitos al saber no solo que acababa de aceptar la fe en Cristo, sino también de que predicaba poderosamente a Cristo a partir de las Escrituras. Les demostraba con toda claridad que Jesús es el Mesías, usando el mismo Antiguo Testamento que en el pasado interpretó erróneamente para justificar su persecución contra los creyentes.

¿Por qué el Antiguo Testamento es de vital importancia para los creyentes del Nuevo Testamento?

Los creyentes que estudian hoy el Nuevo Testamento deben recordar que el Antiguo Testamento era toda la Palabra de Dios con que disponían los apóstoles y los cristianos de los primeros tiempos. Es la fuente de todos los textos bíblicos que citó Jesús. Los pasajes de éste forman el fundamento para las verdades que desarrollarían los escritores del Nuevo. Saulo, que fue un erudito en Antiguo Testamento toda su vida, debía tener una inmensa cantidad de pasajes entre los cuales escoger al enseñar acerca de Jesús en las sinagogas.

Con el tiempo, el ministerio de Saulo atrajo la ira de los líderes religiosos, y hasta del gobernante secular de Damasco. Conspiraron para matarlo (vv. 23–25), pero los creyentes del lugar lo ayudaron a escapar de Damasco. Por la noche, lo bajaron por la muralla de la ciudad metido en un canasto. En aquellos tiempos era corriente edificar casas sobre las murallas, lo cual debe haber proporcionado el escenario propicio para que realizaran un intento tan atrevido.

B. El regreso a Jerusalén
Hechos 9:26–30

¿Cómo piensa usted que pasó Saulo sus días después de la experiencia de la conversión?

Lucas resume los primeros acontecimientos de la vida de Saulo como cristiano para captar los puntos más sobresalientes de su transición de enemigo de la Iglesia a gran misionero. Al leer aislados estos versículos, tenemos la impresión de que Saulo salió de aquella canasta en la cual lo bajaron por la muralla de Damasco, y viajó de inmediato a Jerusalén. Años más tarde, al escribir a los gálatas, reveló que se había pasado alrededor de tres años en Arabia después de su conversión en Damasco (Gálatas 1:11–24). Aquel fue un tiempo de crecimiento espiritual para este nuevo creyente.

Cuando Saulo llegó a Jerusalén, los creyentes de allí recordaron su reputación como enemigo de la Iglesia (Hechos 9:26–27). Al principio, nadie confiaba en él. Pero Bernabé se acercó para hacer amistad con él y lo conectó con los apóstoles. Al igual que Ananías, Bernabé desempeñó un papel clave en la vida y el ministerio de Saulo.

Saulo manifestó muy pronto su entrega al Evangelio al comenzar de nuevo a predicar sin temor alguno (v. 28). Aquella era la misma ciudad en la cual él se manifestó como enemigo del cristianismo en su condición de líder religioso. Pero pasó por una transformación total. El hombre que fue a Damasco con la misión de destruir a la Iglesia, regresó para proclamar que Jesús es el Mesías.

El ministerio de Saulo en Jerusalén tuvo poca duración (vv. 29–30). De nuevo, sus enemigos trataron de quitarle la vida. Pero los cristianos de Jerusalén lo ayudaron a escapar, y regresó a Tarso, su ciudad natal, en la provincia de Asia (en la actualidad en Turquía).

Discipulado en acción

La vida de Saulo, tanto antes como después de su conversión, nos recuerda de manera poderosa el transformador don de Dios que es la salvación. Si piensa en su propia vida antes de venir a Cristo, observe cuáles son las mayores diferencias entre lo que usted era entonces, y lo que es hoy. Reconozca que los cambios positivos que ha experimentado no se deben a su propia decisión de actuar bien. Reflejan la obra de gracia de Dios en su vida.

Después de su conversión, Saulo se dedicó a compartir activamente el Evangelio. Con demasiada frecuencia, los seguidores de Cristo se centran solamente en seguir sus rutinas diarias y dar por sentado que la gente que los rodea se sentirá atraída al Evangelio al observar cómo ellos viven. Aunque esta es una parte valiosa del evangelismo, permita que el ejemplo de Saulo lo impulse a comunicar también verbalmente su fe.

Ministerio en acción

Dedique un momento a pensar al menos en una o dos personas que conoce, y que no siguen a Cristo: un amigo, un vecino, un compañero de trabajo, un familiar, etc. Concretamente, ¿qué puede hacer usted para compartir el Evangelio con esa persona, o esas personas? ¿Cuándo se presentará esta oportunidad? Responda estas preguntas, y después ore para que Dios lo dirija cuando comparta a Cristo.

Lectura devocional

Lunes
Cambiado por Dios.
Génesis 32:24–32
Martes
Una oración para pedir transformación.
Salmo 119:1–10
Miércoles
La transformación prometida.
Ezequiel 36:24–29

Jueves
Un ejemplo de transformación.
Lucas 8:26–35
Viernes
Una nueva creación.
2 Corintios 5:14–17
Sábado
La salvación asegurada.
2 Pedro 1:3–11

La inclusión de los excluidos

Fundamento bíblico
Hechos 10:1–48

Enfoque
Ver la forma en que la salvación llegó a los gentiles y alcanzar a todos con el Evangelio.

Bosquejo
I. Ver y seguir el plan de Dios
   A. Un gentil que buscaba
   B. Una visión de inclusión
II. Buenas nuevas para todos los pueblos
   A. Sin favoritismos
   B. Testigos ante todos
III. Los gentiles reciben el Espíritu Santo
   A. Evidencias innegables
   B. Un testimonio de aceptación

Preparación
☐ Escoja las preguntas, actividades de aprendizaje y artículos del *Folleto de ayudas y recursos* que le ayuden a alcanzar sus objetivos en la lección.
☐ Llene la hoja "Planificación de la clase".
☐ Prepare las siguientes copias maestras: La obra del Espíritu en la salvación, El mensaje de Pedro, Un viaje para compartir a Cristo, Para un estudio más amplio 12

Verdad central
El mensaje de Jesucristo es para el mundo entero.

Versículo clave: Hechos 10:34–35
Entonces Pedro, abriendo la boca, dijo: En verdad comprendo que Dios no hace acepción de personas, sino que en toda nación se agrada del que le teme y hace justicia.

Introducción

¿Cómo puede influir sobre nuestras relaciones nuestro concepto de Dios?

A menos que pensemos en la extensión que tiene el amor incondicional de Dios, obstaculizaremos nuestra capacidad de relacionarnos con los demás, y de compartir el Evangelio con las almas perdidas. A pesar de lo cercano que Pedro estuvo a Jesús durante sus años de ministerio en la tierra, el apóstol aún necesitaba discernir con mayor claridad el amor de Dios por todos los seres humanos, tanto judíos como gentiles, antes de poder ministrar con eficacia.

Objetivos del aprendizaje
Al terminar esta lección, sus alumnos podrán:
1. Determinar las medidas que tomó Dios para llevar el Evangelio a Cornelio.
2. Evaluar el cambio de corazón de Pedro con respecto a la salvación de los gentiles.
3. Reconocer a Dios como Aquel que da vida a las afirmaciones del Evangelio en los corazones humanos.

10:3. Este vio claramente en una visión, como a la hora novena del día, que un ángel de Dios entraba donde él estaba, y le decía: Cornelio.

4. El, mirándole fijamente, y atemorizado, dijo: ¿Qué es, Señor? Y le dijo: Tus oraciones y tus limosnas han subido para memoria delante de Dios.

5. Envía, pues, ahora hombres a Jope, y haz venir a Simón, el que tiene por sobrenombre Pedro.

11. Y vio el cielo abierto, y que descendía algo semejante a un gran lienzo, que atado de las cuatro puntas era bajado a la tierra;

12. en el cual había de todos los cuadrúpedos terrestres y reptiles y aves del cielo.

13. Y le vino una voz: Levántate, Pedro, mata y come.

14. Entonces Pedro dijo: Señor, no; porque ninguna cosa común o inmunda he comido jamás.

19. Y mientras Pedro pensaba en la visión, le dijo el Espíritu: He aquí, tres hombres te buscan.

20. Levántate, pues, y desciende y no dudes de ir con ellos, porque yo los he enviado.

34. Entonces Pedro, abriendo la boca, dijo: En verdad comprendo que Dios no hace acepción de personas,

35. sino que en toda nación se agrada del que le teme y hace justicia.

39. Y nosotros somos testigos de todas las cosas que Jesús hizo en la tierra de Judea y en Jerusalén; a quien mataron colgándole en un madero.

40. A éste levantó Dios al tercer día, e hizo que se manifestase.

42. Y nos mandó que predicásemos al pueblo, y testificásemos que él es el que Dios ha puesto por Juez de vivos y muertos.

43. De éste dan testimonio todos los profetas, que todos los que en él creyeren, recibirán perdón de pecados por su nombre.

44. Mientras aún hablaba Pedro estas palabras, el Espíritu Santo cayó sobre todos los que oían el discurso.

45. Y los fieles de la circuncisión que habían venido con Pedro se quedaron atónitos de que también sobre los gentiles se derramase el don del Espíritu Santo.

Comentario bíblico

I. Ver y seguir el plan de Dios
A. Un gentil que buscaba
Hechos 10:1–8

El capítulo 10 de los Hechos demuestra que Dios quiere salvar a todos los seres humanos, cualquiera que sea su procedencia. En los evangelios se presenta con claridad a los romanos como conquistadores, como opresores del pueblo de Dios y como participantes en la crucifixión de Jesús. En el mundo gentil, Dios pudo escoger a un mercader, un campesino o un profesional para recibir el mensaje de salvación. Sin embargo, la persona escogida fue un centurión romano, y las evidencias de la obra de Dios en la vida de Cornelio se manifiestan en la descripción inicial hecha por Lucas (Hechos 10:1).

¿Qué clase de hombre era Cornelio?

A primera vista, la descripción que hace Lucas de Cornelio nos haría suponer que era un hombre convertido al judaísmo, o que tal vez era un seguidor de Cristo (Hechos 10:2). Él manifestaba anhelo de buscar de Dios y seguir un estilo de vida piadoso. Su reacción positiva inmediata ante el ángel apoya también esto (vv. 3–4). Los versículos 37–38 indican que conocía la historia de Jesús. Era un buen hombre, pero aún estaba espiritualmente perdido.

IDEA 1. Distribuya la hoja "La obra del Espíritu en la salvación". Diga a sus alumnos que la lean y respondan las preguntas. Comente las respuestas.

¿Cuál fue el mensaje de Dios para Cornelio?

Dios le indicó a Cornelio que enviara unos hombres a Jope y que encontraran a un hombre llamado Pedro, a fin de que él escuchara lo que Pedro tenía que decir (vv. 5–6; v.22). Cornelio, siguió su carácter y su buena disposición, obedeció la indicación del ángel (vv. 7–8).

Dios obró para enviar su mensaje al mundo gentil. A Cornelio le indicó que buscara al mensajero que Él escogió. Al hacerlo, causaría un poderoso cambio en la vida de ambos.

B. Una visión de inclusión
Hechos 10:9–23

Así como Cornelio Pedro también tuvo un sueño. Mientras oraba, sintió hambre. Mientras esperaba a que le prepararan la comida, "le sobrevino un éxtasis" (Hechos 10:10). En él, Pedro vio lo que parecía un gran lienzo atado por las cuatro puntas que era bajado a la tierra y dentro del cual había una gran cantidad de animales diferentes (vv. 9–13).

Escuchó la voz de Dios ordenando que matara y comiera de los animales que estaban en el lienzo. Vio que en él había animales específicamente prohibidos en la dieta de todo judío observante de la Ley. Su reacción (v. 14) fue clara y enfática: declaró que él nunca comería esas cosas. Así que, aunque Pedro había hecho progresos en cuanto a superar su deferencia hacia la Ley al acercarse a los samaritanos (véase 8:24–26), esto representaba para él una seria lucha.

> **IDEA 2.** Lea Levítico 11:1–23. Haga que sus alumnos identifiquen las directrices dietéticas específicas ordenadas por la Ley. Anótelas en la pizarra. Explique de qué manera aquellos mandatos pueden haber afectado la vida en los tiempos del Antiguo Testamento.

El hecho de quedar inmundo era una cuestión importante para el judío. Cuando un seguidor de Dios violaba los mandatos que ordenaban evitar lo inmundo, había consecuencias inmediatas, puesto que la persona misma podía quedar inmunda. Por lo general se debía ofrecer un sacrificio para remediar la situación. Esta cuestión incluía ciertos tipos de interacción con los gentiles, que habrían hecho inmunda a la persona (véase v. 28). Entre ellas estaba el entrar en los edificios de los gentiles, o tocar sus pertenencias.

Cuando Pedro objetó, declarando que él nunca había comido nada inmundo, el Señor le ordenó que no llamara inmundo "lo que Dios limpió" (v. 15). Observe la contradicción que hay en las palabras de Pedro. Aunque identifica la voz, llamándole "Señor", se niega a obedecer la voz.

Tres veces declaró el Señor que Él limpió aquello que fue considerado inmundo (v. 16). Había comenzado una nueva realidad, no solo con respecto a la Ley, sino también en cuanto a la relación de Dios con la humanidad. Sin embargo, Pedro no captaba aún el significado más profundo de su visión. En el versículo 17 se dice que "estaba perplejo"; era difícil comprender aquello. Pero Dios coordinó la visión de Pedro con la llegada de los hombres enviados por Cornelio. El Espíritu ordenó a Pedro que fuera con ellos (vea vv. 18–21).

En el resto del pasaje (vv. 22–23), los soldados describieron a Pedro lo justo que era Cornelio. Gozaba de buena reputación entre los judíos, y temía a Dios (lo cual era lo opuesto a seguir la mitología de los cultos romanos). Además de esto, Cornelio tuvo una visión que lo llevó a mandar a buscar a Pedro para escuchar lo que tenía que decir. Pedro respondió dando la bienvenida a aquellos hombres, indicando que comenzó a echar a un lado sus distinciones entre limpio e inmundo.

¿Qué podemos aprender de la lucha de Pedro para aceptar lo que él consideraba inmundo?

Pedro luchó con una distinción que existía entre el pueblo escogido de Dios y el resto de la humanidad. Pero Dios no hacía semejantes distinciones. Cristo murió por todos los seres humanos, procedentes "de todo linaje y lengua y pueblo y nación" (Apocalipsis 5:9).

II. Buenas nuevas para todos los pueblos

A. Sin favoritismos
Hechos 10:34–38

El versículo 34 son las palabras de Pedro al llegar a la casa de Cornelio. Describió a Dios, diciendo que Él "no hace acepción de personas" (v. 34). Esto indica que la transformación que se produjo en su corazón avanzó. Observe que la actitud de Dios hacia los gentiles no cambió; Él siempre quiso que todos tuviéramos la oportunidad de recibir esperanza y redención (Génesis 12:1–3). Desde la caída del ser humano, Dios obró para atraer a todos los hombres a la comunión con Él (v. 35).

Si afirmamos que Él no hace acepción de personas, ¿es una contradicción que Dios hiciera de Israel su pueblo escogido y que hoy ese pueblo sea la Iglesia?

No, no es contradicción; en el Antiguo Testamento, Dios usó a Israel para que diera testimonio de Él. Y así es como usa hoy a la Iglesia. A lo largo de toda la historia, Dios usó a sus siervos fieles para cumplir su voluntad y demostrar que Él sigue comprometido con las promesas que hizo, a pesar de los defectos y las incapacidades de los seres humanos.

Pedro se refiere a esta realidad cuando comienza a hablar a los gentiles allí reunidos acerca de Jesús, haciendo notar que Dios envió su Palabra y su Mesías por medio de Israel (vv. 36–37). El ministerio de Jesús se enfocaba en primer lugar en el pueblo que Dios identificaba como su nación escogida. Pero en todo esto, siempre tuvo la intención de que sirviera de modelo sobre la forma en que Él enviaría el Evangelio al mundo entero. Todos los que lo invocaran, recibirían sus bendiciones. Él vino para salvar a todos aquellos cuyas vidas sufrían bajo el poder del diablo, y estos eran seres humanos de todas las naciones. Nadie estaba excluido de su promesa.

B. Testigos ante todos
Hechos 10:39–43

Así como Dios envió a Jesús para satisfacer las necesidades del mundo, ahora espera que los que recibieron las bendiciones de Jesús compartan el Evangelio con otros que aún no las tengan. Pedro se identificó a sí mismo como testigo del ministerio de Jesús, y enviado a compartir las buenas nuevas.

¿Cómo puede servir la presentación hecha por Pedro en Hechos 10:39–43 como modelo para todos los creyentes?

Una de las características del mensaje de Pedro es su sencillez. El apóstol no les presentó un profundo tratado sobre la identidad de Jesús como Hijo de Dios, ni una profunda explicación teológica de la redención. Lo que hizo fue identificar a Jesús como "Señor de todos" (v. 36), y de presentar los hechos de su muerte y resurrección, y también indicar que Él era aquél a través del cual Dios ofrecía el perdón de los pecados.

Pedro hizo énfasis en las apariciones de Cristo después de su resurrección (vv. 40 41). Sus oyentes gentiles algo sabían de la resurrección de Cristo. Pero también es posible que oyeron rumores de que los discípulos de Cristo habían robado su cuerpo. Para aquellos oyentes suyos era importante saber que la resurrección era un hecho real. También dijo que no todo el mundo vio al Cristo resucitado, sino solo aquellos que Dios escogió para que fueran testigos. Pedro, el que fue a ellos debido a la visión que había recibido Cornelio, estuvo entre esos testigos. Su testimonio fue una poderosa confirmación para sus oyentes gentiles.

La presentación que hace Lucas del mensaje de Pedro es un resumen del Evangelio. También nos recuerda a los creyentes de hoy que compartir el Evangelio no es una tarea especial reservada a los teólogos instruidos ni a los predicadores a tiempo completo. Un verdadero testigo del Evangelio se apoya en la comunicación sincera de lo que ha experimentado al conocer a Jesucristo como Salvador.

> **IDEA 3.** Distribuya la hoja de trabajo "El mensaje de Pedro". Después que sus alumnos llenen la hoja, comente las respuestas.

Cuando compartimos el Evangelio, los resultados dependen de Dios, y no de nosotros. Dios envió a un mensajero para preparar el corazón de Cornelio y para alcanzar a los gentiles de su casa que buscaban la verdad. Le dio a Pedro una visión, y lo envió a la casa de Cornelio. El Espíritu Santo coordinó todos aquellos sucesos para demostrar que Dios nos ofrece a todos la salvación.

III. Los gentiles reciben el Espíritu Santo
A. Evidencias innegables
Hechos 10:44–46

Todavía Pedro explicaba el Evangelio a sus oyentes gentiles cuando el Espíritu Santo descendió sobre ellos y comenzaron a alabar a Dios en otras lenguas (Hechos 10:44–46). La evidencia de estas lenguas dadas por Dios sorprendió a los creyentes judíos que acompañaron a Pedro a la casa de Cornelio. Aun después de la experiencia de Pedro, aún no habían dejado a un lado sus propios prejuicios con respecto a quien salvará el Señor. El don del bautismo en el Espíritu sobre los gentiles daba una nueva evidencia de que Dios no manifiesta favoritismo alguno.

Hechos 1:8 señala que un propósito fundamental del bautismo en el Espíritu es preparar a los cristianos, dando poder para propagar el Evangelio. Ahora los creyentes gentiles tenían también el poder necesario para llevar el mensaje a su propia gente. La Iglesia seguiría creciendo a un paso aún más acelerado.

> ¿De qué manera ha marcado una diferencia en su vida el bautismo en el Espíritu Santo?

Aunque el bautismo tiene un gran valor como medio de crecimiento espiritual y de gozo en la alabanza y la adoración, los pentecostales deben reconocer que el Espíritu Santo les fue dado específicamente para tener poder para testificar. Tenemos la responsabilidad de vivir a diario en el poder del Espíritu, y utilizar todas las oportunidades para compartir el Evangelio con aquellos que necesitan a Cristo como Salvador.

> **IDEA 4.** Pida a sus alumnos que describan aquello que ven como responsabilidad personal con respecto al evangelismo. Anote las respuestas en la pizarra. Explique cómo los puede ayudar el Espíritu a cumplir con cada una de las responsabilidades que han mencionado.

B. Un testimonio de aceptación
Hechos 10:47–48

Pedro resaltó que la evidencia manifestada por medio del Espíritu Santo imposibilitaba negar una importante verdad: Dios tenía la intención de salvar a los gentiles que creyeran, así como a los judíos que creyeran (Hechos 10:47–48). Momentos antes de su ascensión al cielo, Jesús ordenó a sus seguidores que bautizaran a los nuevos creyentes (Mateo 28:19). El muro de separación entre los creyentes judíos y los gentiles se comenzó a derrumbar con el testimonio de Pedro. Cuando los creyentes judíos procedieron a bautizar en agua a los creyentes gentiles, ese muro desapareció aún más.

¿Cómo supieron Pedro y los creyentes judíos que lo acompañaban que los gentiles fueron aceptados por el Señor?

Cuando los gentiles fueron bautizados en el Espíritu Santo con la evidencia física inicial de las lenguas, fue obvio para Pedro y para los creyentes judíos que estaban con él que Dios aceptaba a los gentiles en la Iglesia. Después, el bautismo en agua fue un testimonio público de la confesión de fe de aquellos gentiles, y también de que los creyentes judíos que los bautizaban los recibían en el cuerpo de Cristo.

Un detalle final de este gozoso día es la invitación que hicieron los gentiles a Pedro para que se quedara con ellos unos cuantos días. Es probable que en esos días tuvieran momentos de enseñanza acerca de la salvación y la vida cristiana. Además de esto, Pedro también dormiría entre gente que evitó en el pasado, comería con ellos y compartiría las experiencias de la vida diaria con ellos. Dios abrió los ojos al apóstol para que viera con gozo cómo había gentiles que se convertían en creyentes, y les ofreciera un amor incondicional, cuyo modelo era Dios mismo.

> **IDEA 5.** Distribuya la hoja "Un viaje para compartir a Cristo". Anime a los alumnos a llenar estas hojas durante la semana, y aplicar los principios en su trato con las personas.

Discipulado en acción

Cornelio y Pedro sirven de ejemplos alentadores para los creyentes de hoy. Al igual que Cornelio, cada uno de nosotros se puede acercar a Dios para expresar el deseo de conocerlo, y puede estar seguro de su amorosa respuesta. Si vivimos en comunión con Dios por medio de Cristo, podemos contar con la ayuda divina para compartir nuestra fe con las almas perdidas.

La gente espiritualmente hambrienta quiere escuchar un mensaje que le dé esperanza. Pero es necesario que nosotros demos el paso, seguros de que el Espíritu nos guía. No necesitamos cargar sobre nosotros mismos la prueba. El Espíritu nos puede guiar en lo que digamos y hagamos.

Ministerio en acción

Para "proclamar apasionadamente" el Evangelio se necesita el compromiso de amar y alcanzar a las almas perdidas. Muchas veces, la oportunidad de hablar del Evangelio sigue a una oportunidad para demostrar activamente el amor de Cristo. Busque las necesidades que hay a su alrededor, y que usted pueda satisfacer, como un preludio para su testimonio personal.

El próximo domingo es el domingo de Pentecostés, y la lección estudiará el bautismo en el Espíritu Santo. Pase tiempo en oración esta semana, pidiendo a Dios que prepare los corazones de aquellos alumnos que no hayan recibido este bautismo. Al final de la clase, ore por los alumnos, para que reciban este maravilloso don.

Lectura devocional

Lunes
Bendición a todas las naciones.
Génesis 12:1–3

Martes
Gozo para todas las naciones.
Salmo 67:1–7

Miércoles
El Rey de todas las naciones.
Isaías 11:1–10

Jueves
Los gentiles buscan a Jesús.
Juan 12:20–23

Viernes
Los gentiles son pueblo de Dios.
Romanos 15:7–13

Sábado
Todas las naciones ante el Trono de Dios.
Apocalipsis 7:9–17

El bautismo en el Espíritu Santo

Verdad central

Dios envió el Espíritu Santo para que todos los que crean en Cristo puedan ser llenos de Él.

Versículo clave: Hechos 2:39

Porque para vosotros es la promesa, y para vuestros hijos, y para todos los que están lejos; para cuantos el Señor nuestro Dios llamare.

Introducción

¿Qué significa ser testigo ante un tribunal?

Lo más probable es que las respuestas a la pregunta anterior describan a alguien que puede testificar con respecto a algo, o alguien que tiene un conocimiento personal de algo.

La lección de hoy habla de cómo la Iglesia recibía el bautismo en el Espíritu Santo en sus primeros años. Esta experiencia les daba poder para compartir su testimonio sobre el Evangelio y su poder transformador. Nosotros necesitamos hoy ese mismo poder para testificar, y por eso Dios bautiza en el Espíritu Santo a los creyentes.

Objetivos del aprendizaje

Al terminar esta lección, sus alumnos podrán:

1. examinar cómo recibieron el bautismo en el Espíritu Santo los primeros creyentes.
2. sostener que el bautismo en el Espíritu Santo es para todos los creyentes.
3. buscar y recibir el bautismo en el Espíritu Santo como una práctica normal en su vida.

Fundamento bíblico
Hechos 1:1–8; 2:1–39

Enfoque
Comprender que el cumplimiento de la promesa de Dios de que nos daría el Espíritu Santo en abundancia comenzó el día de Pentecostés, y ser llenos del Espíritu.

Bosquejo

I. Predicción del bautismo en el Espíritu
  A. Cuándo vino el Espíritu
  B. Por qué vino el Espíritu

II. Reciben el bautismo en el Espíritu
  A. La presencia del Espíritu
  B. El poder del Espíritu

III. El bautismo en el Espíritu es para todos los creyentes
  A. El cumplimiento de la profecía
  B. La promesa del Espíritu

Preparación

☐ Escoja las preguntas, actividades de aprendizaje y artículos del *Folleto de ayudas y recursos* que le ayuden a alcanzar sus objetivos en la lección.

☐ Llene la hoja "Planificación de la clase".

☐ Prepare las siguientes copias maestras: La profecía de Joel, Para un estudio más amplio 13

1:4. Y estando juntos, les mandó que no se fueran de Jerusalén, sino que esperasen la promesa del Padre, la cual, les dijo, oísteis de mí.

5. Porque Juan ciertamente bautizó con agua, mas vosotros seréis bautizados con el Espíritu Santo dentro de no muchos días.

2:1. Cuando llegó el día de Pentecostés, estaban todos unánimes juntos.

2. Y de repente vino del cielo un estruendo como de un viento recio que soplaba, el cual llenó toda la casa donde estaban sentados;

3. y se les aparecieron lenguas repartidas, como de fuego, asentándose sobre cada uno de ellos.

4. Y fueron todos llenos del Espíritu Santo, y comenzaron a hablar en otras lenguas, según el Espíritu les daba que hablasen.

5. Moraban entonces en Jerusalén judíos, varones piadosos, de todas las naciones bajo el cielo.

6. Y hecho este estruendo, se juntó la multitud; y estaban confusos, porque cada uno les oía hablar en su propia lengua.

7. Y estaban atónitos y maravillados, diciendo: Mirad, ¿no son galileos todos estos que hablan?

8. ¿Cómo, pues, les oímos nosotros hablar cada uno en nuestra lengua en la que hemos nacido?

12. Y estaban todos atónitos y perplejos, diciéndose unos a otros: ¿Qué quiere decir esto?

13. Mas otros, burlándose, decían: Están llenos de mosto.

14. Entonces Pedro, poniéndose en pie con los once, alzó la voz y les habló diciendo: Varones judíos, y todos los que habitáis en Jerusalén, esto os sea notorio, y oíd mis palabras.

15. Porque éstos no están ebrios, como vosotros suponéis, puesto que es la hora tercera del día.

16. Mas esto es lo dicho por el profeta Joel:

17. Y en los postreros días, dice Dios, derramaré de mi Espíritu sobre toda carne, y vuestros hijos y vuestras hijas profetizarán; vuestros jóvenes verán visiones, y vuestros ancianos soñarán sueños;

18. Y de cierto sobre mis siervos y sobre mis siervas en aquellos días derramaré de mi Espíritu, y profetizarán.

39. Porque para vosotros es la promesa, y para vuestros hijos, y para todos los que están lejos; para cuantos el Señor nuestro Dios llamare.

Comentario bíblico

I. Predicción del bautismo en el Espíritu

A. Cuándo vino el Espíritu
Hechos 1:4–5

IDEA 1. Lea Lucas 24:45–49. Haga notar que Jesús dijo estas palabras a sus discípulos después de su resurrección. Entonces, comente la siguiente pregunta: "¿Qué quiso decir Jesús cuando indicó que esperaran "hasta que seáis investidos de poder desde lo alto" (v. 49)?

Hechos 1 relata la ascensión de Cristo al cielo, y después la espera de sus seguidores para recibir el bautismo en el Espíritu Santo. Lucas, el autor de Hechos, señala fue el mismo Cristo el que profetizó el bautismo en el Espíritu Santo. Les dio instrucciones concretas con respecto al bautismo y su significado (Hechos 1:4–5). Esto cumpliría también una promesa del Antiguo Testamento que encontramos en Joel 2:28–29. O sea, que cuando Jesús encomendó a sus discípulos, y por extensión a todos sus seguidores, la misión de predicar el arrepentimiento y el perdón de los pecados, quería que realizaran esa misión por medio del poder del Espíritu Santo, que Él les proporcionaría.

¿Cuándo y dónde recibirían los discípulos poder para testificar?

Hechos 1:4–5 afirma que los discípulos recibirían el bautismo en el Espíritu Santo en Jerusalén. No se debían marchar de la ciudad hasta que se produjera este acontecimiento. El versículo 5 indica que el bautismo se produciría en cuestión de días. Jesús también estableció una distinción entre el bautismo de Juan con agua (Lucas 3:16) y el bautismo en el Espíritu Santo. Esto es importante, porque nos recuerda que el bautismo en el Espíritu Santo es una experiencia única, separada de la redención y posterior a esta.

B. Por qué vino el Espíritu
Hechos 1:6–8

¿Por qué piensa usted que los discípulos le preguntaron a Jesús acerca de la restauración del reino?

Los discípulos se sentían curiosos, y se preguntaron en voz alta si sería ese el momento en que Jesús restauraría el reino de Israel (Hechos 1:6). En Lucas 12:32 Jesús dijo que el Padre se complacería en darles el Reino. Ellos estaban preocupados por el gobierno futuro de Cristo, y Hechos 1:7 demuestra que Jesús no negó que seguía en pie el plan de restaurar el gobierno de Dios a su pueblo. Pero no era asunto suyo saber el momento en el cual Dios lo iba a hacer. El día llegará en que Jesús regrese para reinar en la tierra, pero solo Dios sabe cuándo será.

Estas palabras constituyen una buena instrucción para los cristianos de hoy. Podemos sentir una fuerte tentación de buscar respuestas con respecto al momento y otros detalles específicos de la Segunda Venida de Cristo. Pero las promesas de Dios no son un acertijo hecho para que nosotros lo resolvamos. Hay algunos hechos relacionados con el fin de los tiempos que no nos es dado saber, y de todas maneras, por buenas que sean las intenciones, este esfuerzo

se encuentra con una represión por parte de las Escrituras.

En lugar de pensar en esto, Jesús llamó a los discípulos a centrarse en cuál sería la tarea que les encomendaba. Recibirían poder por medio del Espíritu Santo, y ese poder tendría un propósito claramente definido (v. 8). La descripción que hizo Cristo de este poder tiene un énfasis doble.

Primeramente, se debe entender con claridad cuál es la fuente de ese poder. Los discípulos recibirían poder cuando el Espíritu Santo descendiera sobre ellos. Es sabio que los cristianos se mantengan enfocados en este punto hoy. El bautismo en el Espíritu Santo no es algo iniciado por el esfuerzo humano, y sus resultados no se pueden atribuir a ningún mérito personal.

En segundo lugar, el bautismo en el Espíritu Santo sería dado al pueblo de Dios para que testificara. Dios siempre había querido que su pueblo fuera testigo suyo, pero Israel no llegó a dar la clase de testimonio que Él deseaba. Isaías 44:8 nos permite ver sus limitaciones, diciendo que Israel había tenido temor de proclamarlo a Él como el Único Dios Verdadero. Pero ahora, por el poder el Espíritu, el pueblo de Dios proclamaría hasta los confines de la tierra las buenas nuevas de la salvación que Él nos ofrece por medio de Cristo.

II. Reciben el bautismo en el Espíritu
A. La presencia del Espíritu
Hechos 2:1–4

¿Qué importancia tenía el día de Pentecostés para los judíos?

Pentecostés era una de las tres fiestas de la cosecha que ordenaba celebrar la Ley. (Las tres fiestas principales eran la Pascua, Pentecostés y la fiesta de los Tabernáculos). La fiesta de las Primicias o Primeros Frutos se celebraba al día siguiente de la Pascua. Era un momento dedicado a darle gracias a Dios por la promesa de una buena cosecha. También nos habla a los cristianos de hoy acerca de Cristo, quien es las primicias de nuestra resurrección espiritual, y el que hace posible la cosecha de almas. Pentecostés, palabra que significa "el día cincuenta", se celebraba cincuenta días más tarde, en un momento en el cual los campos de la Tierra Santa están "blancos para la cosecha". Por tanto, Pentecostés se refiere a la misión que tenemos los creyentes de entrar al campo de la cosecha espiritual a fin de proclamar el Evangelio.

> **IDEA 2.** Pida a sus alumnos que le sugieran ideas sobre las formas en que nos podemos preparar para participar en la cosecha espiritual. Ejemplos de esto serían orar, estudiar y recibir instrucciones en las Escrituras, guardar nuestro testimonio ante el mundo, identificar los lugares donde se puede llevar a cabo un ministerio fructífero e identificar los dones que Dios nos ha dado.

En el día de Pentecostés, ciento veinte creyentes estaban reunidos para orar, obedientes al mandato de Cristo (Hechos 2:1; vea 1:15). De repente, aquel escenario tan común y corriente se convirtió en la escena de lo sobrenatural. Sonó un viento recio que llenó la habitación en la cual estaban reunidos (Hechos 2:2). El viento era un símbolo importante del Espíritu Santo en el Antiguo Testamento (Ezequiel 37:9).

Los que estaban reunidos vieron también unas "lenguas de fuego" que descendían sobre cada una de las personas que se hallaban allí (Hechos 2:3). El fuego también era una señal clara y poderosa de la presencia de Dios en el Antiguo Testamento (véase Éxodo 19:18).

Estas señales sirvieron para demostrar que Dios estaba en medio de ellos. Estaba sucediendo algo sobrenatural. Observe también que las señales descritas en Hechos 2:2–3 no se repitieron en los relatos posteriores sobre personas que eran bautizadas en el Espíritu Santo.

¿Cuál era la señal o evidencia física inicial de que los allí reunidos estaban recibiendo el bautismo en el Espíritu Santo, según Hechos 2:4?

Los discípulos comenzaron a hablar en otras lenguas según el Espíritu les daba que hablasen. Por tanto, la capacidad para hablar en lenguas era sobrenatural.

A diferencia del viento y del fuego, que fueron precursores de la verdadera recepción del bautismo en el Espíritu Santo, las lenguas formaban en realidad parte de la experiencia misma. Esto queda demostrado en pasajes posteriores de Hechos, en los cuales se describe a diversas personas en el momento de recibir el Espíritu Santo, evidente por el hecho de hablar en unas lenguas desconocidas.

> **IDEA 3.** Lea Hechos 8:15–21; 10:44–46; 19:1–6, o pida un voluntario que lea estos textos. Haga notar que cada uno de ellos nos puede enseñar que hay una relación entre hablar en unas lenguas que nos son desconocidas y recibir el bautismo en el Espíritu Santo. Por ejemplo, en Hechos 8, es evidente que un hombre llamado Simón vio una manifestación sobrenatural que lo llevo tratar de comprarla.

B. El poder del Espíritu
Hechos 2:5–13

¿Qué atrajo a la multitud de personas que se reunió alrededor de aquel grupo de creyentes que acababan de recibir el bautismo en el Espíritu Santo?

Pronto se reunió una multitud, atraída por la asombrosa escena en la cual unos galileos estaban hablando en unas lenguas que ellos sabían con claridad que no habrían podido conocer, y al parecer, lo hacían sin el acento que habría estado presente si se hubiera tratado de lenguas aprendidas (Hechos 2:5–11).

Observe que la palabra traducida como "lenguas" se refiere a unos lenguajes claramente perceptibles. Ellos no estaban hablando simplemente en dialectos galileos o arameos. La ciudad estaba repleta de viajeros procedentes de gran parte del mundo conocido, que habían viajado a Jerusalén para celebrar allí la Fiesta de Pentecostés. No eran personas que no estaban familiarizadas con el culto al Único Dios Verdadero. El versículo 5 los identifica como judíos devotos y temerosos de Dios. Muchos reconocieron de inmediato que estaba sucediendo algo sobrenatural en ese lugar.

Los lugares que se mencionan representaban una amplia variedad de tierras y sociedades. Partia estaba en la región que es ahora el Golfo Pérsico, fuera del Imperio Romano. Egipto, donde había una gran población judía, se halla al sur de la Tierra Santa, mientras que Frigia y Panfilia eran regiones al norte, en el Asia Menor. También se hallaban presentes ciudadanos de Roma, y gentiles convertidos al judaísmo. Para muchos, la pregunta central era "¿Qué quiere decir esto?" (v. 12). En cambio, otros se burlaron de lo que veían.

El poder del Espíritu fue evidente cuando personas procedentes de regiones lejanas proclamaron la grandeza de Dios en sus propias lenguas. Escuchaban a los creyentes, los cuales proclamaban las poderosas obras de Dios en su propio idioma. Dios sigue queriendo que su pueblo proclame sus maravillas, e imparte el Espíritu Santo a los creyentes a fin de darles poder para traer a otros a una fe salvadora en Cristo. Las personas responden a esta invitación de diversas maneras. Con todo, nuestra responsabilidad sigue siendo la misma: Buscar el poder del Espíritu y decirle al mundo las grandes cosas que Dios ha hecho.

III. El bautismo en el Espíritu es para todos los creyentes
A. El cumplimiento de la profecía
Hechos 2:14–18

¿Cómo contestó Pedro a la multitud que se reunió después que los ciento veinte fueron bautizados en el Espíritu Santo?

Pedro respondió con rapidez a las burlas de algunos en la multitud, que afirmaron que aquellos creyentes estaban ebrios. Cuando él se levantó para dirigirse a la multitud, es probable que los ciento veinte dejaran de hablar en lenguas para que el procediera a explicar lo que sucedía (v. 14). Primero apeló a la lógica. En el siglo primero, el vino era diluido con agua muchas veces, de manera que haría falta una gran cantidad de tiempo y un notable consumo de vino para emborracharse. Además, aquella gente no habría estado bebiendo en público a una hora tan temprana de la mañana. Era absurdo sugerir que estaban ebrios en aquel lugar a las nueve de la mañana (v. 15).

Entonces, citó a Joel 2:28–32, y explicó que los discípulos hablaban en unas lenguas que les eran desconocidas. Se trataba del cumplimiento de la profecía de Joel acerca del derramamiento del Espíritu Santo (Hechos 2:16–21).

> **IDEA 4.** Distribuya la hoja de trabajo "La profecía de Joel" e indique a sus alumnos que respondan las preguntas. Comente sus respuestas.

¿Qué quiso decir Pedro cuando habló de "los postreros días", y qué papel desempeña el Espíritu Santo en esos días postreros?

Al citar a Joel, Pedro se refirió al tiempo en el cual Dios obraría de manera sobrenatural para juzgar a los seres humanos y traer la salvación. Desde el punto de vista del Nuevo Testamento, esto se refiere al tiempo que transcurriría entre la primera venida de Cristo y su regreso: la Era de la Iglesia. Durante este tiempo, el Espíritu Santo manifestará su poder a través de personas de todas las edades, de ambos sexos y de todas las clases sociales. Por medio de la obra del Espíritu, el Evangelio será predicado poderosamente, trayéndoles la salvación a todos los que invoquen el nombre del Señor (Joel 2:32).

B. La promesa del Espíritu
Hechos 2:37–39

En Hechos 2:14–36, Pedro enlazó directamente los sucesos sobrenaturales de ese día con la profecía que escribió Joel varios siglos antes. Después de esto, terminó su mensaje proclamando que Jesús, aquel al cual los judíos crucificaron, es realmente el Mesías, hecho demostrado también por lo que ellos acababan de presenciar. La respuesta fue inmediata, puesto que aquellos que oyeron a Pedro se compungieron de corazón y se preguntaron qué podrían hacer ellos ante aquello (v. 37).

Pedro les contestó llamándolos al arrepentimiento, el primer paso en la transformación espiritual (v. 38). Necesitaban apartarse de sus pecados y pedir perdón. Después serían bautizados en agua, testimonio de que estaban entrando en la comunidad de la fe. Esta conversión serviría como la "primicia" de una cosecha de almas que se extendería por todo el mundo a lo largo de los tiempos, invitando a todos a entrar en una relación con Cristo, encontrar el perdón y disfrutar de la promesa de vida eterna.

El bautismo en el Espíritu Santo, que fue derramado en aquel día, era y es una parte importante de la vida cristiana. Este don se halla siempre a nuestro alcance. No está atado al tiempo, el espacio, la cultura ni la etnicidad. Tiene un propósito vital, puesto que nos da poder para servir al Señor. Si usted no ha recibido todavía esta bendición, pídale a Dios que lo bautice en el Espíritu Santo. Este es un don para todos los que han experimentado el perdón de sus pecados y la salvación por medio de Cristo. Entréguese por completo a Aquel que lo ama de manera perfecta, y espere recibir hoy este don.

> **IDEA 5.** Pase un tiempo en oración por los alumnos que no hayan recibido el bautismo en el Espíritu Santo con la evidencia de las lenguas. Anime a los que lo están buscando a seguir orando hasta que les llegue su respuesta.

Discipulado en acción

El bautismo en el Espíritu Santo tuvo lugar cuando nació la Iglesia. Después de su resurrección, Cristo indicó a sus seguidores que esperaran en Jerusalén para recibir el bautismo en el Espíritu. En el día de Pentecostés, el Espíritu Santo descendió sobre ellos y los llenó del poder que necesitarían en la evangelización del mundo.

Este mismo poder sobrenatural está a su disposición hoy en día. ¿Ha aceptado a Cristo como Salvador y se ha dedicado a seguirlo? Entonces el Espíritu Santo debe formar parte de su vida. Pida el don del Espíritu como poder para servir, y mantenga vida la expectación por recibirlo.

Ministerio en acción

¿Ha sentido una falta de poder en su vida? ¿Siente temor en cuanto a testificar sobre Cristo? Únase con otros creyentes esta semana para orar pidiendo el poder del Espíritu Santo, ya sea para recibir el bautismo, o para que el poder del Espíritu sea renovado en su vida.

Lectura devocional

Lunes
Los ancianos llenos del Espíritu.
Números 11:24–29

Martes
Ungido por el Espíritu.
Isaías 61:1–11

Miércoles
La promesa del Espíritu Santo.
Joel 2:28–32

Jueves
Juan preparó el camino.
Mateo 3:1–9

Viernes
El bautismo en el Espíritu Santo.
Juan 1:29–34

Sábado
Bautizados en Cristo.
1 Corintios 12:12–18

Fundamento bíblico
Hechos 12:1–24

Enfoque
Observar cómo creció la influencia de la Iglesia a pesar de la persecución, y testificar sobre el poder de Dios.

Bosquejo

I. Liberados por la oración unánime
  A. Un apóstol en prisión
  B. La Iglesia ora

II. Sorprendidos por la respuesta a su oración
  A. Una testigo humilde
  B. Un testimonio de fidelidad

III. El juicio de la arrogancia; la expansión de la Iglesia
  A. El gobernante depuesto
  B. La Iglesia llena de poder

Preparación

☐ Escoja las preguntas, actividades de aprendizaje y artículos del *Folleto de ayudas y recursos* que le ayuden a alcanzar sus objetivos en la lección.

☐ Llene la hoja "Planificación de la clase".

☐ Prepare las siguientes copias maestras: El último recurso, Se nos ordena orar, Detrás de las escenas, Para un estudio más amplio 14

La Iglesia prevalece

Verdad central
La maldad nunca superará al plan y el poder de Dios

Versículo clave: Hechos 12:24
La palabra del Señor crecía y se multiplicaba.

Introducción

¿Por qué piensa usted que algunas personas sufren mucho por la fe, mientras que otras pasan por una persecución relativamente menor?

Los milagros de liberación y de sanidad en las Escrituras podrían animar nuestra fe, pero también pueden hacernos dudar de Dios cuando nuestras oraciones no sean respondidas con la rapidez que deseamos. La fe en Dios como Padre celestial, y en Jesús como el Salvador que murió por nosotros, nos ayuda a mantenernos centrados en las bendiciones eternas de Dios. Nuestro compromiso con Dios exigirá sacrificios frecuentes, a veces serán grandes sacrificios. Pero nunca debemos considerar ese precio que hemos pagado como un triunfo del mal. Dios obra en nuestras vidas y en el mundo, aun por medio de esos momentos que son un reto para nuestra fe.

Objetivos del aprendizaje
Al terminar esta lección, sus alumnos podrán:

1. revisar los sucesos que rodearon la encarcelación de Pedro y su liberación de origen divino.
2. creer que una iglesia que ora es poderosa.
3. confiar en el poder eterno e inconmovible de la Palabra de Dios.

12:1. En aquel mismo tiempo el rey Herodes echó mano a algunos de la iglesia para maltratarles.

2. Y mató a espada a Jacobo, hermano de Juan.

3. Y viendo que esto había agradado a los judíos, procedió a prender también a Pedro. Eran entonces los días de los panes sin levadura.

5. Así que Pedro estaba custodiado en la cárcel; pero la iglesia hacía sin cesar oración a Dios por él.

7. Y he aquí que se presentó un ángel del Señor, y una luz resplandeció en la cárcel; y tocando a Pedro en el costado, le despertó, diciendo: Levántate pronto. Y las cadenas se le cayeron de las manos.

9. Y saliendo, le seguía; pero no sabía que era verdad lo que hacía el ángel, sino que pensaba que veía una visión.

11. Entonces Pedro, volviendo en sí, dijo: Ahora entiendo verdaderamente que el Señor ha enviado su ángel, y me ha librado de la mano de Herodes, y de todo lo que el pueblo de los judíos esperaba.

12. Y habiendo considerado esto, llegó a casa de María la madre de Juan, el que tenía por sobrenombre Marcos, donde muchos estaban reunidos orando.

13. Cuando llamó Pedro a la puerta del patio, salió a escuchar una muchacha llamada Rode,

14. la cual, cuando reconoció la voz de Pedro, de gozo no abrió la puerta, sino que corriendo adentro, dio la nueva de que Pedro estaba a la puerta.

16. Mas Pedro persistía en llamar; y cuando abrieron y le vieron, se quedaron atónitos.

17. Pero él, haciéndoles con la mano señal de que callasen, les contó cómo el Señor le había sacado de la cárcel. Y dijo: Haced saber esto a Jacobo y a los hermanos. Y salió, y se fue a otro lugar.

21. Y un día señalado, Herodes, vestido de ropas reales, se sentó en el tribunal y les arengó.

23. Al momento un ángel del Señor le hirió, por cuanto no dio la gloria a Dios; y expiró comido de gusanos.

24. Pero la palabra del Señor crecía y se multiplicaba.

Comentario bíblico

I. Liberados por la oración unánime

A. Un apóstol en prisión
Hechos 12:1–4

❓ ¿Hay algún desafío al que usted se haya enfrentado, cuyo solución se hallaba claramente fuera de la capacidad humana?

Algunas veces, los desafíos más grandes pueden ser beneficiosos para nosotros, porque impiden que confiemos en nuestras propias capacidades para hallar una solución a lo que enfrentamos. Nos vemos obligados a llevar nuestra crisis ante Dios y confiar en que Él proveerá en nuestra necesidad.

> **IDEA 1.** Distribuya papel y lapiceras e indique a sus alumnos que describan en unas pocas frases un gran desafío que enfrentaron, y en el que vieron a Dios intervenir. Pida voluntarios que compartan con todos las respuestas.

Remediar las circunstancias que rodeaban a Pedro en Hechos 12 era algo que se hallaba claramente fuera de sus posibilidades. Era prisionero de un rey que podía pronunciar impunemente una sentencia de muerte. Eran los comienzos del reinado de Herodes Agripa I, un regente que tenía la inclinación de apaciguar a los judíos que gobernaba. Al parecer, vio la frustración de los líderes judíos por el surgimiento de los apóstoles y de la Iglesia. Así que actuó para reafirmar su autoridad. Jacobo, el hermano de Juan, ya había sido asesinado, sencillamente porque él deseaba ganarse el favor de los líderes religiosos locales (vv. 1–2).

Cuando la estrategia de Herodes produjo el efecto deseado, el rey arrestó a Pedro, con la intención de ejecutarlo una vez que terminara la Pascua (vv. 3–4). Tomó fuertes medidas para asegurarse de que Pedro no se escapara de la prisión. Dieciséis soldados, divididos en grupos de a cuatro, lo vigilaban a toda hora del día, probablemente en turnos de seis horas cada uno. Dos estaban encadenados a él, mientras que los otros dos guardaban la puerta de la celda.

B. La Iglesia ora
Hechos 12:5–12

Los cristianos de Jerusalén dan un gran ejemplo de lo que es la fe firme. No se desesperaron cuando Herodes metió en prisión a Pedro, incluso a pesar de que muy bien podrían estar lamentando todavía la ejecución de Jacobo. Comprendían el poder que tenía la oración para sostener y liberar a Pedro, además de darle a él la oportunidad de testificar a favor de Cristo en su desesperada situación.

¿Por qué a veces los creyentes cometen el error de tratar a la oración como su último recurso?

IDEA 2. Distribuya la hoja de trabajo "El último recurso". Comente las respuestas de los alumnos y anímelos a usar esta hoja en sus momentos personales de oración.

Hechos 12:5 presenta a la iglesia orando sin cesar por Pedro, aunque pasaron varios días sin respuesta alguna. La respuesta llegó la noche anterior al día en que Herodes tenía la intención de sacar a Pedro ante una multitud hostil (v. 6).

Lucas arroja luz sobre la fe del propio Pedro al hacer la observación de que el apóstol dormía tranquilamente (v. 6). De repente, un ángel apareció en su celda, y tuvo que golpearle un costado literalmente para despertarlo (v. 7). Milagrosamente, no solo se cayeron las cadenas a Pedro, sino que los soldados a los que estaba encadenado siguieron totalmente ajenos a lo que estaba sucediendo. Los guardas del exterior tampoco se dieron cuenta de lo sucedido, y una puerta exterior se abrió sola mientras el ángel y Pedro se marchaban de la prisión (vv. 8–10).

Pedro no se dio cuenta de que estaba libre hasta que el ángel lo dejó en una calle de Jerusalén. Él creía que experimentaba una visión. Cuando comprendió que Dios había intervenido, buscó enseguida la seguridad de una casa, el hogar de María, la madre de Marcos (vv. 11–12).

Es interesante notar que a partir del versículo 12 Lucas sitúa los sucesos milagrosos de la prisión de Herodes entres dos menciones de la fiel oración de los creyentes. Estos habían orado sin cesar mientras Pedro estaba preso. Aún oraban cuando el apóstol fue puesto milagrosamente en libertad y tocó a la puerta del hogar donde estaban reunidos.

Dios está obrando para responder a la oración, incluso cuando los cristianos no nos damos cuenta de su intervención. La clave de la eficacia en la oración consiste en confiar en Él aunque no veamos los resultados.

¿Por qué cosas usted ora, y sabe que tal vez nunca sepa la respuesta de Dios?

Hay algunas necesidades que están muy alejadas de nuestra experiencia y observación personal. Entre ellas se encuentran como ejemplo las necesidades de los misioneros y de la Iglesia perseguida. No obstante, no dudamos de la eficacia de esas oraciones. Dios las responde de una manera que tal vez nunca veamos de este lado de la eternidad.

> **IDEA 3.** Distribuya la hoja de trabajo "Se nos ordena orar".
> Le sugerimos que haga que los alumnos lean los versículos y los respondan divididos en grupos pequeños. Comente sus respuestas con toda la clase.

II. Sorprendidos por la respuesta a su oración
A. Una testigo humilde
Hechos 12:13–15

En medio de algunas de las narraciones más dramáticas de la Biblia, desde el fondo de la historia del trato de Dios con la humanidad surgen personas humildes. Hechos 12:13–15 nos presenta a Rode. Como criada joven que era, Rode habría ocupado en la vida una posición en la cual tendría muy pocos derechos y casi ningún reconocimiento. Sin embargo, manifestó una fuerte fe en el Señor.

Cuando Pedro tocó a la puerta, Rode respondió, y reconoció de inmediato la voz del apóstol a través de la puerta. Estaba tan emocionada, que anunció que Pedro estaba allí, aun antes de abrirle la puerta. Se lo dijo a las demás personas que estaban en la casa, y solo consiguió que dudaran e incluso se burlaran de ella. Pero no titubeó en su fe.

¿Qué personas poco conocidas han manifestado su fe en momentos clave de las Escrituras, y también en la actualidad?

Abundan los ejemplos en la Biblia, y hoy en día también vemos esa clase de fe. Dios obra a través de todos los suyos.

> **IDEA 4.** Distribuya la hoja de trabajo "Detrás de las escenas". Medite en los ejemplos bíblicos sobre gente poco conocida que haya desempeñado un papel clave en las Escrituras. Después comente las preguntas, haga notar que Dios tiene un papel vital para todos y cada uno de los creyentes.

Los creyentes que estaban en la casa donde había acudido Pedro decidieron que Rode debía estar viendo el ángel de Pedro, con lo que tal vez estuvieran indicando que creían que ya lo habían matado. En aquellos tiempos existía entre algunos judíos la creencia de que el ángel custodio de una persona podía tomar la forma de esta. No existe base bíblica alguna para esta creencia. Lucas se limitó a relatar lo que tenían en su mente las personas reunidas en ese lugar. Más importante aún, ese rechazo de ellos a la exuberancia de Rode, y su resistencia en cuanto a ir a comprobar lo que ella decía, indican que existía entre ellos un nivel de duda, aun en medio de una fervorosa reunión de oración.

¿Qué nos dice la reacción de los creyentes ante Rode?

Algunas veces, los primeros cristianos tenían que luchar contra las pruebas y las dudas. Sin embargo, Dios usó sus sinceras oraciones a favor de Pedro para que contribuyeran al milagro de su liberación. Nosotros también debemos perseverar en medio de nuestras propias dudas, comprometiéndonos de nuevo a confiar en el Señor y buscar su rostro.

B. Un testimonio de fidelidad
Hechos 12:16–18

Cuando por fin los cristianos abrieron la puerta y vieron a Pedro, se quedaron atónitos, a pesar de que él había estado en el centro de sus oraciones. Se produjo una escena de gozo y celebración por la respuesta a sus oraciones (Hechos 12:16).

¿Cuál fue el mensaje de Pedro a los que estaban reunidos en el hogar de María?

Pedro relató los detalles milagrosos de su liberación, y después les dio la responsabilidad de dar la noticia a Jacobo y a sus otros líderes (vv. 17–18). El Jacobo mencionado aquí era el hermano de Jesús, quien se convirtió en líder dentro de la iglesia de Jerusalén. Después de esto, Pedro se marchó, lo más probable a un escondite más seguro en Jerusalén, sabiendo que los hombres de Herodes lo buscarían.

Aunque Pedro fue rescatado de manera milagrosa, no anduvo presuntuosamente por toda Jerusalén para dar la noticia de su liberación a Jacobo y a los demás. Tampoco se quedó en el hogar de María, que seguramente era conocido como lugar de reunión para los creyentes de la ciudad. Comprendió que lo obrado por Dios a su favor no eliminaba los peligros con los que se podría encontrar como consecuencia de haber compartido su fe.

IDEA 5. Observe que algunas veces la fe comprende el dar pasos que desafían a nuestro entendimiento, al mismo tiempo que nos impulsan a actuar con prudencia. Explique la diferencia entre actuar precipitadamente y dar un paso en fe. Pida sugerencias a sus alumnos acerca de las maneras en que se pueden asegurar de actuar en fe, y no buscar el cumplimiento de su propia agenda.

La preocupación de Pedro estaba justificada. Por la mañana, dijeron a Herodes que Pedro había desaparecido (v. 18). Dios había sido fiel y había rescatado a su siervo. Sin embargo, la rabia del rey se expresó enseguida con una pasión mortal.

III. El juicio de la arrogancia; la expansión de la Iglesia
A. El gobernante depuesto
Hechos 12:19–23

Se nota que Herodes tenía gran poder en la región, y estaba dispuesto a usarlo para lograr sus fines, sin importar las consecuencias que sufrieran los demás. Hechos 12:19 nos informa que el rey mandó ejecutar a los soldados que custodiaban a Pedro. Pero Dios intervino con un histórico recordatorio de que ningún gobernante puede usurpar su autoridad.

La narración de Lucas sigue a Herodes con rumbo norte, desde Jerusalén hasta el puerto marítimo de Cesarea. Allí, el rey resolvió una disputa política con Tiro y Sidón, dos ciudades importantes de la región situadas en una estrecha franja de tierra entre las montañas y la costa (v. 20). Con gran pompa y fanfarria, Herodes apareció ante el pueblo. Según el historiador judío Josefo, los mantos de Herodes estaban tejidos con hilos de plata y reflejaban la luz del sol. La apariencia externa del rey y su impresionante discurso llevaron a la multitud a proclamar que era un dios (vv. 21–22).

Cuando Herodes no corrigió la blasfemia de la multitud, Dios lo juzgó. Un ángel del Señor lo hirió (v. 23). Josefo da los detalles adicionales de que el rey estuvo cinco días en agonía con fuertes dolores de estómago, antes de morir a la edad de cincuenta y tres años.

¿En qué sentidos estos grandes sucesos de la historia son paralelos a los titulares de hoy?

El mundo toma nota de la autoridad y el gran atractivo que ejerce el poder político. Aquel día en Cesarea la multitud se precipitó a honrar al César, elogiar a Herodes y buscar la restauración de la paz entre las facciones rivales. Pero Dios estaba en la escena, moviéndose sobrenaturalmente de maneras invisibles para todos, menos aquellos como Lucas, que tenían una visión espiritual. Así se nos recuerda que Dios es soberano. Por un tiempo, parecerá que aquellos que tratan se pasar por encima de su autoridad lo logran. Pero al final, es Él quien gobierna el curso de los asuntos mundiales.

IDEA 6. Lleve a la clase un periódico o una revista. Lleve también copias del boletín de su iglesia. Use los titulares para ilustrar la forma en que los medios de comunicación dan una gran importancia a los sucesos humanos. Después; lea uno o dos anuncios de una obra de ministerio que va a realizar su iglesia. Explique la importancia eterna de estos otros sucesos.

B. La Iglesia llena de poder
Hechos 12:24

En fuerte contraste con lo narrado acerca del grandioso aspecto externo que tenía Herodes, Lucas resume en un versículo una realidad verdaderamente espectacular. La Palabra de Dios, que tiene un poder infinitamente mayor que el de cualquier rey , se siguió propagando e impactando cantidad de personas (v. 24).

IDEA 7. Pida sugerencias sobre algunas de las profundas verdades y promesas de las Escrituras que forman un fuerte contraste con los valores y las empresas de nuestro mundo pecaminoso. Ejemplos Proverbios 3:5–6; Mateo 11:29–30; Gálatas 5:22–23 y Apocalipsis 21:6. Explique por qué es importante tener presentes estas promesas.

A pesar de la agitación que enfrentaban los primeros cristianos, Dios los bendecía, la Iglesia prevalecería. El resto del libro de los Hechos, que se estudiará en el trimestre de la primavera del año 2017, ofrece ejemplos del poder transformador que tiene el Evangelio. Es un relato que ha continuado por dos milenios de historia de la Iglesia, y está destinado a culminar con el regreso de Jesucristo.

¿Cómo lo ha transformado a usted la Palabra de Dios?

Todos los cristianos participamos en el relato del Evangelio. Su poder se evidencia en la transformación que produce en nuestras vidas. Pero necesitamos ir más allá de reflexionar en el milagro de salvación que hemos experimentado. Hemos sido llamados a ser mensajeros de la esperanza y al compartir esa esperanza, la Iglesia sigue prevaleciendo.

Discipulado en acción

Pedro estaba totalmente consagrado a la causa de Cristo, y hasta estaba preparado a morir por su Salvador. El que Dios decidiera enviar un ángel para liberar al apóstol significó que tendría más oportunidades para compartir a Cristo. La historia de la Iglesia nos dice que terminó sufriendo el martirio en Roma.

Dondequiera que usted se encuentre hoy, tanto si está en una temporada de bendición, como si está pasando por grandes pruebas, tiene la responsabilidad de vivir ante los demás la transformadora verdad de la Palabra de Dios. Es crítico que conozca el Evangelio y crea en él. Pero Dios también lo está llamando a comunicarle el Evangelio a las almas perdidas.

Esta clase de mensaje puede provocar pérdidas personales y persecución pública. Sin embargo, ese precio nunca será mayor que el don inconmensurable que ya hemos recibido por medio del sacrificio de Cristo. No hay cantidad alguna de influencia o de riqueza que pueda compensar la pobreza interior de una vida sin Dios. Y no hay logros o ganancias terrenales que se puedan comparar con las riquezas de la salvación.

Ministerio en acción

Piense en alguna de las situaciones aparentemente imposibles a las que se enfrenta usted, o alguien cercano a usted. Comprométase a orar constantemente por esas necesidades en los próximos días. Pida a otros creyentes que se le unan en oración por ellas, confiando en que Dios hará una obra sobrenatural.

Lectura devocional

Lunes
Alabe a Dios por su salvación.
Éxodo 15:1–11

Martes
Confíe en que recibirá de Dios la salvación.
Salmo 3:1–8

Miércoles
Dios defiende a su pueblo.
Sofonías 3:14–20

Jueves
Gozo en la tribulación.
Juan 16:23–33

Viernes
Regocíjese en la propagación del Evangelio.
Filipenses 1:12–18

Sábado
La seguridad de que se hará justicia.
Apocalipsis 21:1–8

Los diversos tipos de Salmos

El libro de los Salmos es una colección de cánticos escritos por varias personas: David, Jedutún, los hijos de Coré, Asaf, Salomón, Hemán el ezraíta, Etán el ezraíta, y Moisés. La mayoría de los Salmos se atribuyen a David, o se relacionan con él. En esta unidad, tres de los Salmos que estudiaremos se atribuyen a Asaf (78, 80 y 81) y uno a Salomón (127). El resto de los Salmos que estudiaremos son los de David.

Los Salmos fueron escritos por diversas razones, como cánticos de alabanza y acción de gracias; otros son angustia y lamento. Algunos están agrupados porque eran cantados en las festividades anuales de Israel. Varios recuerdan la historia de Israel; otros son proféticos, y predicen la venida del Mesías.

Con el propósito de estudiar los Salmos, las lecciones se agrupan de acuerdo a sus temas. Primero los "Salmos de lamentación", descubrirá que Dios responde al clamor de su pueblo. En los "Salmos de acción de gracias" (lección 16), encontrará palabras que lo inspirarán a dar gracias a Dios por lo que ha hecho por usted. La lección 17 estudiará los "Salmos de alabanza". En estos tres Salmos, hallará razones para alabar a nuestro Dios grande y maravilloso.

La lección 18, los "Salmos sapienciales", le dará sabiduría práctica para crecer en su relación con el Señor y los demás. Y los "Salmos de los pactos" (lección 19) recordarán los pactos que Dios ha establecido con la humanidad y le darán razones para enseñarlos a la próxima generación. Los "Salmos de las subidas" se añadirán a las lecciones sobre la acción de gracias y la alabanza para infundir gozo y esperanza.

Los "Salmos sobre la justicia divina" (lección 21), conocidos también como los salmos imprecatorios, se hallan entre los más difíciles de estudiar. En ellos, David maldice a sus enemigos, movido por sus sentimientos de impotencia. Le pide a Dios que juzgue a sus enemigos. Sin embargo, aun en medio del clamor de David, usted podrá distinguir el hilo de la justicia divina. La lección 22, estudiará los "Salmos mesiánicos" que predicen la Primera y la Segunda Venida del Mesías.

Dios ha usado los Salmos para dar voz a toda la gama de emociones del ser humano. Permita que Él le hable en estas ocho lecciones, y le dé palabras para expresar todo lo que experimenta en el presente.

Fundamento bíblico

Salmos 4:1–8; 17:1–15; 80:1–19

Enfoque

Reconocer que le podemos hablar francamente a Dios y sentirnos seguros cuando oramos.

Bosquejo

I. Oración por misericordia
   A. Proclame la justicia de Dios
   B. Confíe en Dios

II. Oración por reivindicación
   A. Justos ante Dios
   B. Protegidos de la destrucción

III. Oración por restauración
   A. El reconocimiento de las necesidades espirituales
   B. La seguridad de que Dios será fiel

Preparación

☐ Escoja las preguntas, actividades de aprendizaje y artículos del *Folleto de ayudas y recursos* que le ayuden a alcanzar sus objetivos en la lección.

☐ Llene la hoja "Planificación de la clase".

☐ Prepare las siguientes copias maestras: Bajo ataque, Llamados a interceder, Para un estudio más amplio 15

Los Salmos de lamentación

Verdad central

Dios escucha el clamor de su pueblo y le responde

Versículo clave: Salmo 17:1

Oye, oh Jehová, una causa justa; está atento a mi clamor. Escucha mi oración hecha de labios sin engaño.

Introducción

? ¿Qué le viene a la mente cuando escucha la palabra "lamentación"?

Lamentarse es gemir en voz alta, pero un Salmo de Lamentación hace más que recoger un lamento. Estos Salmos son un desahogo para las tristezas y describen circunstancias dolorosas, e incluso trágicas, pero siempre dirigen nuestra atención hacia Dios y su fidelidad. Y aunque la expresión "Salmos de Lamentación" pueda parecer deprimente, la continuidad total de la fe que hay en ellos transforma sus pasajes en profundos pozos de aliento.

Objetivos del aprendizaje

Al terminar esta lección, sus alumnos podrán:

1. sentirse más seguros al buscar la misericordia de Dios.
2. estar seguros de que Dios los reivindicará cuando los calumnien.
3. mirar más allá de sus propias necesidades para estar conscientes de las necesidades espirituales que hay a su alrededor.

4:1. Respóndeme cuando clamo, oh Dios de mi justicia. Cuando estaba en angustia, tú me hiciste ensanchar; Ten misericordia de mí, y oye mi oración.

6. Muchos son los que dicen: ¿Quién nos mostrará el bien? Alza sobre nosotros, oh Jehová, la luz de tu rostro.

7. Tú diste alegría a mi corazón mayor que la de ellos cuando abundaba su grano y su mosto.

8. En paz me acostaré, y asimismo dormiré; porque solo tú, Jehová, me haces vivir confiado.

17:1. Oye, oh Jehová, una causa justa; está atento a mi clamor. Escucha mi oración hecha de labios sin engaño.

2. De tu presencia proceda mi vindicación; Vean tus ojos la rectitud.

3. Tú has probado mi corazón, me has visitado de noche; me has puesto a prueba, y nada inicuo hallaste; he resuelto que mi boca no haga transgresión.

7. Muestra tus maravillosas misericordias, tú que salvas a los que se refugian a tu diestra,

De los que se levantan contra ellos.

8. Guárdame como a la niña de tus ojos; Escóndeme bajo la sombra de tus alas,

9. De la vista de los malos que me oprimen, De mis enemigos que buscan mi vida.

15. En cuanto a mí, veré tu rostro en justicia; estaré satisfecho cuando despierte a tu semejanza.

80:1. Oh Pastor de Israel, escucha; tú que pastoreas como a ovejas a José, Que estás entre querubines, resplandece.

2. Despierta tu poder delante de Efraín, de Benjamín y de Manasés, y ven a salvarnos.

3. Oh Dios, restáuranos; haz resplandecer tu rostro, y seremos salvos.

4. Jehová, Dios de los ejércitos, ¿hasta cuándo mostrarás tu indignación contra la oración de tu pueblo?

6. Nos pusiste por escarnio a nuestros vecinos, y nuestros enemigos se burlan entre sí.

7. Oh Dios de los ejércitos, restáuranos Haz resplandecer tu rostro, y seremos salvos.

Comentario bíblico

I. Oración por misericordia

A. Proclame la justicia de Dios
Salmo 4:1-5

El Salmo 4 comienza con una súplica a Dios para que escuche una oración, y el salmista la escribe lleno de expectación. Antes que este salmo describa siquiera la naturaleza del lamento del salmista o su profunda necesidad, su lenguaje expresa confianza en Dios.

La mención de la justicia en el versículo 1 se puede enfocar en la justicia que Dios le ha dado al creyente, o en la justicia de Dios mismo. En ambos casos, es la justicia de Dios la que enfoca. El concepto de la justicia de Dios en el Antiguo Testamento es más que un intento por describir a Dios como totalmente bueno. Incluye los actos justos de Dios hacia aquellos que confían en Él.

Al clamar a Dios para que tenga misericordia de él, el salmista se está apoyando humildemente en la bondad y el amor de Dios. Cree claramente que su relación con Dios es tal, que puede esperar que Él conteste en su momento de necesidad. En contraste con su propia confianza en Dios, el salmista observa a otros que ni siquiera han reconocido a Dios (v. 2). Han buscado satisfacer sus propias ambiciones y han quedado cegados por la "vanidad" o la vaciedad de esta vida.

Esta diferencia en cuanto a sus puntos de vista espirituales se traduce en una diferencia de identidades. Dios aparta a los justos; aquellos que ponen su confianza en Él (v. 3). Como consecuencia de esa relación, de la cual disfruta el salmista, Dios ayuda a sus hijos en sus momentos de necesidad.

A la luz de estas bendiciones que trae consigo la relación con Dios, el salmista hace una poderosa invitación. Tanto piadosos como impíos tienen la oportunidad de reverenciar a Dios y apartarse del mal (v. 4). Cuando mediten en el carácter de Dios y lo adoren con actos sinceros de entrega (vv. 4–5), descubrirán que Dios es totalmente digno de confianza.

? ¿Cómo describiría usted su confianza en la justicia de Dios?

IDEA 1. Pida a sus alumnos que identifiquen un reto o un problema al que se enfrentan. Utilizando como modelo el Salmo 4, pídales que escriban una declaración de confianza en el carácter justo de Dios y en su deseo de satisfacer su necesidad. Que voluntarios lean lo que han escrito.

B. Confíe en Dios
Salmo 4:6–8

? En el Salmo 4:6, ¿está hablando el salmista de los creyentes, o de los no creyentes?

Aunque el salmista ha atraído la atención hacia las personas que no confían en Dios, no parece estar limitando la declaración de duda del versículo 6 únicamente a los que no han creído. También los creyentes, cuando observan la presencia y la influencia del mal que hay a su alrededor, pueden perder de vista a Dios y a sus promesas de convertir en realidad sus buenos propósitos.

Cuando las situaciones de la vida parezcan estar a punto de abrumarnos, podemos seguir el ejemplo del salmista y dirigir nuestra atención a Dios y a su carácter. Cuando el creyente se centra en el carácter de Dios, experimenta unas bendiciones divinas que no dependen de las circunstancias ni de los beneficios materiales, sino de Dios mismo. El salmista habla de un gozo que se produce cuando se sirve a Dios, y que va mucho más allá de cuanto gozo encontremos en las bendiciones materiales (v. 7).

El salmista termina su súplica a Dios para pedir misericordia en medio de una prueba, declarando su confianza total en Él, y proclamando la paz interior perfecta que Él nos da (v. 8). Piense en la gran cantidad de noches de insomnio que remediaríamos si tuviéramos esta clase de fe. Aunque debemos tener el cuidado de no definir nuestra fe a partir de nuestras emociones, sí podemos expresar nuestro gozo y nuestra confianza en Dios, desarrollando una seguridad madura en que Él nos ha prometido satisfacer nuestras necesidades.

? ¿Qué beneficio produce el que sometamos nuestras actitudes y emociones a Dios durante unas circunstancias dolorosas?

IDEA 2. Para responder esta pregunta, invite a un par de alumnos a describir la fidelidad de Dios durante una experiencia difícil de su vida. Pida que hablen de los sentimientos de desánimo con los que han tenido que luchar. ¿Cómo convirtieron su desaliento en la expectativa de que Dios intervendría en su situación?

II. Oración por reivindicación
A. Justos ante Dios
Salmo 17:1–9

? **¿Por qué habría de orar un creyente para pedir que Dios lo reivindique?**

La Biblia describe con frecuencia la hostilidad del mundo hacia los justos. En medio de los ataques a su personalidad y las acusaciones falsas, el creyente puede descubrir que Dios es su única fuente de justificación personal.

> **IDEA 3.** Distribuya entre sus alumnos la hoja "Bajo ataque". Dé tiempo para que lean los ejemplos bíblicos escogidos.

El Salmo 17 comienza con una súplica para que Dios defienda la integridad del salmista ante los ataques de los que es objeto, y proclame con claridad su posición justa ante Él. Al principio, esto nos puede parecer una forma de autojustificación. Nos podríamos preguntar cómo es posible que una persona llena de defectos pueda invitar a un Dios santo a examinar su corazón, y creer que Dios no va a hallar nada pecaminoso en él (vv. 1–3).

Sin embargo, el salmista no conecta su justicia con su propia capacidad, sino que se la acredita a la obra transformadora de Dios en su vida. Es el poder transformador de Dios el que hace posible cuanta justicia recibamos (v. 4). Solo a base de mantenernos muy cerca de Dios con nuestra obediencia (v. 5), podemos nosotros ser justos como el salmista. Y cuando nos entregamos a Dios y a sus caminos de vida, su gracia obrará en nosotros para transformarnos.

Cuando el salmista ora, está claro que no tiene duda alguna de que Dios escucha todas sus oraciones (v. 6). Pide que le manifieste su carácter lleno de "maravillosas misericordias" (v. 7); de las maravillas de su inmenso amor, que se pueden ver en los actos de salvación y liberación que realiza a favor de aquellos que confían en Él. La "diestra" de Dios (v. 7) es una imagen de su poder total para salvarnos.

En el versículo 8, el salmista se refiere a "la niña de tus ojos" y a "la sombra de tus alas". La niña del ojo es la pupila, e indica que Dios nos protege como una persona protegería sus propios ojos. Y estar a la sombra de sus alas habla de su dedicación a protegernos de los malvados que están decididos a destruir a los que somos de Él (v. 9).

B. Protegidos de la destrucción
Salmo 17:10–15

Al describir a los malvados, el salmista usa imágenes tomadas de los animales depredadores. Insiste en el nivel de odio contra el creyente. Las personas que se entregan a la rebelión espiritual y a la maldad no tratan a los que son de Dios con un desinterés neutral. Estos elementos, que existen dentro de todas las sociedades, buscan activamente la destrucción de los justos.

Los malvados no solo son orgullosos y egoístas (v. 10), siempre mirando hacia su interior para satisfacer sus propios apetitos, sino que también buscan rodear y destruir a los justos (v. 11). Son como leones rugientes listos para devorar a sus víctimas (v. 12). Acechan en espera de una oportunidad para saltar sobre los justos y destruirlos.

? **¿Qué ejemplos actuales de opresión religiosa ilustran lo que se dice en el Salmo 17:10–12?**

> **IDEA 4.** Pida a los alumnos que prepararon ejemplos de opresión religiosa que presenten su informe. (Nota: Estos dos portales de la web pueden ser útiles: Voice of Martyrs [persecution.com] da a conocer las persecuciones que se producen en el mundo contra los cristianos. El Instituto Rutherford [Rutherford. org] informa sobre casos legales de actualidad que afectan a la libertad de los cristianos para adorar).

El reconocimiento de la existencia de poderosas fuerzas de maldad en el mundo no debe desalentar a los creyentes, sino recordarles que su protección y su liberación vienen de Dios. El Salmo pide a Dios que se levante en su divino poder, derribe a los malvados y lo libere (v. 13). Podemos hacer lo mismo, pero el motivo que nos debe mover es el de llevar a Cristo a las almas perdidas.

Los versículos 14 y 15 nos presentan un contraste entre el fin del malvado y la esperanza del justo. El salmista clama a Dios para que lo libere de aquellos cuya porción o recompensa solo es para esta vida. Su clamor pide que los malvados reciban lo que el Señor les tiene reservado.

Entonces, el salmista da un giro a su argumento, diciendo que los malvados recibirán lo que el Señor les tiene preparado, pero "En cuanto a mí, veré tu rostro en justicia; estaré satisfecho cuando despierte a tu semejanza" (v. 15). Hay quienes interpretan esto como una manifestación de la confianza total que tiene el salmista en el Señor. Él puede dormir en paz y despertar para ver el rostro de Dios, lo cual indica que se reúne con Dios en el templo. Otros piensan que se trata de una proclamación escatológica, según la cual el salmista despertará de la muerte y verá literalmente el rostro de Señor. Cualquiera que sea la interpretación, está claro que el salmista confía plenamente en que Dios lo reivindicará.

III. Oración por restauración

A. *El reconocimiento de las necesidades espirituales*
Salmo 80:1–7

El Salmo 80 va más allá de una lamentación personal para interceder por una nación que se halla en una gran necesidad espiritual. Aunque la historia y las circunstancias que menciona en el Salmo se relacionan con Israel, los principios espirituales se aplican a todas las naciones.

El Salmo comienza proclamando la fidelidad de Dios. Él es el "Pastor de Israel". El hecho de que está "entre querubines" recuerda la histórica arca del pacto, el centro simbólico de la presencia y el poder de Dios en medio de su pueblo. Esto se refiere a los siglos que Dios lleva cuidando de su pueblo escogido.

Sin embargo, las circunstancias que sirven de trasfondo a este Salmo señalan una ruptura en la relación entre Dios y su pueblo. El pueblo no solo necesitaba la salvación (vv. 2–3), sino que estaba sufriendo la ira y el juicio de Dios (vv. 4–6). En esta lamentación se ve con claridad que el pecado es el que ha causado el dolor y el sufrimiento de los cuales el salmista busca alivio.

Es muy probable que el salmista haya sido fiel a Dios, pero está soportando un juicio sobre la nación que no tiene relación con sus pecados personales. No obstante, se pone en el lugar de aquellos que lo rodean. Al interceder fielmente por las almas perdidas, nosotros estaremos siguiendo su ejemplo.

❓ ¿Cuáles son las situaciones sociales de impiedad que podemos mencionar en nuestras oraciones para pedirle a Dios una restauración?

> **IDEA 5.** Distribuya entre los alumnos la hoja "Llamados a interceder". Dé tiempo para que participen en la primera parte de la actividad. Anímelos a usarla esta semana para interceder.

El versículo 7 presenta una maravillosa imagen de la gracia de Dios en acción. Esta oración no solo le pide a Dios bendición, sino también la transformación de nuestras vidas que va a hacer posible esa bendición. La palabra "restáuranos" admite que existe una necesidad absoluta de que se produzca un cambio espiritual interno para que puedan cambiar nuestras circunstancias externas.

B. La seguridad de que Dios será fiel
Salmo 80:8–19

❓ ¿Cuál es el enfoque primario del salmista en los versículos 8 al 11 ?

Mientras que el tema anterior fue el juicio de Dios a causa del pecado de la nación, la oración pasa ahora a hablar de las obras de Dios a favor de su pueblo para reconocerlas. Las circunstancias inmediatas no habían cambiado, pero el salmista reorienta su atención a las fieles obras de Dios en el pasado, y usa esos recuerdos para llenar de energía una nueva expresión de su fe en Dios.

En los versículos 12–14, el salmista admite que en el presente, la experiencia del juicio de Dios es dolorosa, pero que está claro que Dios no es un juez inmisericorde. Suplica a Dios que vuelva a su pueblo, para que vea su necesidad y le responda. Esa oración para pedir restauración se extiende dentro de los versículos finales del Salmo, que aluden al Mesías que habría de venir, "el varón de tu diestra"; "el hijo del hombre" (v. 17).

En este Salmo hay una imagen central: una vid. Cuando Jesús vino, usó una imagen similar para describir la nueva vida espiritual que Él traía (Juan 15:1–5). El salmista ora para pedir que la "vid" del pueblo de Dios sea restaurada a una nueva vida. Los evangelios nos confirman una y otra vez que Jesús vino, murió y resucitó a fin de hacer posible esa vida para los que crean.

El Salmo 80:18–19 termina esta súplica en la que pide restauración con una simple proclamación de su fe en la capacidad de Dios para salvar y proteger a los justos.

Discipulado en acción

La angustia puede llegar a paralizar. Cuando los creyentes se sienten abrumados por las pruebas de la vida y arrinconados por los que se oponen a su fe, se podrían sentir tentados a guardar esa angustia para ellos mismos y cesar toda actividad. Estos ejemplos tomados de la Palabra de Dios nos hacen un claro llamado a la acción.

Los Salmos son esencialmente los himnos del Antiguo Testamento. Son oraciones cantadas. Como tales, tal vez no parezcan ofrecer muchos consejos sobre lo que el creyente puede hacer en tiempos de tribulación. No obstante, estos Salmos–oraciones, cuando salen de un corazón que espera de Dios una respuesta y una orientación, se convierten en puertas abiertas para que nos dirija el Espíritu Santo.

Cuando los cristianos batallamos con los desafíos de la vida, nos debemos dedicar a tener temporadas de oración que nos permitan presentarle a Dios nuestras angustias con toda sinceridad. Podemos estar tan seguros de que Él va a actuar a favor nuestro, como lo ha venido haciendo por los suyos a lo largo de todas las edades.

Ministerio en acción

El Salmo 80 nos presenta un maravilloso ejemplo de oración de intercesión. Una oración así nos puede proporcionar el beneficio añadido de darnos aliento. Esta semana comprométase a orar fielmente por una persona concreta y decirle a esa persona que puede estar segura de que la estamos apoyando con nuestra oración.

Lectura devocional

Lunes
El Señor es misericordioso.
Éxodo 33:12–20

Martes
Dios hará regresar a los exiliados.
Deuteronomio 30:1–10

Miércoles
La esperanza en el Señor.
Lamentaciones 3:21–26

Jueves
La justicia se recibe por fe.
Romanos 3:21–26

Viernes
La misericordia de Dios.
Romanos 5:6–11

Sábado
Un cuerpo transformado.
1 Corintios 15:50–57

Los Salmos de acción de gracias

Verdad central

La acción de gracias es una respuesta adecuada a la bondad y la misericordia de Dios.

Versículo clave: Salmo 118:1

Alabad a Jehová, porque él es bueno; porque para siempre es su misericordia.

Introducción

¿Cuándo fue la última vez que usted escribió una nota para darle gracias a alguien?

La sencilla práctica de escribir notas de agradecimiento después de un cumpleaños, una boda o alguna otra circunstancia especial, ha dejado de ser una práctica común. Algo positivo tiene lugar cuando expresamos nuestra gratitud más allá de unas pocas palabras habladas, usando alguna forma tangible. Los Salmos de acción de gracias no solo se hacían eco de la gratitud del salmista, sino que también servían para solidificar y aumentar su fe. Por eso podríamos decir que estos Salmos son notas bíblicas de agradecimiento.

Objetivos del aprendizaje

Al terminar esta lección, sus alumnos podrán:

1. meditar en las bendiciones que derivan del perdón de Dios y en el proceso que lleva a él.
2. percibir la compasión de Dios como evidencia continua de su participación personal en su vida.
3. relacionar la verdad del amor y la misericordia de Dios con su plena expresión en Jesucristo.

Fundamento bíblico

Salmos 32:1–11; 116:1–19; 118:1–29

Enfoque

Agradecer el gran amor de Dios y expresarle a diario nuestra gratitud.

Bosquejo

I. Agradecido por el perdón de Dios
   A. Confesión y arrepentimiento
   B. Protección y orientación

II. Agradecido por la compasión de Dios
   A. Mensajero fiel
   B. Siervo agradecido

III. Agradecido por la misericordia eterna de Dios
   A. Vivir en comunidad
   B. El Salvador eterno

Preparación

☐ Escoja las preguntas, actividades de aprendizaje y artículos del *Folleto de ayudas y recursos* que le ayuden a alcanzar sus objetivos en la lección.

☐ Llene la hoja "Planificación de la clase".

☐ Prepare las siguientes copias maestras: Profundamente pecador; plenamente perdonado, ¿Una vida sin preocupaciones?, Las ofrendas y los votos, El Salmo 118: Reflexiones, Para un estudio más amplio 16

32:1. Bienaventurado aquel cuya transgresión ha sido perdonada, y cubierto su pecado.

2. Bienaventurado el hombre a quien Jehová no culpa de iniquidad, y en cuyo espíritu no hay engaño.

7. Tú eres mi refugio; me guardarás de la angustia; con cánticos de liberación me rodearás. Selah

10. Muchos dolores habrá para el impío; mas al que espera en Jehová, le rodea la misericordia.

11. Alegraos en Jehová y gozaos, justos; Y cantad con júbilo todos vosotros los rectos de corazón.

116:1. Amo a Jehová, pues ha oído mi voz y mis súplicas;

2. Porque ha inclinado a mí su oído; Por tanto, le invocaré en todos mis días.

3. Me rodearon ligaduras de muerte, me encontraron las angustias del Seol; angustia y dolor había yo hallado.

4. Entonces invoqué el nombre de Jehová, diciendo: Oh Jehová, libra ahora mi alma.

5. Clemente es Jehová, y justo; sí, misericordioso es nuestro Dios

17. Te ofreceré sacrificio de alabanza, e invocaré el nombre de Jehová.

18. A Jehová pagaré ahora mis votos Delante de todo su pueblo,

19. En los atrios de la casa de Jehová, en medio de ti, oh Jerusalén. Aleluya.

118:1. Alabad a Jehová, porque él es bueno; porque para siempre es su misericordia.

2. Diga ahora Israel, que para siempre es su misericordia.

3. Diga ahora la casa de Aarón, que para siempre es su misericordia.

4. Digan ahora los que temen a Jehová, que para siempre es su misericordia.

5. Desde la angustia invoqué a JAH, y me respondió JAH, poniéndome en lugar espacioso.

6. Jehová está conmigo; no temeré lo que me pueda hacer el hombre.

7. Jehová está conmigo entre los que me ayudan; por tanto, yo veré mi deseo en los que me aborrecen.

28. Mi Dios eres tú, y te alabaré; Dios mío, te exaltaré.

29. Alabad a Jehová, porque él es bueno; porque para siempre es su misericordia.

Comentario bíblico

I. Agradecido por el perdón de Dios

A. Confesión y arrepentimiento
Salmo 32:1-5

¿Cómo ilustra el Salmo 32:1-2 el perdón total del pecado por parte de Dios?

El Salmo 32 comienza con una proclamación repetida de bienaventuranza. Los versículos 1 y 2, utilizan tres palabras diferentes para referirse al pecado y conectan esas palabras a tres gestos de perdón por parte de Dios, ilustran una gloriosa verdad: No existe pecado tan terrible que Dios no lo perdone cuando nos arrepintamos.

IDEA 1. Distribuya la hoja "Profundamente pecador; plenamente perdonado". Dé tiempo a los alumnos para revisar las definiciones de fondo para las acciones descritas en los versículos 1 y 2. Consulte de nuevo esta hoja cuando hable del versículo 5.

Dios ofrece un perdón gratuito, pero solo como respuesta al arrepentimiento. El verdadero arrepentimiento exige más que un simple lamentarse sobre las consecuencias de una mala decisión. Le exige al pecador que reconozca su culpa ante Dios y que reconozca también que está totalmente desprovisto de méritos personales.

Los versículos 3 y 4 describen los efectos de la desaprobación de Dios antes del arrepentimiento del salmista. Mientras se negaba a reconocer su pecado, vivía en medio de una agitación interna. Sentía como si sus huesos estuvieran envejeciendo. Aunque guardaba silencio con respecto a su pecado, la angustia resultante lo hacía gemir.

La mano de Dios pesaba fuertemente sobre el salmista de día y de noche (v. 4). Él compara la experiencia a la persistencia del calor en el verano. Lo que se proponía Dios con esto era llevarlo a confesar y arrepentirse.

Tan pronto como el salmista estuvo dispuesto a confesar su pecado (v. 5), experimentó el perdón de Dios. Lleno de gozo, escribió sobre lo bienaventurado que es ser perdonado. Aquí se presenta un esquema similar al de los versículos iniciales del Salmo, con tres sinónimos traducidos como "pecado" y relacionados con tres sinónimos relacionados con la confesión de los pecados.

¿Qué contraste existe entre la dolorosa experiencia del salmista con la disciplina de Dios y la aparente falta de remordimiento del que peca habitualmente?

La angustia del salmista lo movió a arrepentirse y por consiguiente, fue una expresión de la misericordia divina. Muchas veces, los que viven en rebelión contra Dios, rechazan su convicción y al parecer, pecan sin sentir remordimiento alguno.

> **IDEA 2.** Distribuya la hoja "¿Una vida sin preocupaciones?" Comente con sus alumnos las descripciones bíblicas de las respuestas humanas al pecado.

B. Protección y orientación
Salmo 32:6–11

El versículo 6 ofrece aliento y precaución a la vez. A los justos se les anima a orar con confianza, y esperar la ayuda y la protección de Dios. Como le sucedió al salmista, pueden surgir en nuestra vida como una inundación una serie de situaciones difíciles y dolorosas, incluso aunque estemos viviendo en obediencia. Pero si confiamos en Dios, y creemos que Él cuida de nosotros, no nos podrán abrumar.

El salmista también advierte a los justos que oren mientras sea posible hallar a Dios. Mientras vivamos en obediencia, tendremos un acceso constante y sin obstáculos a Él por medio de la oración. Ya había indicado que el pecado interrumpe esa comunicación. Todo el que continúe en su pecado o su rebelión, descubrirá que los tiempos de gracia de Dios se pueden limitar.

El salmista mira a Dios con una seguridad total, porque se ha arrepentido y está viviendo en obediencia. Desde ese punto de vista privilegiado, sabe que se halla bajo su protección y que puede enfrentar las tribulaciones de la vida con el gozo de Dios (v. 7). Esta comunión no es de una sola vía. En el versículo siguiente, Dios mismo le promete su dirección, sabiduría y protección.

¿Qué otros ejemplos de promesas personales de Dios nos presenta la Biblia?

> **IDEA 3.** Invite a sus alumnos a buscar y leer sus promesas divinas favoritas en las Escrituras.

Con el fin de recibir estas bendiciones, el versículo 9 advierte contra la persistencia en la rebelión. Dios quiere que su relación con los justos sea una relación de libertad. Quiere que nos acerquemos a Él voluntariamente. Es posible que, movido por su amor hacia nosotros, nos traiga su disciplina a nuestra vida. Pero su mayor gozo es que sus hijos lo obedezcan por amor y cosechen los beneficios de esa obediencia.

El final de este Salmo ofrece una clara necesidad de decidirnos. Podemos escoger las muchas y variadas angustias de los malvados, o decidirnos a confiar en Dios, obedecerlo y vivir dentro de su amor infalible (v. 10). Cuando tomamos la decisión sabia, podemos experimentar el gozo de Dios y tener un canto en el corazón, a pesar de los desafíos de la vida.

II. Agradecido por la compasión de Dios

A. Mensajero fiel
Salmo 116:1–11

El Salmo 116 comienza con una enfática proclamación del amor a Dios. El amor es el fundamento de la relación entre el creyente y Dios. Nos relacionamos con Él con una intimidad destinada a llegar hasta el centro mismo de nuestro ser, y a sobrepasar toda relación humana.

¿Quién es el que hace posible que exista esta relación de amor?

El salmista no afirma que hayan sido sus propias acciones las que hayan creado esta relación amorosa con Dios. Esta se ha producido a causa de las acciones de Dios a favor de él. Dios escuchó el clamor en el cual pedía misericordia, se centró personalmente en su necesidad e intervino en unas circunstancias que amenazaban con derrotarlo por completo.

IDEA 4. Indíqueles a los alumnos que lean Juan 3:16–17 y 1 Juan 4:19. Explique cómo Dios ha tomado la iniciativa a través de Cristo, para alcanzar con su amor a la humanidad extraviada. Pida que presenten ejemplos sobre la amorosa intervención de Dios que hayan sido tomados de su propia vida.

Cuando el salmista recuerda lo que Dios ha hecho, esos recuerdos no solo enriquecen su amor por Él, sino que producen en su alma una paz renovada (v. 7). Puesto que Dios lo liberó fielmente en el pasado de la muerte espiritual, de una profunda angustia y de un fallo moral, ahora puede mirar al futuro con seguridad, creyendo firmemente que Dios lo guiará y conservará la vida (vv. 8–9).

A la luz de los versículos 7–9, el salmista se da cuenta de algo de máxima importancia. Al vivir en una estrecha relación con Dios, ha podido ver sus propias limitaciones con mayor claridad aún. Ve de nuevo que todos los seres humanos están esclavizados por el engaño del pecado. Pero esta comprensión, gracias a la fidelidad de Dios, no es motivo de desesperación. Al contrario; en los versículos siguientes, expresa su decisión de acercarse más aún a Dios y vivir para servirle.

B. Siervo agradecido
Salmo 116:12–19

En un sentido, la pregunta que hace el salmista en el versículo 12 para sondear su alma es claramente simbólica. No hay nada con lo cual ninguno de nosotros le pueda pagar a Dios su bondad. Pero la pregunta también tiene una fuerte aplicación a los que creemos en Cristo hoy. En realidad, el salmista está pensando en su respuesta a la luz de todo lo que Dios ha hecho por él.

En su contexto inmediato, estos versículos describen las ofrendas del Antiguo Testamento en el templo. El salmista puede hacer libaciones en público (v. 13) y ofrecer sacrificios (vv. 17–19). Puede cumplir y validar en público en el templo los votos que ha hecho a Dios (v. 14). Pero los principios subyacentes a estas ceremonias del Antiguo Testamento son para todos los tiempos.

❓ ¿Cómo pueden aplicar a su vida los que creen en Cristo los votos que hace el salmista en el Salmo 116:12–19?

> **IDEA 5.** Distribuya la hoja "Las ofrendas y los votos". Anime a sus alumnos a reflexionar más profundamente por su cuenta en las preguntas de aplicación.

Mientras define su gozoso servicio a Dios, el salmista inserta un grave recuerdo sobre los sufrimientos de la vida real. Los seguidores consagrados de Dios también mueren (v. 15). Pero ni siquiera la muerte puede afectar a la relación de una persona con Dios, y la libertad de las cadenas de la vida que le da Dios (v. 6). Esas cadenas pueden ser las pruebas de la vida, o la esclavitud al pecado. En ambos casos, la libertad que nos trae Dios es causa de la mayor de las gratitudes.

Una aplicación de este Salmo al Nuevo Testamento le señala al creyente la necesidad de servir fielmente al Salvador, adorar en público junto con el cuerpo de Cristo y

reconocer que los atrios de la casa de Dios se extienden en realidad a lo largo y ancho de este mundo. Dondequiera que nos hallemos los seguidores de Cristo, nos debemos presentar a Dios como sacrificios vivos y representarlo ante los demás en todo cuanto hagamos y digamos.

III. Agradecido por la misericordia eterna de Dios
A. Vivir en comunidad
Salmo 118:1–21

El primer detalle que notan muchos lectores en el Salmo 118 es el uso de la palabra "misericordia" para describir su relación permanente con su pueblo. La palabra hebrea *jesed* se refiere a los actos de bondad de Dios hacia su pueblo. Puesto que esos actos son las benevolentes expresiones de un Dios amoroso y santo hacia una humanidad pecadora, y aun así amada, la palabra en realidad abarca dos ideas: amor y misericordia.

El Evangelio presenta esta verdad. El amor de Dios por nosotros es tan grande, que envió a su Hijo a morir por nosotros. La muerte y resurrección de Jesús manifiesta la misericordia de Dios hacia una humanidad pecadora, en la cual estamos incluidos todos nosotros, que nos merecemos la muerte y la separación eterna de Dios. Su amor y su misericordia no se pueden separar.

El Salmo 118 comienza con la voz de la comunidad y hace una transición hacia un punto de vista personal. Los versículos 1–4 invitan a los miembros del pueblo escogido de Dios, cualquiera que sea su nivel social, a expresar verbalmente su gratitud por la amorosa misericordia de Dios. Los cristianos experimentamos la dinámica de esta adoración cuando un culto de la iglesia genera una alabanza concertada y una gratitud por el mover del Espíritu, o cuando los creyentes oran en público por el bienestar de su comunidad y de su nación.

Cuando terminan ese tipo de reuniones, la vida diaria del creyente le presenta desafíos que lo llaman a otra expresión de gratitud; el agradecimiento por la protección y bendición personal de Dios. Aunque el salmista habla de las crisis desde su perspectiva de líder nacional, la intervención de Dios es igualmente real en medio de las circunstancias más humildes en que se pueda hallar un creyente.

¿Cómo encuentran su expresión los elementos comunales e individuales del Salmo 118 en la iglesia y a través de los cristianos individualmente?

> **IDEA 6.** Distribuya la hoja "El Salmo 118: Reflexiones". Lea el Salmo y haga que los alumnos rodeen con un círculo los versículos que tengan una aplicación comunal, y subrayen los que estén enfocados hacia la persona individual. (Si el tiempo es limitado, dé a los alumnos la hoja para que trabajen en ella en su casa).

B. El Salvador eterno
Salmo 118:22–29

Si los creyentes de hoy no convierten el estudio de las Escrituras en una parte normal de su vida, pueden perder de vista el tema unificado sobre la salvación que aparece en el Antiguo Testamento y en el Nuevo. Estos pasajes del Salmo 118 que se conectan con tanta fuerza con los evangelios y con otros pasajes del Nuevo Testamento son solo un ejemplo de las promesas hechas por Dios siglos antes de Jesucristo, y cumplidas claramente en su vida, muerte y resurrección.

En Jesucristo vemos la expresión máxima del amor y la misericordia eternos de Dios. Toda la gratitud expresada en el Salmo 118, y de hecho, en todos los Salmos de Acción de Gracias, se pueden resumir hoy de la mejor manera como gratitud porque Dios nos envió a su Hijo y nos ofreció la salvación por medio de Él. Podemos disfrutar de todas las bendiciones mencionadas por el salmista cuando abrazamos una fiel relación con nuestro Padre celestial por medio de Cristo.

> **IDEA 7.** Invite a sus alumnos a unirse en un momento de oración. Les puede permitir que oren de manera individual para dar gracias, si se sienten impulsados a hacerlo, o tal vez sería más agradable cantar uno o dos himnos o coros de acción de gracias.

Discipulado en acción

Una y otra vez, el salmista identifica acciones de Dios que manifiestan su naturaleza. Sí, el amor y la misericordia de Dios permanecen para siempre. Pero además de establecer esta realidad, el salmista recuerda momentos concretos en los cuales el amor y la misericordia de Dios ha conservado y bendecido su vida.

Así como Dios ha manifestado su amor por nosotros de una manera palpable, también nuestras relaciones con los demás deben estar marcadas por unas claras expresiones de nuestro amor. Ese amor debe alcanzar a todas las personas y en todas las circunstancias, sin limitarse a nuestros parientes y amigos. Dios nos envió a su Hijo y nos ofreció el perdón de nuestros pecados antes que nosotros le devolviéramos amor por amor. Ahora nosotros debemos actuar para perdonar y amar a los demás también.

El amor verdadero también satisface las necesidades materiales. Dios nos provee a diario y espera de nosotros que también cada día atendamos a las necesidades de los pobres que nos rodean. Nuestro amor en acción muy bien se podría convertir en la clave de un encuentro entre las almas perdidas y Cristo.

Ministerio en acción

Los alumnos pueden trabajar juntos en algún proyecto de beneficencia, ya sea a favor de algún miembro de la clase que esté pasando por tiempos difíciles, o para atender a una necesidad mayor que se ha dado a conocer en la iglesia o la comunidad. Hable con su pastor, o el líder encargado de las obras de beneficencia para que le indiquen la mejor manera de satisfacer una necesidad.

Lectura devocional

Lunes
Entregue ofrendas de acción de gracias.
Levítico 7:11–15

Martes
Agradezca las obras de Dios.
1 Crónicas 16:8–13

Miércoles
Agradezca las obras redentoras de Dios.
Salmo 75:1–10

Jueves
Agradezca la respuesta a su oración.
Juan 11:38–44

Viernes
Sea agradecido.
Colosenses 3:15–17

Sábado
Agradezca los ejemplos de piedad.
1 Tesalonicenses 1:2–10

Fundamento bíblico
Salmos 33:1–22; 66:1–20; 103:1–22

Enfoque
Meditar en quién es Dios y regocijarnos en lo que Él hace por nosotros.

Bosquejo

I. Alabanza a Dios por su soberanía
   A. El Dios del universo
   B. El Dios de las naciones
II. Alabanza a Dios por su respuesta a la oración
   A. Una nación que ora
   B. Un creyente que ora
III. Alabanza a Dios por sus obras
   A. Las bendiciones terrenales
   B. La herencia eterna

Preparación

☐ Escoja las preguntas, actividades de aprendizaje y artículos del *Folleto de ayudas y recursos* que le ayuden a alcanzar sus objetivos en la lección.

☐ Llene la hoja "Planificación de la clase".

☐ Prepare las siguientes copias maestras: El Dios del Cosmos, Disciplina y victoria, Tarjetas con las Escrituras (imprimir en cartulina), Para un estudio más amplio 17

Los Salmos de alabanza

Verdad central

La alabanza de los justos glorifica a Dios.

Versículo clave: Salmo 66:8

Bendecid, pueblos, a nuestro Dios, y haced oír la voz de su alabanza.

Introducción

¿Cuál motivo ha tenido usted hoy para alabar a Dios?

La alabanza debería ser un elemento fundamental del peregrinar del creyente en la fe. Al alabar a Dios, estamos recordando su carácter divino, así como su actividad en nuestras vidas y en el mundo. La alabanza nos puede levantar el espíritu durante las pruebas y las temporadas de desaliento, y alimentar nuestra fe cuando tenemos situaciones difíciles. Cuando la alabanza se convierte en una expresión pública de nuestras vidas, las almas perdidas que nos rodean llegan a conocer la bondad de Dios y son invitadas a experimentar su gracia por sí mismas.

Objetivos del aprendizaje

Al terminar esta lección, sus alumnos podrán:

1. fortalecer su confianza en Dios mientras lo alaban por su soberanía.
2. centrar mejor su vida de oración cuando lo alaban por haber respondido sus oraciones.
3. reconocer la participación constante de Dios en sus vidas y alabarle por sus obras.

33:1. Alegraos, oh justos, en Jehová; en los íntegros es hermosa la alabanza.

6. Por la palabra de Jehová fueron hechos los cielos, y todo el ejército de ellos por el aliento de su boca.

7. El junta como montón las aguas del mar; Él pone en depósitos los abismos.

8. Tema a Jehová toda la tierra; teman delante de él todos los habitantes del mundo.

9. Porque él dijo, y fue hecho; Él mandó, y existió.

11. El consejo de Jehová permanecerá para siempre; los pensamientos de su corazón por todas las generaciones.

14. Desde el lugar de su morada miró sobre todos los moradores de la tierra.

15. Él formó el corazón de todos ellos; atento está a todas sus obras.

66:1. Aclamad a Dios con alegría, toda la tierra.

2. Cantad la gloria de su nombre; poned gloria en su alabanza.

3. Decid a Dios: ¡Cuán asombrosas son tus obras! Por la grandeza de tu poder se someterán a ti tus enemigos

4. Toda la tierra te adorará, y cantará a ti; cantarán a tu nombre. Selah

5. Venid, y ved las obras de Dios, temible en hechos sobre los hijos de los hombres.

9. Él es quien preservó la vida a nuestra alma, y no permitió que nuestros pies resbalasen.

20. Bendito sea Dios, que no echó de sí mi oración, ni de mí su misericordia.

103:1. Bendice, alma mía, a Jehová, y bendiga todo mi ser su santo nombre.

2. Bendice, alma mía, a Jehová, y no olvides ninguno de sus beneficios.

3. Él es quien perdona todas tus iniquidades, el que sana todas tus dolencias;

4. el que rescata del hoyo tu vida, el que te corona de favores y misericordias;

5. el que sacia de bien tu boca de modo que te rejuvenezcas como el águila.

22. Bendecid a Jehová, vosotras todas sus obras, en todos los lugares de su señorío. Bendice, alma mía, a Jehová.

Comentario bíblico

I. Alabanza a Dios por su soberanía
A. El Dios del universo
Salmo 33:1–9

¿Cómo definiría usted la soberanía de Dios?

El *Diccionario Evangélico de Teología* explica la soberanía de Dios como "La enseñanza bíblica según la cual Dios es rey, gobernante supremo y legislador del universo entero".[1] Una manera básica de estudiar la soberanía de Dios es preguntarse cómo Él hace cumplir su voluntad en el universo. Sin embargo, en última instancia esto nos conduce a más preguntas.

IDEA 1. Sin permitir que la clase se desvíe de su tema principal, explique brevemente cómo hace cumplir Dios su voluntad en el universo, a la vez que nos permite a cada uno de nosotros tomar decisiones morales personales. La soberanía de Dios en relación con el libre albedrío y la existencia del mal forma la base para las principales escuelas del pensamiento teológico. Los creyentes siguen aún luchando con estas preguntas.

¿Se ha encontrado alguna vez con una situación de la vida que no ha podido explicar, sino solo ponerla en las manos de Dios? Explique.

Cuando sufrimos una pérdida personal, observamos el sufrimiento de otros o nos enteramos de las catástrofes en las noticias, nos tropezamos con preguntas sobre por qué Dios "permitió" o "causó" que algo sucediera. A veces, creamos una conexión errada entre Dios y la maldad. En esos momentos, puede ser espiritualmente refrescante que dejemos de tratar de explicar las circunstancias y nos centremos en Dios mismo.

El salmista no estaba tan interesado en analizar la soberanía de Dios, como en regocijarse por ella. La alabanza es una manera maravillosa de enfocar cualquier parte de la teología cuando el creyente se enfrenta a preguntas difíciles. Aquí el salmista convoca a una sinfonía de este tipo de alabanza (vv. 1–3). Esa alabanza la dirige al carácter perfecto de Dios (vv. 4–5) antes incluso de describir las acciones de Él.

El salmista se centra después en el poder creador de Dios, lo reconoce como la Fuente de todo lo que existe. Menciona las estrellas del cielo y los océanos de la tierra, con lo que abarca todo el universo visible. Aunque escribió hace ya varios miles de años, estaba maravillado ante el poder ilimitado de Dios. La astronomía moderna y las ciencias sobre la Tierra le ofrecen al creyente más razones para adorar al Creador.

¿Cómo nos ayuda la ciencia moderna a ver más evidencias aún del poder creador de Dios?

> **IDEA 2**. Distribuya la hoja "El Dios del Cosmos". Explique en clase los ejemplos que aparecen en esta, e invite a sus alumnos a hablar sobre historias personales en las que se sintieron maravillados al observar el poder de Dios en la naturaleza.

B. El Dios de las naciones
Salmo 33:10–22

¿Cómo aplicó el salmista el poder creador de Dios a la experiencia humana?

Muchas personas cometen el error de reconocer el poder creador de Dios sin conectar ese poder con su propia vida. Por ejemplo, el deísmo es un movimiento filosófico que fue popular en el siglo dieciocho, y que consideraba que Dios era el Creador, pero afirmaba que Él no interfería con las leyes de la naturaleza ni con los asuntos de los seres humanos. El salmista no cometió este error.

Dios hace que se cumplan sus propósitos en la historia. No hay fuerzas de maldad en la humanidad que vayan a triunfar de manera permanente (vv. 10–11). Cuando él habla de una nación que era bendecida a causa de la reverencia que tenía hacia Dios (v. 12), su enfoque primero era Israel, la nación escogida. Sin embargo, este principio sigue siendo cierto para todas las naciones. Cuando Dios interactúa con las naciones, no pierde de vista a las personas individuales. Ve los corazones de los seres humanos, y sabe todo lo que piensan (vv. 13–15).

Los creyentes pueden confiar en que Dios intervenga a su favor, sin que importe el poder que los malvados parezcan poseer. En el Israel antiguo, ninguna cantidad de fortaleza humana, ningún ejército ni estrategia militar alguna podía prevalecer sin la ayuda de Dios (vv. 16–17). Como ellos, nosotros también debemos apoyarnos en Dios para obtener todas nuestras victorias espirituales. Podemos estar seguros de que Él nos ve y nos liberará (vv. 18–19). Este conocimiento de la fidelidad de Dios tiene por consecuencia una fe paciente llena de la expectativa de un gozoso cumplimiento de los propósitos de Dios en la vida de los creyentes (vv. 20–22).

? ¿Enseñan estos versículos que Dios va a librar a todos los cristianos de todas sus pruebas? Explique su respuesta.

IDEA 3. Aunque el Salmo 33:15–22 parece enseñar que Dios nos librará de todas las pruebas, no se enseña que no nos vamos a enfrentar a circunstancias que pondrán a prueba nuestra fe, o incluso nos llevarán al martirio. A pesar de nuestras circunstancias presentes, el enemigo de nuestras almas no podría vencer, y Dios nos mantendrá seguros en Él a través de todos los desafíos que nos traiga la vida.

II. Alabanza a Dios por su respuesta a la oración

A. Una nación que ora
Salmo 66:1–12

Las preguntas acerca del papel de la oración en la vida del creyente se cruzan con las preguntas acerca de la soberanía de Dios. Hay quienes tratan la oración como una manera de dirigir a Dios para que cumpla con lo que ellos le exigen, olvidando así que Dios no está sujeto a la voluntad humana. Otros cometen el error opuesto, al no reconocer que pueden interactuar con Él en la oración y ver cómo obra su poder en sus circunstancias y en la satisfacción de las necesidades de los demás.

? En sus oraciones, ¿se centra usted más en sus deseos, o en ver que los deseos de Dios se conviertan en realidad en su vida?

Así como sucedía en el Salmo 33, en este Salmo el salmista no batalla con los detalles de la soberanía de Dios, sino que se limita a alabarlo. Su enfoque central consiste en alabar a Dios aun antes de tener en cuenta sus respuestas a la oración.

Una vez más, el salmista insiste en la soberanía de Dios sobre los asuntos humanos (vv. 1–5). Contempla el poder de Dios sobre toda la tierra, y llama a una alabanza universal como respuesta. Las obras de Dios son "asombrosas". Su gran poder le asegura la victoria sobre todos sus enemigos.

El salmista les recuerda a sus oyentes el gran milagro realizado por Dios cuando sus antepasados atravesaron el mar Rojo por tierra seca (v. 6). La liberación y la protección de Dios habían protegido a su pueblo, y debían provocar una respuesta de alabanza (vv. 7–9).

Las maneras en que Dios se relacionaba con su pueblo escogido no siempre fueron motivo de regocijo. Cuando era necesario, Dios disciplinaba a su pueblo para hacer que volviera a la relación con Él (vv. 10–12).

? ¿Cuál es el propósito que tiene la disciplina de Dios?

IDEA 4. Distribuya la hoja "Disciplina y victoria". Comente la información que contiene la hoja y las respuestas de sus alumnos a las preguntas.

B. Un creyente que ora
Salmo 66:13–20

El salmista, teniendo presentes la soberanía de Dios sobre las naciones, su intervención a favor de su pueblo escogido y su disciplina, proclama después sus obras a un nivel personal.

El mismo Dios que gobierna a las naciones es lo suficientemente poderoso para intervenir cuando un creyente se enfrenta a un desafío. Si pudo llevar a su pueblo escogido a través del mar Rojo por tierra seca, también es capaz de rescatar hoy al creyente. La alabanza a gran escala del salmista y su revisión de la historia de Israel fluyen hacia su alabanza personal y sus propias necesidades.

Así como todas las naciones han sido llamadas a adorar a Dios, el salmista habla de su propia adoración en el templo con holocaustos (vv. 13, 150. Habla de los votos que le ha hecho a Dios en momentos de tribulación, y que ahora está cumpliendo (vv. 13–14). Y da testimonio público de la fidelidad divina (v. 16).

❓ ¿Cuál es la conexión que existe entre el juicio divino sobre el pecado de la nación y el pecado personal del salmista?

Si Dios disciplinaba a su pueblo escogido a causa de su pecado, el salmista sabía que pasaría por alto sus pecados personales. Se regocijaba en la fidelidad de Dios en el pasado (vv. 17, 19), pero estaba convencido de que si él permitía que el pecado permaneciera en su vida sin arrepentirse de él, Dios dejaría de escuchar sus oraciones (v. 18).

El Salmo termina haciéndonos un recordatorio acerca de que Dios escucha las oraciones del creyente, y no lo priva de su misericordia (v. 20). Nuestra batalla con las tentaciones y con el pecado no la peleamos nosotros solos. El amor de Dios, manifestado a veces por medio de su disciplina, siempre trata de acercarnos más a Él.

III. Alabanza a Dios por sus obras

A. Las bendiciones terrenales
Salmo 103:1–12

El Salmo 103 comienza con varias declaraciones amplias. El Salmo alaba a Dios de una manera total desde todo su ser. Dirige esta alabanza a la diversidad de actividades que Dios realiza en su vida, a unas bendiciones tan vastas, que las pinta con amplios brochazos para abarcarlas todas (vv. 1–2). Todo pecado y toda enfermedad son vencidos gracias a la intervención divina (v. 3).

Las bendiciones de Dios también incluyen la identidad espiritual del Salmo, al redimirlo de la destrucción; del "hoyo", expresión que se refiere a la tumba, usada con frecuencia en el Antiguo Testamento para hablar del castigo eterno. Además, estas bendiciones son físicas y materiales, e incluyen todos los "bienes" que Dios proporciona para que la vida sea realmente satisfactoria (v. 5).

❓ ¿Qué nos dice el versículo 6 acerca de la actitud de Dios hacia los seres humanos?

El Salmo no hace distinción entre las clases de personas cuando describe el amor y la misericordia que Dios siente hacia ellas. Aunque menciona a Moisés y a los israelitas en el versículo 7 como ejemplos, la expresión "todos los que padecen violencia" en el versículo 6 se refiere a todas las personas, y en especial a las que sufren opresión a causa del pecado.

La derrota del pecado sigue en el punto focal del salmista cuando insiste repetidamente en la paciencia, el amor y el perdón de Dios (vv. 8–12). El amor de Dios por nosotros lo lleva a detener su castigo por nuestros pecados cuando trata de atraernos hacia sí. Esta descripción de Dios no se parece en nada a la del "Dios cruel del Antiguo Testamento" con la que algunas personas lo ridiculizan. Y sin embargo, hasta los seguidores de Cristo podemos perder de vista el amor, la misericordia y el perdón de Dios.

¿Ha sentido usted alguna vez que sus pecados lo han convertido en blanco de la ira de Dios, en lugar de ser hijo suyo?

IDEA 5. Si discierne que hay alumnos que están luchando en cuanto a aceptar el perdón de Dios, dedique unos pocos minutos a orar con toda la clase para pedir una comprensión y una seguridad más profundas acerca del amor de Dios.

B. La herencia eterna
Salmo 103:13–22

Esta descripción de Dios como nuestro Padre celestial tiene en cuenta todas nuestras debilidades físicas (vv. 13–16). Además perdonarnos, Dios nos ofrece su amor que nos sostiene a medida que nos debilitamos con la edad. En nuestro caminar hacia la inmortalidad no vamos solos. Dios está con nosotros en todas las etapas de la vida, y tiene un plan eterno para nosotros más allá de esta vida.

Aunque el salmista no menciona la resurrección del creyente, relaciona las misericordias eternas de Dios con aquellos que viven fielmente para Él (vv. 17–18). La autoridad eterna de Dios es la que sostiene todo aquello que el salmista afirma de Él (v. 19).

Todas las promesas que contiene este Salmo, la intervención personal de Dios, su misericordia y el perdón de nuestros pecados y su compasión ante nuestra debilidad y nuestra muerte, alcanzan ahora una especie de crescendo cuando el salmista llama a las huestes celestiales para que alaben a Dios (vv. 20–22).

Cuando termina el salmista, sentimos en él una conexión personal con los propósitos eternos de Dios. El versículo 22 concluye con una pista final sobre la firme fe que tiene en la promesa de la vida eterna. Está decidido a alabar a Dios continuamente, puesto que sigue confiando en que Él cumplirá a lo largo de todas las eras futuras sus planes divinos para toda la creación, en la cual ciertamente quedan incluidos el salmista y todos los creyentes.

¿Qué otras promesas de las Escrituras señalan hacia la realidad de una vida eterna ante la presencia de Dios para el creyente?

IDEA 6. Imprima las "Tarjetas con las Escrituras" en cartulina. Las encontrará en la hoja de trabajo correspondiente dentro del paquete de recursos. Los alumnos pueden cortar las cartulinas y usarlas como tarjetas que les recuerden las promesas eternas de Dios.

Discipulado en acción

Los Salmos que hemos presentado como ejemplos en esta semana se pueden ver como una secuencia de verdades de las cuales se van edificando las posteriores a partir de las anteriores. Puesto que la soberanía de Dios es la que sostiene el universo, podemos estar seguros de que Él oirá nuestras oraciones. Sus respuestas a nuestras oraciones aumentan nuestra fe y nos llevan a una relación más estrecha con Él. Cuando los creyentes alaban a Dios por sus obras, reconocen que las acciones de Él van infinitamente más lejos que todas las peticiones que ellos podrían incluir en sus oraciones.

Cuando alabamos continuamente a Dios, recordamos que Él obra para nuestro bien, aun en aquellas temporadas de la vida en las cuales no podemos sentir su actividad. Es posible que no sane de inmediato una enfermedad, o libere de una angustia, o rescate de una catástrofe, pero el salmista nos recuerda que Él siempre está obrando para nuestro bien, y siempre es digno de nuestra alabanza. Y recuerde: el Dios que tiene el poder infinito sobre toda la creación sigue velando compasivamente por cada uno de nosotros.

Ministerio en acción

El bosquejo que hace el salmista sobre la fragilidad del ser humano nos debe recordar a los creyentes que las bendiciones de Dios para los débiles y los enfermos que tenemos entre nosotros, les llegan muchas veces a través de la compasión de los seguidores de Cristo. Anime a sus alumnos a estar tan pendientes de las necesidades que los rodean, como Dios está pendiente de nuestras propias necesidades.

Lectura devocional

Lunes
Moisés alaba al Señor.
Éxodo 15:1–11
Martes
Que todas las cosas alaben al Señor.
Salmo 150:1–6
Miércoles
Una visión de la alabanza celestial.
Isaías 6:1–7

Jueves
¡Bendito sea el Rey!
Lucas 19:35–40
Viernes
Gloria a Dios para siempre.
Romanos 16:25–27
Sábado
Todas las naciones adorarán a Dios.
Apocalipsis 7:9–12

Los Salmos sapienciales

Verdad central

La persona sabia ordena su vida de acuerdo a la Palabra de Dios.

Versículo clave: Salmo 128:1

Bienaventurado todo aquel que teme a Jehová, que anda en sus caminos.

Introducción

¿Cuáles son el mejor y el peor consejo a los que usted ha hecho caso en su vida?

Algunas de nuestras mejores decisiones se producen cuando reconocemos y seguimos la sabiduría que Dios le dio a otros. De igual manera, algunos de nuestros mayores errores son consecuencia de escuchar a alguien que parece sabio, pero que no honra a Dios.

Los tres Salmos de Sabiduría de este estudio nos dan consejos sacados de la fuente más fidedigna de todas: la Palabra de Dios. Mucho más que indicarle cuáles son las buenas decisiones, estos pasajes cuando les hacemos caso, pueden desarrollar en nosotros principios que podemos aplicar a toda nuestra vida.

Objetivos del aprendizaje

Al terminar esta lección, sus alumnos podrán:

1. diferenciar entre los estilos de vida tan diferentes que tienen los creyentes y los impíos.
2. reflexionar sobre el amor redentor de Dios como el antídoto a su naturaleza de pecado.
3. evaluar su piadosa influencia en sus hogares y sus comunidades.

Fundamento bíblico

Salmos 1:1–6; 36:1–12; 127:1–5; 128:1–6

Enfoque

Captar y escoger el plan de Dios para darnos una vida abundante.

Bosquejo

I. Escoja la justicia
   A. El camino de la bendición
   B. El camino de la destrucción

II. Apártese de la vida pecaminosa
   A. Nuestra naturaleza de pecado
   B. La intervención divina

III. Centre en Dios su hogar
   A. Dios edifica los hogares
   B. Las familias fieles

Preparación

☐ Escoja las preguntas, actividades de aprendizaje y artículos del *Folleto de ayudas y recursos* que le ayuden a alcanzar sus objetivos en la lección.

☐ Llene la hoja "Planificación de la clase".

☐ Prepare las siguientes copias maestras: Los pasos hacia la destrucción, Un diario de bendiciones, Los valores familiares, Para un estudio más amplio 18

1:1. Bienaventurado el varón que no anduvo en consejo de malos, ni estuvo en camino de pecadores, ni en silla de escarnecedores se ha sentado;

2. Sino que en la ley de Jehová está su delicia, y en su ley medita de día y de noche.

3. Será como árbol plantado junto a corrientes de aguas, que da su fruto en su tiempo, y su hoja no cae; y todo lo que hace, prosperará.

6. Porque Jehová conoce el camino de los justos; mas la senda de los malos perecerá.

36:1. La iniquidad del impío me dice al corazón: no hay temor de Dios delante de sus ojos.

3. Las palabras de su boca son iniquidad y fraude; ha dejado de ser cuerdo y de hacer el bien.

4. Medita maldad sobre su cama; está en camino no bueno, el mal no aborrece.

5. Jehová, hasta los cielos llega tu misericordia, y tu fidelidad alcanza hasta las nubes.

6. Tu justicia es como los montes de Dios, tus juicios, abismo grande. Oh Jehová, al hombre y al animal conservas.

7. ¡Cuán preciosa, oh Dios, es tu misericordia! Por eso los hijos de los hombres se amparan bajo la sombra de tus alas.

127:1. Si Jehová no edificare la casa, en vano trabajan los que la edifican; si Jehová no guardare la ciudad, en vano vela la guardia.

3. He aquí, herencia de Jehová son los hijos; cosa de estima el fruto del vientre.

4. Como saetas en mano del valiente, así son los hijos habidos en la juventud.

5. Bienaventurado el hombre que llenó su aljaba de ellos; no será avergonzado cuando hablare con los enemigos en la puerta.

128:1. Bienaventurado todo aquel que teme a Jehová, que anda en sus caminos.

2. Cuando comieres el trabajo de tus manos, bienaventurado serás, y te irá bien.

3. Tu mujer será como vid que lleva fruto a los lados de tu casa; tus hijos como plantas de olivo alrededor de tu mesa.

4. He aquí que así será bendecido el hombre Que teme a Jehová.

Comentario bíblico

I. Escoja la justicia
A. El camino de la bendición
Salmo 1:1–3

Aunque el salmista advierte contra el pecado en el Salmo 1:1, la bendición es un tema clave del versículo. Es importante recordar que Dios no nos alerta contra el pecado para limitar nuestro disfrute de la vida, sino para todo lo contrario.

IDEA 1. Presente la transparencia "Los pasos hacia la destrucción" y utilícela para ilustrar el comentario que sigue.

En el Salmo 1:1, ¿cuáles son los tres niveles de tentación con los que un creyente puede esperar encontrarse?

El Salmo 1:1 describe tres niveles de participación en el pecado. Primeramente, el creyente se puede tropezar con una tentación momentánea, muchas veces por invitación de algún amigo o pariente que no es creyente. Este "consejo de malos" podrá ser atractivo y parecerá ofrecerle ventajas o satisfacciones personales. Pero se puede convertir en una trampa.

Segundo, la advertencia de que no debemos "estar en camino de pecadores", muestra una dedicación más duradera al pecado. Esto sugiere un hábito o estilo de vida que comienza ya a caracterizar lo que somos.

Por último, "sentarse en silla de escarnecedores" alude a un pecado que se burla abiertamente de las normas de justicia dadas por Dios. Cada vez que insistimos en excusar un acto o una acción contraria a lo que hubiera hecho Cristo, nos ponemos en un grave peligro espiritual.

Sin embargo, el salmista no deja al lector con la advertencia solamente, sino que ofrece una solución positiva. No podemos llevar una vida piadosa si solo nos centramos en evitar el pecado. La santidad tiene mucho más que ver con abrazar la justicia. La ley de Dios, su Palabra (v. 2), nos comunica con claridad las normas de esa justicia. Y la clave consiste en deleitarnos en la Palabra de Dios y meditar en ella de día y de noche. Para edificar nuestra vida sobre el fundamento de la Palabra de Dios, nos debemos deleitar en ella, entretejiéndola de manera deliberada en nuestra rutina diaria.

¿Cómo se conecta usted con la Palabra de Dios cada día?

Aunque la lectura en oración de la Palabra de Dios todos los días es un buen lugar para comenzar, estudiar la Biblia y obedecer lo que en ella está escrito es el paso siguiente. La fidelidad en estudiar y aplicar a la vida la Palabra de Dios nos trae bendiciones para toda la vida. En el versículo 3, el salmista lo describe como un árbol "plantado junto a corrientes de aguas", que da fruto en su tiempo y cuyas hojas no se marchitan. Esto indica que Dios obra en nuestra vida siempre, a través de todas sus etapas.

¿Qué fruto ha producido Dios en las diferentes temporadas de su vida?

IDEA 2. Pida a los alumnos de más edad y a los más jóvenes que hablen acerca de como Dios los está usando en las etapas de la vida en que se encuentran. Si la diferencia de edades es poca en su clase, invite a un miembro de la iglesia de otra edad para que visite la clase y comparta su historia.

No obstante, el versículo 3 no promete una vida libre de problemas. La Biblia indica con claridad que los creyentes nos podremos enfrentar a muchos desafíos, como los mencionados en el versículo 1. Pero cuando la Palabra de Dios es el fundamento de la vida, Dios proporciona los recursos que se necesitan para soportar las pruebas, además de vivir con una razón de ser y con gozo.

B. El camino de la destrucción
Salmo 1:4–6

Los malvados experimentan una vida muy diferente. Son como el tamo (v. 4), formado por las cáscaras del trigo y otros desperdicios que se separan de la semilla en la era, y que se lo lleva el viento. Esta ilustración tiene que ver con dos características de los malvados. La primera es que todo lo que logren o disfruten va a ser temporal; incluso fugaz. Además, ellos mismos serán eliminados, como algo indeseable.

El versículo 5 lleva más lejos este tema. Los malvados no podrán soportar el juicio de Dios ni unirse a los justos. El salmista no abunda más en esta imagen, pero otros pasajes de las Escrituras hablan de un día de juicio en el cual los malvados cosecharán para siempre las consecuencias de su pecado, mientras que los justos disfrutarán eternamente de una vida en la presencia de Dios.

El Salmo 1 termina con una promesa y una advertencia. El Señor "conoce el camino de los justos", versículo 6. Esto es más que una simple afirmación de que Dios está consciente de nuestra existencia. Significa que Dios vela de manera activa sobre nosotros. Nos recuerda que Él se halla activamente involucrado en nuestra vida. Dios está convirtiendo en realidad sus propósitos con la vida de aquellos que se consagran a Él. Aunque no se habla de un marco temporal, esta conexión entre el Dios eterno y sus siervos incluye la vida presente de estos, y se extiende hasta su futuro eterno con Él.

Pero la advertencia del versículo 6 es igualmente clara. Aquellas personas que se nieguen a obedecer a Dios y sigan viviendo en su rebeldía, perecerán. Aquí se habla de algo más que la muerte física. La Palabra de Dios nos dice con claridad que las consecuencias plenas del pecado duran para toda la eternidad.

II. Apártese de la vida pecaminosa

A. Nuestra naturaleza de pecado
Salmo 36:1–4

¿Piensa usted a veces que es mejor que los no creyentes, porque sirve a Dios?

El Salmo 36 describe a la humanidad pecadora en fuertes términos. Los Salmos de Sabiduría, así como otros pasajes sapienciales de Proverbios y Eclesiastés, hacen un continuo contraste entre los justos y los malvados. Si se entienden mal estos versículos y otros similares, se puede llegar a tener la impresión de que aquellos que siguen a Dios son fundamentalmente diferentes a los que lo rechazan.

Debemos leer pasajes como el Salmo 36, llenos de gratitud hacia Dios, por la obra salvadora realizada por Cristo en la cruz. No debemos olvidar que tendemos a ir por nuestro propio camino, reflejando hasta cierto punto la disposición de pecado que el salmista está describiendo.

Pero ciertamente, hemos sido salvados de la expresión plena de estos versículos. La imagen que se presenta aquí de los impíos es la de un rechazo total hacia Dios. La persona impía no siente temor ni reverencia hacia Dios (v. 1). En lugar de centrarse en la naturaleza santa de Dios y tratar de honrar sus leyes, los pecados se halagan a sí mismos, tratando de convencerse de que les basta con sus propias normas morales (v. 2). Son incapaces de reconocer su error.

En lugar de buscar la verdad y la sabiduría de Dios para su vida, practican el engaño (v. 3). El pecado penetra tanto su personalidad, que incluso mientras están acostados, están haciendo los planes para unos actos futuros de desobediencia (v. 4).

Está claro que no hay ningún grado humano de fuerza de voluntad o de discernimiento moral que pueda derrotar al pecado y permitir que una persona impía viva como si fuera justa. Tampoco hay cantidad alguna de fuerza de voluntad humana que pueda ayudar al creyente a seguir venciendo al pecado y crecer en su relación con Dios. Esto exige que dependamos de Dios, y de la obra que Él realiza en nosotros.

Sin bosquejar de manera concreta una teología de la salvación, el salmista proclama con claridad el amor de Dios y su intervención en nuestras vidas.

B. La intervención divina
Salmo 36:5–12

Mientras que nuestra naturaleza humana se halla manchada sin esperanza por el pecado e indefensa para derrotarlo, las santas características de Dios tienen un alcance ilimitado. El salmista comienza a alabar a Dios, comparando su amor y su misericordia, su fidelidad, su justicia y sus juicios con aspectos de la naturaleza que parecen carecer de límites (vv. 5–6)

> **IDEA 3.** Distribuya papel y lápiz entre los alumnos. Invítelos a crear sus propias descripciones poéticas de Dios en un breve párrafo escrito. También puede hacer que se describan verbalmente la bondad de Dios unos a otros, utilizando comparaciones poéticas. Otra posibilidad es la de pedir breves ejemplos personales del amor y la misericordia de Dios, su fidelidad, su justicia y sus juicios, tomados de la vida de los mismos alumnos.

El Salmo 1 traza una clara línea de separación entre el destino final de los justos y el de los malvados. El Salmo 36 hace finalmente una distinción similar, pero primero resalta el amor de Dios hacia todas las criaturas que Él creó, incluyendo los animales (v. 60. La mención de los animales tiene como propósito resaltar el valor mayor que Dios da a todos los seres humanos, que son su creación especial.

Los versículos 7–9 regresan al tema del amor de Dios, conectándolo con todos los seres humanos, sin tener en cuenta su posición en la vida. En este punto no menciona siquiera su estado espiritual. Así surge una hermosa imagen. Aunque los impíos, descritos en los versículos iniciales del Salmo, no tienen deseo alguno de amar o servir a Dios, Él manifiesta de manera activa su amor a toda la humanidad.

> **¿Cuáles son las bendiciones que Dios les da a algunos, a pesar de que no le están sirviendo?**

> **IDEA 4.** Distribuya la hoja "Un diario de bendiciones". Anime a sus alumnos a ampliar su percepción del cuidado universal de Dios a lo largo de toda la semana e ir anotando en un diario sus descubrimientos.

El Salmo 36 no contradice al Salmo 1 cuando insiste en el amor sin límites que Dios tiene para todos los humanos. Existen las bendiciones para los que lo sigan fielmente, así como existen las consecuencias del pecado. El salmista relaciona el amor y la bendición continuos de Dios con un conocimiento personal de sus caminos (v. 10). Distingue al orgulloso del justo y reconoce el conflicto existente entre ellos (v. 11). Al final, los que sigan rechazando el amor de Dios, se enfrentarán a una destrucción sin remedio (v. 12).

Ninguna de estas realidades pone en peligro la verdad del amor de Dios y las bendiciones que derrama generosamente sobre todas las personas. Dios nos invita a apropiarnos de esas bendiciones eternamente por medio de una relación redentora con Él.

III. Centre en Dios su hogar
A. Dios edifica los hogares
Salmo 127:1–5

> **¿Cómo intenta nuestra sociedad redefinir la familia?**

De la misma manera en que la primera familia nunca se habría podido crear a sí misma, tampoco las familias de hoy pueden florecer sin el cuidado de Dios. Reconozca o no esa familia a Dios, Él le proporciona todo lo que es bueno en el hogar. A menos que "Jehová edificare la casa", como dice el versículo 1 los esfuerzos humanos son inútiles. Puesto que las familias son los grupos más fundamentales de la sociedad, la fortaleza de las familias se desborda para afectar a la fortaleza de las comunidades y las naciones. A menos que dependamos del Señor, estaremos esforzándonos en vano para establecerlas.

Las palabras del salmista invitan al creyente a confiar en Dios en todos los asuntos de la vida y en las responsabilidades familiares. La advertencia contra el exceso de trabajo que aparece en el versículo 2 no niega las responsabilidades que tienen los esposos y padres. Al contrario; la persona piadosa que provee para su familia sostiene todo su trabajo con oración y confianza en el Señor. Esa confianza lleva a tener un espíritu sereno y a que haya paz en el hogar.

Los versículos 3–5 hablan de las familias grandes y crecientes, y la herencia que representan los hijos. Cuando los padres se comprometen a compartir con sus hijos la verdad de Dios, estos participan también en la Gran Comisión. A través de los hijos, Dios está perpetuando el poder del Evangelio en toda la humanidad y la historia.

B. Las familias fieles
Salmo 128:1–6

El Salmo 128 también observa el hogar de las personas piadosas y resalta las bendiciones que trae el favor de Dios a un matrimonio y a una familia. Pero solteros o casados, con hijos o sin ellos, "todo aquel que teme a Jehová" (v. 1) es bendecido.

La insistencia del salmista sobre la unidad familiar en los versículos 3 a 6 no tiene nada de exclusiva. Nos casemos o no, le podemos transmitir a la familia de Dios la herencia espiritual que hemos recibido. Todos los seguidores de Cristo pertenecemos a la mayor de todas las familias, y todos los creyentes podemos experimentar las bendiciones de Dios y dedicarnos a transformar el mundo, tanto si tenemos hijos, como si no.

Discipulado en acción

Los Salmos de esta lección contienen unos principios de vida básicos, pero poderosos. Cuando tomamos en serio la advertencia del Salmo 1 contra el pecado y la invitación de salmista para que vivamos de acuerdo con las leyes de Dios, nos estamos poniendo en camino de recibir las bendiciones de Dios. Cuando aceptamos el amor que Dios nos tiene y depositamos nuestra fe en Cristo, un milagro redentor nos libera de la esclavitud al pecado descrita en el Salmo 36. Nuestra transformación personal tiene el potencial de atraer a muchos otros a Dios, tanto en nuestro hogar como en nuestra comunidad (Salmos 127 y 128).

La sabiduría de Dios puesta en acción nos puede ayudar a atravesar todos los desafíos de la vida. Si usted se está enfrentando a unas circunstancias difíciles a las que no les ve solución, presente sinceramente a Dios esa necesidad y admita que usted depende de Él. Tal como los Salmos de Sabiduría lo prometen, el amor y la fidelidad de Dios no tienen límites. Él lo puede guiar y derramar nuevas bendiciones sobre su vida.

Ministerio en acción

Le sugerimos que comience la lección de la semana próxima usando las páginas del "Diario de bendiciones" en el cual trabajaron sus alumnos durante la semana, para que se den ánimo mutuamente con las numerosas y variadas bendiciones que han experimentado.

Lectura devocional

Lunes
Seducidos por una sabiduría impía.
Génesis 3:1–7
Martes
El principio de la sabiduría.
Salmo 111:1–10
Miércoles
El principio del conocimiento.
Proverbios 1:1–7

Jueves
El constructor sabio y el necio.
Lucas 6:46–49
Viernes
Cristo, la sabiduría de Dios.
1 Corintios 1:18–25
Sábado
Pida sabiduría a Dios.
Santiago 1:5–8

Fundamento bíblico
Salmos 81:8–16; 89:1–18; 78:1–8

Enfoque
Aclarar lo que exige el pacto con Dios y vivir en comunión con Él.

Bosquejo
I. Sirva solo a Dios
  A. Una advertencia contra la adoración de ídolos
  B. Un llamado a volver a Dios

II. Celebre la fidelidad de Dios
  A. El fiel amor de Dios
  B. El fiel gobierno de Dios

III. Enseñe la verdad a las próximas generaciones
  A. Enseñe lo que conocemos sobre Dios
  B. Aproveche todas las oportunidades

Preparación
☐ Escoja las preguntas, actividades de aprendizaje y artículos del *Folleto de ayudas y recursos* que le ayuden a alcanzar sus objetivos en la lección.

☐ Llene la hoja "Planificación de la clase".

☐ Prepare las siguientes copias maestras: Los pactos con Dios, El gobierno de Dios, ¿Dónde puedo servir?, Para un estudio más amplio 19

Los Salmos de los pactos

Verdad central
Para vivir en comunión con Dios hay que obedecerle.

Versículo clave: Salmo 78:5
Él [Dios] estableció testimonio en Jacob, y puso ley en Israel, la cual mandó a nuestros padres que la notificasen a sus hijos.

Introducción

 ¿Qué es un pacto? ¿Hacemos pactos también en nuestra vida diaria?

IDEA 1. Distribuya copias de la hoja "Los pactos con Dios". Haga una rápida revisión de los pactos de Dios en el Antiguo Testamento. Pida a sus alumnos que sugieran cuáles son los pactos que hacemos hoy.

Los Salmos de los Pactos que vemos en la lección de hoy se refieren tanto al pacto mosaico como al pacto davídico. Hacen ver lo que tiene Dios en el corazón para su pueblo, y su anhelo de ver que Israel renueva su consagración a esos pactos.

Objetivos del aprendizaje
Al terminar esta lección, sus alumnos podrán:
1. expresar el valor que tiene formar parte de la familia del pacto con Dios.
2. describir la dedicación que debemos tener al pacto con Dios para vivir en comunión con Él.
3. enseñar el amor de Dios en su pacto con la gente de hoy.

81:8. Oye, pueblo mío, y te amonestaré. Israel, si me oyeres,
9. No habrá en ti dios ajeno, ni te inclinarás a dios extraño.
10. Yo soy Jehová tu Dios, que te hice subir de la tierra de Egipto; abre tu boca, y yo la llenaré.
11. Pero mi pueblo no oyó mi voz, e Israel no me quiso a mí.
12. Los dejé, por tanto, a la dureza de su corazón; caminaron en sus propios consejos.
13. ¡Oh, si me hubiera oído mi pueblo, si en mis caminos hubiera andado Israel!
89:1. Las misericordias de Jehová cantaré perpetuamente; de generación en generación haré notoria tu fidelidad con mi boca.
2. Porque dije: Para siempre será edificada misericordia; en los cielos mismos afirmarás tu verdad.
3. Hice pacto con mi escogido; juré a David mi siervo, diciendo:
4. Para siempre confirmaré tu descendencia, y edificaré tu trono por todas las generaciones
5. Celebrarán los cielos tus maravillas, oh Jehová, tu verdad también en la congregación de los santos.
6 Porque ¿quién en los cielos se igualará a Jehová? ¿Quién será semejante a Jehová entre los hijos de los potentados?
7. Dios temible en la gran congregación de los santos, y formidable sobre todos cuantos están alrededor de él.
78:1. Escucha, pueblo mío, mi ley; Inclinad vuestro oído a las palabras de mi boca.
2. Abriré mi boca en proverbios; hablaré cosas escondidas desde tiempos antiguos,
3. las cuales hemos oído y entendido; que nuestros padres nos las contaron.
4. No las encubriremos a sus hijos, contando a la generación venidera las alabanzas de Jehová, y su potencia, y las maravillas que hizo.
5. El estableció testimonio en Jacob, y puso ley en Israel, la cual mandó a nuestros padres que la notificasen a sus hijos;
6. Para que lo sepa la generación venidera, y los hijos que nacerán; y los que se levantarán lo cuenten a sus hijos.

Comentario bíblico

I. Sirva solo a Dios

A. Una advertencia contra la adoración de ídolos
Salmo 81:8–12

La ocasión para el Salmo 81 es una de las tres festividades mayores en las cuales el Señor ordenaba a su pueblo que se reuniera en Jerusalén. Aunque este Salmo comienza ordenando que haya una celebración, pasa muy pronto a ser un llamado a su pueblo para que le sirva.

Cuando lee el Salmo 81:8–12, ¿qué otros pasajes del Antiguo Testamento le vienen a la mente?

El versículo 8 comienza con unas palabras que parecen recordar el Shemá: "Oye, Israel: Jehová nuestro Dios, Jehová uno es" (Deuteronomio 6:4). Y en el Salmo 81:9–10 encontramos un eco del primero de los Diez Mandamientos, junto con el recuerdo de cómo fueron liberados los israelitas de la esclavitud en Egipto (véase Deuteronomio 5:6–7).

El Señor hace una advertencia a su pueblo al llamarlo y decir: "Israel, si me oyeres" (v. 8). Apela al pacto que hizo con ellos por medio de Moisés. Quiere que lo adoren, sabiendo que si adoran ídolos, esto los va a corromper moral y espiritualmente, destruyendo personas, familias, comunidades y la nación entera.

Les recuerda que Él los ha llevado a una tierra "que fluye leche y miel", prometiéndoles en el versículo 10: "Abre tu boca, y yo la llenaré". Es sorprendente que los israelitas no quisieran escuchar al Señor y, según dice el versículo 11, no quisieran tener nada que ver con Él.

El versículo 12 parece ser un epitafio para los israelitas si se apartaban del Señor y de su relación de pacto con ellos, por el camino de la destrucción. Dios los estaba entregando a su lujuria y a sus propios consejos.

? ¿Cuál pasaje del Nuevo Testamento es paralelo al Salmo 81:8–12?

> **IDEA 2.** Pida que un alumno lea Romanos 1:21–32, señalando que el apóstol Pablo escribió en detalle lo mismo que había escrito el salmista en el Salmo 81:8–12.

B. Un llamado a volver a Dios
Salmo 81:13–16

En el versículo 13, el Señor expresa su anhelo de que su pueblo regrese a Él, en lugar de seguir vagando sin rumbo. En primer lugar, le implora que lo "oiga"; que lo escuche con atención. Esto significa regresar a la Torá, la Ley que Él les dio por medio de Moisés. En segundo lugar, quiere que caminen en sus caminos; que los sigan. Esto nos recuerda el anhelo de Moisés en Éxodo 33:13: "Te ruego que me muestres ahora tu camino, para que te conozca, y halle gracia en tus ojos".

En el versículo 14, el Señor le dice a su pueblo lo que Él hará si lo vuelve a servir. Si ellos regresan a Él, les promete someter a sus enemigos, volviendo su mano contra ellos. Las palabras "vuelto mi mano" significan que Él presionaría a sus adversarios y haría que dejaran de constituir una amenaza.

La construcción verbal que hay en la segunda línea del versículo 15 indica que esta oración se basa en lo que Dios promete en el versículo anterior. La palabra traducida como "sometido" también se puede traducir como "arrastrarse", o "fingir obediencia". Pero también se puede traducir como "encogerse de miedo", lo cual parece estar más de acuerdo con lo que el Señor promete que hará con los enemigos de Israel.

Al principio del Salmo 81, Dios le había recordado a Israel las maneras en que lo había liberado en el pasado. Lo exhorta a serle fiel, y le promete bendiciones, pero el pueblo se niega a escucharlo, y Él deja que siga su propio camino. En los versículos 13–16, Dios le hace un último llamado. Si Israel lo quiere escuchar y obedecer, Él se lanzará contra sus enemigos con su inmenso poder y ese sería el final de ellos. Entonces alimentaría a su pueblo con el mejor pan y con miel hasta que estuviera satisfecho (v. 16).

Esto es hoy para nosotros una advertencia en cuanto a que necesitamos buscar al Señor mientras se halla cerca de nosotros. Si nos negamos a hacerlo, Él nos podría dejar a nuestras propias fuerzas para que fuéramos por nuestros propios caminos, con lo cual nos estaríamos arriesgando a ser juzgados por nuestra desobediencia. Pero si buscamos a Dios, Él tendrá misericordia de nosotros, y abundancia de perdón (Isaías 55:6–7).

Está claro que el Salmo 81 es un llamado a los israelitas para que ratifiquen su pacto con Dios.

? **¿Cuál es el pacto que hizo el Señor con nosotros cuando aceptamos su señorío sobre nuestra vida, y cómo podemos nosotros ratificar ese pacto?**

IDEA 3. Usando los temas que abarca este Salmo, dirija a sus alumnos en un análisis de las maneras en que ellos pueden ratificar su relación con el Señor.

II. Celebre la fidelidad de Dios
A. El fiel amor de Dios
Salmo 89:1–8

El principal enfoque del Salmo 89 es el pacto que el Señor hizo con David, y la promesa de un Nuevo Pacto que se cumpliría en Jesucristo, el Hijo de David. Los dieciocho versículos que analizamos aquí forman un himno de alabanza que celebra la fidelidad de Dios al pacto que hizo con David, y como consecuencia de nuestra relación con Jesús, su fidelidad al Nuevo Pacto.

En los versículos 1 y 2, el salmista canta y proclama el *jesed* de Dios. Esta palabra es difícil de traducir, porque no existe un equivalente exacto en los idiomas modernos. Ha sido traducida como "bondad amorosa", "misericordia", "amor firme", e incluso "lealtad". En estos versículos aparece como "misericordia".

La importancia de la palabra *jesed* es que describe las actitudes que ambas partes deben tener en un pacto. En los versículos 3–5, el salmista le recuerda a su oyente que Dios fue quien estableció el Pacto Davídico. Afirma claramente que este pacto es para David; para Jesucristo, la descendencia de David, y para "todas las generaciones". Así que en realidad está diciendo que Dios es fiel a su pacto y que su pueblo recibe sus bendiciones, porque Él es fiel a ese pacto. No es de maravillarse que declare también que los cielos celebrarán las maravillas y la fidelidad del Señor (v. 5).

El salmista hace tres preguntas retóricas en los versículos 6–8: "*¿Quién en los cielos se igualará a Jehová? ¿Quién será semejante a Jehová entre los hijos de los potentados? Oh Jehová, Dios de los ejércitos, ¿quién como tú?*" La respuesta a las tres preguntas es la misma: Nadie. Y puesto que no hay nadie como el Señor, lo debemos temer y rendirle reverencia.

? **¿Cuál es la diferencia entre el temor y la reverencia?**

El temor del Señor se basa en sus juicios. Sirve como una especie de tutor para conformarnos al carácter de Cristo. La reverencia hacia Dios tiene sus raíces en el *jesed*, su misericordia y su amor. Y somos conscientes de la misericordia y el amor de Dios, lo que sigue es la reverencia hacia Él.

B. El fiel gobierno de Dios
Salmo 89:9–18

Como el Salmo 81, el Salmo 89 nos da la seguridad de que nuestro poderoso Dios derrotará a nuestros enemigos. En los versículos 9–13, el salmista resalta el señorío de Dios sobre todas las partes de su creación. La palabra *Rahab* significa literalmente "el soberbio", a veces se usa de manera simbólica para referirse a Egipto, el enemigo de Israel. Pero, también se usa para referirse al mar (o a una criatura marina mitológica) y en el contexto del mar en el (v. 9), se puede referir al control de Dios sobre los océanos.

Los versículos 11–12 nos muestran con mayor claridad aún el poder de Dios sobre la naturaleza, al afirmar que todas las cosas son de Él, porque Él las fundó y fue su creador. En el versículo 13, el salmista alaba la fortaleza del brazo de Dios, extendida en una alabanza a la fortaleza de su mano, en especial de su diestra. Estas menciones son simbólicas del poder de Dios en acción.

La fidelidad de Dios se centra en el gobierno de Dios para beneficio de su pueblo (vv.14-8).

¿Cuáles palabras del Salmo 89:14–18 hablan del gobierno de Dios?

> **IDEA 4.** Distribuya la hoja "El gobierno de Dios". Sugerimos que haga una transparencia o una diapositiva electrónica de ella, para que la clase pueda hacer en conjunto este ejercicio.

III. Enseñe la verdad a las próximas generaciones

A. Enseñe lo que conocemos sobre Dios

Salmo 78:1–3

El Salmo 78 es lo que el texto llama un *masquil*, probablemente un cántico, o tal vez, como se indica en el versículo 1, un Salmo de enseñanza. Como Salmo sobre un Pacto, recuerda la fidelidad de Dios a Jacob y a David cuando Efraín falló y perdió su prominencia entre las tribus de Israel. Los ocho primeros versos son un llamado que hace Dios a guardar sus mandamientos y enseñarlos a la próxima generación.

El versículo 1 inicia el Salmo con un llamado al pueblo de Dios para que escuche lo que se le enseña. La palabra "ley" traduce la palabra *torá* en hebreo, que significa literalmente "enseñanza".

La poesía hebrea usa con frecuencia pares de frases. En el versículo 2, la segunda parte vuelve a afirmar lo dicho en la primera. Es decir, que enseñar "en proverbios" tiene un sentido similar a enseñar "cosas escondidas desde tiempos antiguos". Los proverbios podrían hacer más clara una idea, pero con frecuencia le dan diversos matices, proporcionándonos numerosas cosas sobre las cuales pensar. Una "cosa escondida" sería algo que ha permanecido debajo de la superficie. Exige que lo meditemos. El salmista (y maestro) dice que Él enseñará con palabras que exigirán que piensen sus oyentes.

Al explicar las parábolas que Jesús usaba para enseñar, Mateo cita el versículo 2 (véase Mateo 13:35). En ese texto se vuelve a hablar de "cosas escondidas desde la fundación del mundo". Jesús estaba dando a conocer lo desconocido, al enseñar utilizando cosas comunes y corrientes que sus oyentes conocían, para que le pudieran entender.

El Salmo 78:3, dice que las enseñanzas son cosas ya conocidas por nosotros. ¿Ha encontrado usted alguna vez cosas nuevas en un capítulo de la Biblia que ha leído antes numerosas veces? Las cosas que "nuestros padres nos contaron" acerca de Dios, crecen en nuestro interior y nos dan mucho material para reflexionar.

¿Qué le ha revelado recientemente el Espíritu Santo, que usted no sabía acerca de un pasaje que había leído numerosas veces?

B. Aproveche todas las oportunidades
Salmo 78:4–8

Las mismas cosas profundas que se nos han enseñado acerca de Dios, las cosas en las cuales meditamos, son las que debemos enseñar a nuestros hijos (v. 4). De hecho, el salmista afirma que no debemos esconder de la nueva generación estas tres cosas: "Las alabanzas de Jehová, y su potencia, y las maravillas que hizo".

En el versículo 5, el nombre de Jacob se refiere a Israel. De manera que cuando el salmista afirma que Dios "estableció testimonio" y "puso ley", está afirmando de dos maneras que el Señor les ha dado sus mandamientos a los israelitas. Pero estos mandamientos no les fueron dados solo a los que vivieron en la época de Moisés. Al contrario; para que continúe el pacto, se las deben "notificar", enseñar, a sus hijos.

En primer lugar, la siguiente generación conocería al Señor porque se le habían enseñado sus caminos. Después, la que le seguiría lo conocería, y después las siguientes, una tras otra (v. 6). Esta era la única manera de que Israel pudiera seguir existiendo. ¿Qué sucedería si se rompía alguna vez esta cadena? Exactamente lo que sucedió: Israel se rebeló contra el Señor (v. 8).

El versículo 7 forma lo que un erudito llama el "cordón triple de la fe": confianza, recuerdo y obediencia. Les debemos mostrar a nuestros hijos los textos bíblicos que revelan el poder y el amor de Dios, y enseñarles los caminos del Señor. Entonces ellos recordarán lo que Dios ha hecho en los tiempos bíblicos y en la vida de los creyentes de hoy. Y aprenderán a conocer a Dios y andar por sus caminos.

Debemos comprender que enseñar a los niños no es solamente una responsabilidad de sus padres. Es responsabilidad de toda la comunidad de la iglesia. Y a menos que todos participemos en este esfuerzo, ¿cómo va a saber las cosas la próxima generación? Si no lo hacemos, la próxima generación olvidará a Dios (v. 8). Tenemos la responsabilidad de asegurarnos de que esto no suceda.

? **¿Cuáles ministerios trabajan en nuestra iglesia para alcanzar a la nueva generación?**

Discipulado en acción

Los Salmos de los Pactos que aparecen en esta lección solo son una ligera mirada a lo que Dios desea para su pueblo. Los pactos de Dios son aquellas cosas que Él ha aceptado hacer a favor nuestro. Él nos quiere bendecir. Quiere que vivamos a plenitud. Pero para hacer esto necesitamos tener una relación activa con el Señor.

Hemos aprendido que Israel necesitaba que se le recordaran los pactos que Dios había hecho con ellos para cumplir sus exigencias y mantener una relación con Él. También nosotros necesitamos un recuerdo constante de lo que Cristo ha hecho por nosotros. La Comunión, o Santa Cena, nos recuerda continuamente su sacrificio. El "ágape" también nos recuerda que nos debemos amar unos a otros como Cristo nos ama a nosotros.

Por último, no debemos permitir que nuestros hijos se vean privados de la relación con Cristo de la cual disfrutamos nosotros. Se la debemos transmitir como herencia, para que ellos también puedan conocer la vida abundante que pueden tener en Cristo.

Ministerio en acción

Busque oportunidades para ministrar a los niños. Tanto si da clases de escuela dominical, o trabaja en ministerios con niños, o en ministerios con jóvenes, debemos invertir de manera estratégica en la próxima generación, para que ellos también sirvan a Dios. Recuerde que su iglesia no le pertenece a usted; le pertenece a la próxima generación.

Lectura devocional

Lunes
Dios hace un pacto con Abraham.
Génesis 15:12–18
Martes
Dios le recuerda a Moisés su pacto.
Éxodo 6:1–8
Miércoles
Israel peca contra el pacto.
Jueces 2:14–23

Jueves
El pacto es para todas las naciones.
Romanos 11:25–32
Viernes
Ya no somos extranjeros.
Efesios 2:11–22
Sábado
Jesús instituye un pacto mejor
Hebreos 8:6–10

Los Salmos de las subidas

Verdad central

El cristiano debe tener su corazón preparado para adorar a Dios.

Versículo clave: Salmo 122:1

Yo me alegré con los que me decían: a la casa de Jehová iremos.

Introducción

❓ ¿Cómo nos debemos preparar para la adoración?

> **IDEA 1.** Tome unas cuantas respuestas y después cite la verdad central de esta lección.

Hay quince Salmos que forman el grupo llamado "de las Subidas": del 120–134. La palabra "subida" significa "ir arriba". Aunque no fueron escritos originalmente con este propósito, algunos creen que estos Salmos eran cantados por los israelitas mientras subían las colinas de Jerusalén en los días festivos. Otros creen que los cantaban los levitas mientras subían los quince escalones que llevaban al templo. Cualquiera fuera su uso, sí sabemos que eran usados para preparar el corazón de los israelitas para la adoración.

Objetivos del aprendizaje

Al terminar esta lección, sus alumnos podrán:
1. relacionar los Salmos de las Subidas con los momentos de adoración y oración de hoy.
2. describir las situaciones en las que estos los Salmos pueden dar consuelo o instrucción.
3. sugerir las formas en que pueden usar estos los Salmos para preparar su corazón a la adoración.

Fundamento bíblico

Salmos 121:1–8; 122:1–9; 130:1–8; 131:1–3

Enfoque

Cantar los cantos de las subidas de Israel y adorar a Dios con gozo.

Bosquejo

I. Confíe en la protección divina
  A. El Señor lo ayudará
  B. El Señor velará sobre usted

II. El gozo por Jerusalén
  A. El gozo en la Casa del Señor
  B. Ore por la paz

III. Espere en el Señor
  A. La esperanza en tiempos difíciles
  B. El contentamiento produce esperanza

Preparación

☐ Escoja las preguntas, actividades de aprendizaje y artículos del *Folleto de ayudas y recursos* que le ayuden a alcanzar sus objetivos en la lección.

☐ Llene la hoja "Planificación de la clase".

☐ Prepare las siguientes copias maestras: Los Salmos de las subidas, Jerusalén durante los reinados de David y de Salomón, Para un estudio más amplio 20

121:1. Alzaré mis ojos a los montes; ¿De dónde vendrá mi socorro?
2. Mi socorro viene de Jehová, que hizo los cielos y la tierra.
3. No dará tu pie al resbaladero, ni se dormirá el que te guarda.
4. He aquí, no se adormecerá ni dormirá el que guarda a Israel.
5. Jehová es tu guardador; Jehová es tu sombra a tu mano derecha.
6. El sol no te fatigará de día, ni la luna de noche
7. Jehová te guardará de todo mal; El guardará tu alma.
122:1. Yo me alegré con los que me decían: a la casa de Jehová iremos.
2. Nuestros pies estuvieron dentro de tus puertas, oh Jerusalén.
3. Jerusalén, que se ha edificado como una ciudad que está bien unida entre sí.
4. Y allá subieron las tribus, las tribus de JAH, conforme al testimonio dado a Israel, para alabar el nombre de Jehová.
5. Porque allá están las sillas del juicio, los

tronos de la casa de David.
6. Pedid por la paz de Jerusalén; sean prosperados los que te aman.
7. Sea la paz dentro de tus muros, y el descanso dentro de tus palacios.
8. Por amor de mis hermanos y mis compañeros Diré yo: La paz sea contigo.
130:5. Esperé yo a Jehová, esperó mi alma; en su palabra he esperado.
6. Mi alma espera a Jehová más que los centinelas a la mañana, más que los vigilantes a la mañana.
7. Espere Israel a Jehová, porque en Jehová hay misericordia, y abundante redención con él.
131:1. Jehová, no se ha envanecido mi corazón, ni mis ojos se enaltecieron; ni anduve en grandezas, ni en cosas demasiado sublimes para mí.
2. En verdad que me he comportado y he acallado mi alma como un niño destetado de su madre; como un niño destetado está mi alma.
3. Espera, oh Israel, en Jehová, desde ahora y para siempre.

Comentario bíblico

I. Confíe en la protección divina
A. El Señor lo ayudará
Salmo 121:1–2

IDEA 2. Use la transparencia o la diapositiva electrónica "Los Salmos de las Subidas" a lo largo de toda la lección para captar el pensamiento principal en la columna titulada "La verdad principal". Al final de la lección, llenarán la columna titulada "Preparación para adorar".

El Salmo 121 se divide fácilmente en tres partes: los versículos 1–2, 3–6 y 7–8. El autor comienza hablando como él mismo en el versículo 1, sin embargo en el versículo

3 pasa a hablarse a sí mismo, y a su alma.

Al comenzar, parece estar preocupado, así como todos lo estamos en ocasiones. Si iba de camino hacia Jerusalén, es posible que estuviera preocupado por los ladrones que se escondían por las colinas que pasaba, o tal vez haya tenido alguna otra preocupación. Pero sabía de dónde venía su auxilio. Se daba ánimo alzando los ojos a los montes de Jerusalén, donde habitaba Dios. En medio de su ansiedad y sus problemas, sabía que el Señor era la fuente de su ayuda (vv. 1–2).

Pero el versículo 2 nos deja ver por un instante lo que piensa. Él sabe que el Señor lo puede ayudar, porque ha comprendido que Él es el Todopoderoso. Es el creador del cielo y de la tierra. Si tuvo poder para hacer todo lo que existe, tiene poder para hacer lo que haga falta. El Dios que nos ama es el Creador de todas las cosas, tanto visibles como invisibles. El "que hizo los cielos y la tierra" (v. 2), puede satisfacer nuestras necesidades.

B. El Señor velará sobre usted
Salmo 121:3–8

En los versículos 3–8, aparecen seis veces diversas palabras derivadas del verbo que traducimos como "guardar". La primera vez, el Señor guarda sobre el salmista, para que ni siquiera tropiece en la oscuridad. Dios nunca duerme, así que le asegura que guiará sus pasos.

La segunda vez, el Señor guarda a Israel. Si es lo suficientemente grande como para guardar a toda la nación sin dormir, ciertamente también puede guardar al salmista.

La tercera vez que el salmista usa la palabra, afirma de nuevo que el Señor lo guarda a él; sin embargo, esta vez, la protección de Dios es para el día. Él es ahora la sombra de su diestra, que lo protege del sol, para que no lo queme, ni le haga ningún daño (v. 6). Pero también incluye la protección contra la luna, asegurándose a sí mismo de nuevo que Dios lo protegería en medio de la noche.

La cuarta y la quinta vez que aparece esta palabra están en el versículo 7. Pero el salmista la usa de una manera levemente distinta. En las menciones anteriores, la palabra indicaba que Dios nos protegerá ahora. En cambio, en el versículo 7, la seguridad de su protección se refiere a los daños del futuro.

El salmista afirma dos veces que no sufrirá daño alguno. El Señor "guardará tu alma". Ningún mal podrá tocar su alma, su vida, porque el Señor velará realmente sobre él, de la misma manera que vela realmente sobre nosotros.

? **¿Cómo nos ayuda el conocimiento de que el Señor nos guarda para "subir" a adorar?**

Se usa el versículo 8 con frecuencia en manera de bendición: "Jehová guardará tu salida y tu entrada desde ahora y para siempre". Pero no se limita a unas palabras que decimos. Esas palabras son una promesa de que Dios nos protegerá. Él no se echa atrás porque estemos pasando por momentos difíciles. Él no está dormido mientras nosotros pasamos por dificultades en nuestras vidas. Nuestro Dios está con nosotros, y este conocimiento nos prepara para adorarlo.

II. El gozo por Jerusalén
A. El gozo en la Casa del Señor
Salmo 122:1–5

El Salmo 122 se atribuye al rey David. En él, se refiere varias veces a Jerusalén. Cuando la mayoría de las personas piensan acerca de esta ciudad, piensan en una grandiosa ciudad con un magnífico templo. Sin embargo, no era esa la Jerusalén en la que reinó David durante los últimos treinta y tres años de su reinado.

IDEA 3. Presente la transparencia "Jerusalén durante los reinados de David y de Salomón".

❓ En el versículo 1, David habla de ir a la casa de Jehová. Puesto que el templo aún no había sido edificado, el tabernáculo estaba en Gabaón y el arca del pacto se hallaba en una tienda de campaña en Jerusalén, ¿dónde estaba la casa de Jehová?

La Jerusalén de David es anterior al templo. Este no fue construido hasta los tiempos en que Salomón fue rey, después de la muerte de David. El tabernáculo estaba en Gabaón, pero en 1 Crónicas 16 se afirma que David puso el arca del pacto en una tienda de campaña que levantó en Jerusalén (vv. 1–2). Nombró a Asaf y a sus hermanos para que ministraran ante el arca en Jerusalén (v. 37), y dejó al sumo sacerdote Sadoc en Gabaón para que ofreciera sacrificios ante el tabernáculo (v. 39). Teniendo en cuenta las veces que el Salmo 122 menciona a Jerusalén, lo más probable es que la casa del Señor a la que David se refería fuera la tienda de campaña que levantó en Jerusalén.

No era el glorioso tabernáculo, ni tampoco el magnífico templo el motivo del gozo de David. Ninguno de los dos estaba en Jerusalén en sus tiempos. Su gozosa expectación tenía que ver con la Presencia del Señor.

Jerusalén aún era una ciudad muy pequeña cuando David la conquistó para convertirla en la capital de Israel. Aún no se había extendido hasta el monte Sion o el monte Moriah, donde estaría más tarde el templo. Por eso, su descripción de Jerusalén como "bien unida entre sí" (v. 3) es bastante precisa.

❓ ¿En cuáles momentos del año habría estado la ciudad más repleta de gente y habría sido más emocionante?

Deuteronomio 16:16 nos dice que todos los hombres debían ir al centro de adoración tres veces al año: en la Pascua, en Pentecostés y en Succot (la Fiesta de los Tabernáculos). Estas tres ocasiones harían que Jerusalén estuviera repleta en cualquier etapa de su historia, pero sobre todo en los tiempos de David.

David había convertido a Jerusalén, tanto en el centro de adoración como en el centro del gobierno del pueblo de Dios. Por esa razón, había ordenado que las doce tribus de Israel acudieran a Jerusalén para adorar, según lo dispuesto en la Ley (v. 4). Jerusalén es también el lugar donde David puso "sillas del juicio" para juzgar al pueblo (v. 5), porque en la labor del pueblo de Dios se incluía el que hubiera justicia para todos. Dios nombró a los reyes del linaje de David con este propósito (v. 5). La justicia estaba tan centrada en la ciudad, como lo estaba la adoración.

❓ ¿Cómo se puede aplicar a los creyentes de hoy el gozo de David ante la invitación de ir a la casa de Dios?

> **IDEA 4.** Anime a sus alumnos a explicar cómo se preparan para la adoración, tomando sus propias ideas y aplicaciones prácticas de la primera parte de este Salmo.

B. Ore por la paz
Salmo 122:6–9

La razón por la cual el Salmo 122 está entre los Salmos de las Subidas es clara. Comienza con una invitando a acudir a la casa del Señor, continúa cuando se entra por las puertas de la ciudad y pasa a las sillas del juicio.

El contexto del resto del Salmo 122 continúa con una progresión que va desde fuera hacia dentro. Pero hay una diferencia en que esta sección siguiente tiene que ver con la oración por la paz. Hay una marcada progresión desde la oración por la paz de toda la ciudad (v. 6), a la oración por los muros de la ciudad (v. 7) y a la oración por los familiares y amigos (v. 8).

❓ ¿Por qué pediría David a los lectores que oraran por la paz en la ciudad, sus muros y los que viajaban a Jerusalén?

Puesto que a los israelitas se les exigía que acudieran a Jerusalén para celebrar allí tres festividades cada año, era importante que en Jerusalén, el nuevo centro de adoración de Israel, hubiera paz. Y como siempre había peligros durante el viaje, el hecho de que hubiera paz y no hubiera peligros animaría a los viajeros. Saber que había paz en la ciudad les permitiría adorar con gozo (v. 1).

Observe que la motivación de estas oraciones no tenía que ver con ganancias personales. David oraba con el único propósito de que se beneficiara la casa del Señor. En el versículo 6, une la idea de prosperidad a la oración por la paz de Jerusalén. Cuando la casa del Señor prosperaba, en el sentido económico, y sobre todo en cuanto a la paz, la nación prosperaba, porque tenía favor con el Señor.

❓ ¿Cómo puede afectar a nuestra manera de adorar el tener la paz de Dios?

> **IDEA 5.** Cada persona puede tener una perspectiva distinta con respecto a su adoración personal es afectada por la paz de Dios. Esta podría ser una buena oportunidad para orar por los que estén en problemas.

III. Espere en el Señor
A. La esperanza en tiempos difíciles
Salmo 130:1–8

Hay muchas cosas que pueden causar desesperación. En este Salmo, el escritor se dio cuenta de que se distanció de Dios, y tenía un inmenso deseo de arreglar las cosas con Él. Su súplica salió de lo más profundo de su ser: "De lo profundo" (v. 1), "Oye mi voz", "Estén atentos tus oídos" (v. 2). Parece estar pintando un cuadro de desespero. Pero el hecho de que clamara al Señor demuestra que reconocía que su esperanza estaba en Él.

A veces, cuando estamos deprimidos, nos avergüenza acudir a Dios, porque nuestros propios pecados complican nuestros problemas. Y sin embargo, tal como clamó el salmista a Dios en medio de su desesperación, todavía tenemos la posibilidad de acudir a Él. El salmista sabía que si Dios guardaba el historial de nuestros pecados después de perdonarnos, nunca podríamos comparecer de nuevo ante Él (v. 3). Pero Dios nos ama, a pesar de todo lo incorrecto que hayamos hecho. Cuando acudimos a Dios en busca de ayuda, Él no nos confronta con un recuento de nuestros pecados del pasado. Nos perdona (v. 4). Gracias a esto, tenemos esperanza en Él (v. 5). Todo lo que necesitamos es esperar en Él.

Aun en nuestra hora más tenebrosa, debemos esperar al Señor. Así como el vigía sabe que llegará el día, nosotros podemos tener la seguridad de que Dios nos va a manifestar su amor y su misericordia (v. 6).

En los dos últimos versículos, el salmista se vuelve desde sus propias esperanzas hacia las esperanzas del pueblo de Dios. Exhorta a todo el pueblo a confiar en su *jesed*, su misericordia y su amor, porque Dios quiere perdonar todos nuestros pecados y darnos una redención total (vv. 7–8).

❓ En el versículo 8, el salmista escribe: "Y él redimirá a Israel de todos sus pecados". ¿Cómo hizo Dios esto?

IDEA 6. Aunque esta respuesta pueda parecer obvia a los que conocen en Cristo a su Redentor, tal vez haya en la clase alguien que no le conozca. Aproveche la oportunidad para reafirmar la esperanza del cristiano en el Señor, y para llevar a Cristo a los que no lo conozcan.

B. El contentamiento produce esperanza
Salmo 131:1–3

Un erudito dice que el Salmo 131 es "un Salmo de contentamiento". David lo comienza diciendo que él no se ha envanecido ni enaltecido (v. 1). La persona orgullosa nunca está satisfecha; nunca se contenta con nada. David se había humillado ante el Señor, y no se había enredado en sus propios logros, sus "grandes asuntos", ni se había preocupado por ellos.

¿Quién podría estar más contento que un niño con su madre (v. 2)? La palabra traducida como "destetado" también se puede traducir como "satisfecho". Es una excelente imagen de lo que es el contentamiento con Dios. En la presencia de Dios, David se sentía tranquilizado, como un bebé satisfecho.

En el versículo 3, David parece apartarse de estas imágenes al afirmar que Israel debe "esperar en Jehová". La esperanza en el Señor es la que nos trae el contentamiento. Lo que David quería para su pueblo era que experimentara el mismo contentamiento en el Señor que sentía él.

Tal vez enfrentamos a nuestras mayores pruebas, y sintamos que nos rodean enemigos por todas partes, pero podemos tener contentamiento si nos apartamos de nuestro orgullo para descansar humildemente en Dios. No necesitamos preocuparnos por competir con los demás, como hacen los orgullosos, ni por tratar de ocupar los primeros lugares. Dios tiene estas cosas bajo su control, y quiere que confiemos en Él en todas nuestras necesidades (véase Mateo 6:31–34). Cuando lo hagamos sentiremos el contentamiento que sienten los niños pequeños con su madre.

❓ Mientras estudiaba estos cuatro Salmos de las Subidas, ¿qué notó en cada uno de ellos que usted también podría usar para prepararse a adorar?

IDEA 7. Llene la columna "Preparación para la adoración" en la transparencia "Los Salmos de las subidas" al mismo tiempo que guía a la clase en un comentario acerca de lo que ellos pueden hacer no solo para prepararse a adorar, sino también para ayudar a otros a prepararse a adorar en la presencia de Dios.

Discipulado en acción

Los Salmos de las Subidas eran usados para preparar a los israelitas a la adoración cuando llegaban a Jerusalén para celebrar las fiestas del Señor: la Pascua, la Fiesta de las Semanas (Pentecostés) y la Fiesta de los Tabernáculos. Cuando por fin divisaban a Jerusalén y la casa del Señor, cantaban estos Salmos que los preparaban para adorar.

Ministerio en acción

En el Salmo 122:1, David escribe: "Yo me alegré con los que me decían: a la casa de Jehová iremos". Usted puede ser el que haga que los demás se sientan felices con este mensaje. En la iglesia, dé la bienvenida a los demás. Usted puede ser una luz para otras personas, llevándoles la esperanza en Dios y animándolas a preparar su corazón para adorar unidos.

Lectura devocional

Lunes
Regocíjese ante el Señor.
2 Samuel 6:12–15
Martes
Acérquese a Dios con reverencia.
Eclesiastés 5:1–7
Miércoles
La celebración y la proclamación.
Miqueas 4:1–5

Jueves
Adore en espíritu y en verdad.
Juan 4:19–26
Viernes
Un testimonio de esperanza.
Hechos 26:1–8
Sábado
Salvados por la esperanza.
Romanos 8:17–24

Fundamento bíblico

Salmos 35:1–28; 109:1–31; 140:1–13

Enfoque

Meditar en la naturaleza justa de Dios y confiar en Él en los tiempos difíciles.

Bosquejo

I. Una petición de defensa
   A. Un clamor por la justicia divina
   B. Alabanza a Dios por su liberación
II. Un clamor para pedir ayuda
   A. Deje que Dios responda por usted
   B. Proclame la amorosa liberación de Dios
III. Una oración para pedir liberación
   A. Ore para pedir protección
   B. Dios defiende la justicia

Preparación

☐ Escoja las preguntas, actividades de aprendizaje y artículos del *Folleto de ayudas y recursos* que le ayuden a alcanzar sus objetivos en la lección.

☐ Llene la hoja "Planificación de la clase".

☐ Prepare las siguientes copias maestras: Los actos de venganza, Los enemigos de David, Oremos con David, Para los pobres y perseguidos de hoy. Para un estudio más amplio 21

Los Salmos imprecatorios

Verdad central

Podemos estar seguros de que Dios es justo en todas las situaciones.

Versículo clave: Salmo 140:12

Yo sé que Jehová tomará a su cargo la causa del afligido, y el derecho de los necesitados.

Introducción

> **IDEA 1.** Lleve al aula periódicos o revistas de noticias actuales. A medida que lleguen los alumnos, pida que busquen historias que podrían hacer que alguien dudara de la justicia de Dios. Es posible que los alumnos usen sus teléfonos o sus tabletas.

Las noticias pueden ser deprimentes: desastres naturales, guerras, terrorismo, persecuciones, tráfico de seres humanos, abusos a menores, etc. ¿Dónde está Dios? ¿Dónde está la justicia? ¿Quién defiende a los indefensos? La lección de hoy examinará tres Salmos en los cuales David se enfrenta a preguntas como estas cuando las situaciones parecen salirse de todo control.

Objetivos del aprendizaje

Al terminar esta lección, sus alumnos podrán:

1. explicar por qué hay maldad en un mundo que creó un Dios amoroso, poderoso y omnisciente.
2. confiar en la justicia te Dios cuando se enfrenten a las dificultades e injusticias de la vida.
3. ayudar a los demás a confiar en Dios en unas situaciones injustas, hablándoles de la justicia y la misericordia de Dios.

35:1. Disputa, oh Jehová, con los que contra mí contienden; pelea contra los que me combaten.
2. Echa mano al escudo y al pavés, y levántate en mi ayuda.
3. Saca la lanza, cierra contra mis perseguidores; di a mi alma: Yo soy tu salvación.
4. Sean avergonzados y confundidos los que buscan mi vida; sean vueltos atrás y avergonzados los que mi mal intentan.
10. Todos mis huesos dirán: Jehová, ¿quién como tú, que libras al afligido del más fuerte que él, y al pobre y menesteroso del que le despoja?
109:1. Oh Dios de mi alabanza, no calles;
2. porque boca de impío y boca de engañador se han abierto contra mí; han hablado de mí con lengua mentirosa;
3. con palabras de odio me han rodeado, y pelearon contra mí sin causa.
26. Ayúdame, Jehová Dios mío; sálvame conforme a tu misericordia.
27. Y entiendan que esta es tu mano; que tú, Jehová, has hecho esto.

140:1. Líbrame, oh Jehová, del hombre malo; guárdame de hombres violentos,
2. los cuales maquinan males en el corazón, cada día urden contiendas.
3. Aguzaron su lengua como la serpiente; veneno de áspid hay debajo de sus labios.
4. Guárdame, oh Jehová, de manos del impío; líbrame de hombres injuriosos, que han pensado trastornar mis pasos.
5. Me han escondido lazo y cuerdas los soberbios; han tendido red junto a la senda; me han puesto lazos. Selah
6. He dicho a Jehová: Dios mío eres tú; escucha, oh Jehová, la voz de mis ruegos.
7. Jehová Señor, potente salvador mío, tú pusiste a cubierto mi cabeza en el día de batalla.
12. Yo sé que Jehová tomará a su cargo la causa del afligido, y el derecho de los necesitados.
13. Ciertamente los justos alabarán tu nombre; los rectos morarán en tu presencia.

Comentario bíblico

I. Una petición de defensa
A. Un clamor por la justicia divina
Salmo 35:1–8

El Salmo 35 es conocido como un Salmo Imprecatorio (de maldición), porque David pide a Dios que maldiga a sus enemigos. Debido a que él se sentía indefenso. No nos podemos imaginar al rey David como un hombre indefenso. Lo recordamos de jovencito, derrotando a Goliat, o nos lo imaginamos como un rey victorioso y lleno de vida. Pero durante muchos años de su juventud, tuvo que huir. Su vida corrió peligro por algún tiempo. En ocasiones, no tenía lugar alguno donde descansar.

El versículo 1 nos da una respuesta modelo cuando los indefensos o los inocentes se sienten atacados. Este versículo es como un abogado defensor que presenta su causa. Al saber que es Dios quien lo defendía, lo que decía David era: "Señor, mira lo que me han hecho. Defiende mi causa y ven en mi ayuda".

¿Qué imagen viene a su mente al leer la segunda mitad del versículo 1 y los versículos 2 y 3?

Por supuesto, estos textos se refieren a las acciones y el equipo de un guerrero. El escudo y el pavés son para protegerse. El escudo era pequeño y redondo, mientras que el pavés era grande, rectangular y protegía todo el cuerpo; lo solía llevar un escudero. Al clamar suplicando ayuda, David está pidiendo protección. Y en la primera parte del versículo 3, está clamando a Dios para que lo defienda activamente contra sus perseguidores, "sacando la lanza".

En la segunda mitad del versículo 3, David pide a Dios que le dé seguridad de que lo salvará. El pronombre "Yo" es la palabra que había usado Dios para revelarse como Dios del pacto: "Yo soy tu salvación" (véase Éxodo 6:6–8). Y David está repitiendo estas palabras ante el Señor, para recordarse a sí mismo que participa del pacto con Él, y que puede esperar su ayuda.

En el Salmo 35:4–8 aparece una oración para pedir venganza al pedir a Dios que haga caer su juicio sobre los enemigos de David. En los versículos 4–6 hay cuatro de estas imprecaciones, y en el versículo 8 hay tres más.

❓ ¿Cuáles son esos actos de venganza que David quiere que Dios derrame sobre sus enemigos?

> **IDEA 2.** Distribuya la hoja de trabajo "Los actos de venganza". Divida a los alumnos en grupos de trabajo de tres o cuatro miembros para que llenen la gráfica. También podría hacer una presentación visual para llenar la gráfica todos juntos.

En el Antiguo Testamento, se considera que cuando se habla del "ángel del Señor" se trata de una teofanía, es decir, una manifestación de Dios en forma física. Pero aquí el contexto indicaría que probablemente se trate de un ángel protector, como en el Salmo 34:7.

❓ ¿Quién es el "ángel de Jehová" mencionado en los versículos 5 y 6?

Una pregunta que es importante hacer es por qué David sentía tener justificación para pedir a Dios que fuera a defenderlo. En el versículo 7 afirma que estos enemigos le han puesto una trampa sin causa alguna. La emboscada lo había sorprendido, y él quería que Dios hiciera que ellos fueran los perjudicados (v. 8).

Es posible que los cristianos no nos tengamos que enfrentar a las mismas clases de ataques por las que pasó David. Pero sí podemos clamar a Dios para que nos defienda. Aunque nos sintamos indefensos, debemos recordar que Dios ayuda a los indefensos en medio de sus pruebas.

B. Alabanza a Dios por su liberación
Salmo 35:9–10, 27–28

David estaba seguro de que alabaría a Dios desde lo más hondo de su corazón, con todo su ser, cuando Dios lo liberara. El Salmo 35:9 nos hace regresar al versículo 2, donde David le pidió a Dios que le dijera: "Yo soy tu salvación". Él sentía que ahora se podía regocijar ya en esa liberación prometida. El versículo 10 señala que David proclama con "todos sus huesos", es decir, con todo su ser: "¿Quién como tú? (v. 10), porque nadie es capaz de hacer por nosotros lo que Dios puede hacer. La justicia definitiva no viene de parte de los seres humanos; solo viene de parte de Dios.

❓ Según el Salmo 35, ¿cómo sabemos que David creía que Dios es justo?

Observe que el versículo 10 nos habla de la actuación de Dios. Él está del lado del débil. Salva al necesitado. Está contra aquellos que "despojan" (hieren o le roban) al pobre.

David pide a los demás que se le unan en su alabanza al Señor por el bien que le ha hecho a él (vv. 27–28).

¿Por qué cree usted que es importante que los cristianos relaten sus historias (testimonios) sobre lo que Dios ha hecho en su vida?

Nuestra fe se fortalece cuando oímos hablar de las cosas que Dios hace por todos nosotros, tanto grandes como pequeños.

> **IDEA 3.** Pida a los alumnos que se dividan en grupos pequeños y compartan sus historias sobre la ayuda que les ha dado Dios en situaciones injustas, y los cambios que ha hecho.

II. Un clamor para pedir ayuda

A. Deje que Dios responda por usted
Salmo 109:1–8

Con frecuencia, las oraciones de los Salmos Imprecatorios son muy específicas. Hasta es posible que nos hagan sentir incómodos. Pero es importante el contexto de estas oraciones para comprenderlas y saber como poder aplicarlas a nuestra vida. Veamos el contexto del Salmo 109.

> **IDEA 4.** Presente la transparencia "Los enemigos de David". Pida a los alumnos que lean el Salmo 109:1–8 y escriban sus sugerencias sobre lo que le hicieron a David sus enemigos y lo que él quería que Dios le hiciera a ellos.

David describe a sus enemigos como aquellos que mienten acerca de los demás para hacerles daño (vv. 2–3). Cuando se le ofrecían bondad y amor, respondían con acusaciones, odio y maldad (vv. 4–5). Decía o insinuaba que él no había fallado en esta relación. Él había ofrecido bondad, amor y oración.

Por la historia de David, sabemos que él no era una persona impecable. En los Salmos confesaba con frecuencia sus pecados. Pero tenía una actitud correcta ante Dios. Había confesado sus pecados y pedido perdón por ellos. En las relaciones a las que se refería en este Salmo, no tenía la intención de hacer el mal.

En cambio, sus enemigos trataban de hacerle daño. Observe que la primera acusación que hizo contra ellos era que decían palabras llenas de odio. Las palabras pueden causar grandes daños. Esta es una clase de maldad que es muy común en nuestro mundo.

¿Por qué tenemos "oraciones imprecatorias" (maldiciones contra los enemigos de David) en estos Salmos?

Dios estaba del lado de David. Él protege al inocente, incluso al que ha confesado sus pecados y confiado en su protección. Dios se opone a las acciones malvadas. Él actúa para defendernos contra las personas malvadas (vv. 1, 6–8).

B. Proclame la amorosa liberación de Dios
Salmo 109:21–31

En la última parte del Salmo 109, David regresa a su propia condición y a su esperanza de recibir la ayuda de Dios.

El estrés de enfrentarse a la maldad de otras personas, ya se trate de abusos físicos o emocionales, puede causar problemas muy reales. Cuando otros nos maltratan, nuestras emociones sufren, y esto hace que también sufra nuestro cuerpo.

? ¿Qué efecto puede tener la crueldad de las personas en aquellos que han hecho blanco de sus abusos emocionales?

David confiaba en la ayuda de Dios, porque sabía que el amor de Dios es bueno (v. 21). Nuestro Dios inalterable se interesa en lo que nos sucede a nosotros, y David confiaba en que Dios se interesara en él al verlo necesitado y dolido (v. 22). La descripción que hace de sus síntomas en los versículos 23–25 coincide con lo que sabemos acerca de la depresión. Sus imágenes verbales nos muestran cuan profundo había sido afectado en sus emociones y en su cuerpo también. Se sentía fuera de control. Estaba perdiendo peso. Sentía intensamente el rechazo de los demás.

Los versículos 26–29 tienen a primera vista el aspecto de oraciones de imprecación, como los versículos anteriores del Salmo, pero son algo diferentes. En ellos, David ora para que Dios lo ayude y lo salve (v. 26) y para que sus enemigos sepan que ha sido Dios quien lo ha hecho (v. 27). Observe que al principio del versículo 28, yuxtapone las maldiciones contra sus enemigos y las bendiciones de Dios, que son la única cosa que puede contrarrestar esas maldiciones.

? ¿Qué impacto puede haber tenido en los enemigos de David el conocer la forma en que Dios lo ha bendecido?

Si los enemigos de David fueron "avergonzados" y "vestidos de igno-

minia" (vv. 28–29), tal vez se dieran cuenta de que necesitaban a Dios. Su amorosa acción sostiene al necesitado que depende de Él, y llama al pecador al arrepentimiento.

Como en muchos Salmos, David termina el Salmo 109 con una acción de gracias. Los versículos 30 y 31 nos dicen cómo nos podremos dar ánimo a nosotros mismos cuando enfrentemos unas circunstancias similares: adorando con otros creyentes. Cuando estamos deprimidos, o sentimos que todo nos va mal, algunas veces nos aislamos. Pero alabar a Dios con otros creyentes crea esperanza en nosotros. El versículo 31 lo expresa así: "Porque él se pondrá a la diestra del pobre, para librar su alma de los que le juzgan".

III. Una oración para pedir liberación

A. Ore para pedir protección
Salmo 140:1–8

Los ocho primeros versículos del Salmo 140 pasan repetidas veces de una súplica a Dios para que actúe a favor de David, y una descripción de lo que sus enemigos le hacen. Las súplicas de David son: "Líbrame" y "guárdame" (v. 1), y de nuevo, "Guárdame" y "líbrame" (v. 4); "Escucha, oh Jehová, la voz de mis ruegos" (v. 6) y "pusiste a cubierto mi cabeza" (v. 7). Estas oraciones para pedir protección son perfectamente comprensibles cuando tenemos en cuenta las clases de problemas a los que se estaba enfrentando David.

? En el Salmo 140:1–5, ¿qué hacían los enemigos de David, o planeaban hacerle?

Cuando estudiamos los Salmos de David, podemos reflexionar en la realidad de que Dios es siempre justo. Cuando nos ponemos en sus manos, sabemos que finalmente estaremos seguros. Dios es bueno, y hace lo que es correcto. Él se halla del lado de aquellos que lo necesitan, confían en Él y lo invocan. David nos muestra qué hacer cuando sentimos que la vida es injusta. Cuando nos hieren otras personas, podemos seguir su ejemplo. En este Salmo, clama a Dios pidiéndole ayuda.

> **IDEA 5.** Escriba las respuestas en una pizarra en forma de una red de ideas relacionadas entre sí. Dirija un debate acerca de lo violentos que eran esos hombres, cómo planeaban maldades, guerras, murmuraban abiertamente decían cosas ponzoñosas, preparaban emboscadas y actuaban con arrogancia. Ayude a sus alumnos a aplicar a la realidad lo que han comprendido del Salmo, pregúnteles sobre situaciones actuales paralelas a las descritas por David.

Después de describir el problema en el que se encontraba, David reafirmó su relación con el Señor: "Dios mío eres tú" (v. 6). A pesar de que corría un gran peligro, estaba seguro de que recibiría la ayuda de "Jehová Señor, potente salvador mío" (v/ 7). Proclamaba la fortaleza de Dios y lo alababa por su naturaleza.

Entonces trazaba una línea entre él mismo y sus enemigos. David no se proclamaba impecable. Pero sabía que Dios actúa a favor de los que confían en Él y se opone a los que le hacen daño adrede a los demás; aquellos cuyas acciones y tramas son malvadas. Así que le pedía a Dios que no les concediera lo que ellos deseaban (v. 8).

> **IDEA 6.** Distribuya la hoja "Oremos con David". Esto ayudará a sus alumnos a componer una oración para pedir ayuda en las situaciones difíciles, al usar como modelo este Salmo de David.

B. Dios defiende la justicia
Salmo 140:9–13

El lenguaje que usa David en los versículos 9–11 es claramente imprecatorio. Está pidiendo maldiciones para sus enemigos.

Mire las palabras de David en sus maldiciones. ¿Estaban justificadas las maldiciones que lanzó?

Esta pregunta es difícil de contestar, sobre todo desde un punto de vista cristiano. Durante la historia de Israel, el Señor destruyó ciudades y naciones enteras a causa de su pecado. En los tiempos de David, había prometido destruir a los enemigos de Israel, si el pueblo lo seguía a Él. Pero desde que vino Cristo, ¿podemos seguir maldiciendo a nuestros enemigos, cuando Él nos dijo que los amáramos? Esto puede ser difícil de hacer, a la luz de las clases de maldad que hay en el mundo, desde las limpiezas étnicas hasta el tráfico sexual y un número incontable de actividades depravadas que se les pueden ocurrir a los seres humanos para hacer daño a otros.

David termina este Salmo (vv. 12,13) con unas palabras de esperanza para los afligidos y los pobres. El Señor sostendrá la causa del pobre y necesitado y le asegurará la justicia. Hay una pregunta más que necesitamos responder: Si el Señor sostiene su causa, ¿cuál debe ser nuestra respuesta? ¿Debemos trabajar nosotros también para que se haga justicia a los pobres y los afligidos?

Discipulado en acción

¿Qué podemos decir cuando nos enfrentamos con el "problema del mal"; cuando el sufrimiento parece no tener sentido alguno? Si Dios es justo, ¿por qué seguimos viendo injusticias? ¿Cómo le hablamos a los huérfanos supervivientes de las guerras civiles, o a las familias de los niños matados con armas químicas? ¿Dónde está Dios en medio de todo este sufrimiento? Estas preguntas no tienen respuestas fáciles.

Como seres humanos finitos, nosotros vemos el mundo a través de una ventana estrecha. Es como si estuviéramos mirando un grano de arena y decidiendo que estamos en un desierto, porque no podemos ver el océano que se encuentra a un kilómetro de distancia. La justicia de Dios es eterna y absoluta. Pero no es fácil de ver aquí, en esta calle, en este momento y en la vida de esta persona. En la gran imagen de las cosas, terminará la maldad, y los hacedores de maldad serán castigados. La justicia de Dios llegará, si no en este momento, en la eternidad.

Ministerio en acción

IDEA 7. Distribuya copias del estudio de casos "Para los pobres y perseguidos de hoy". Use este estudio de casos para ayudar a sus alumnos a desarrollar las respuestas a las preguntas presentadas anteriormente.

Es fácil dar respuestas estereotipadas, pero no hay respuestas fáciles para los que son perseguidos, y se enfrentan a la posibilidad del martirio. Sin embargo, debemos recordar que pertenecemos a un reino que no es de este mundo.

Lectura devocional

Lunes
Jacob ora para pedir liberación.
Génesis 32:9–12

Martes
Israel clama una reivindicación.
Éxodo 2:23–25

Miércoles
Justicia para todos.
Isaías 56:1–8

Jueves
Jesús responde a las peticiones de ayuda.
Mateo 8:1–8

Viernes
La misión de Jesús; la justicia divina.
Lucas 4:17–21

Sábado
El justo juicio de Jesús.
Juan 5:26–30

Los Salmos mesiánicos

Verdad central

Jesús, el Mesías prometido por Dios, es anunciado en los Salmos.

Versículo clave: Salmo 2:7

Yo publicaré el decreto; Jehová me ha dicho: Mi hijo eres tú; yo te engendré hoy.

Introducción

Los Salmos Mesiánicos son un grupo de Salmos que predicen diversos aspectos de la venida del Mesías. Algunos solo contienen uno o dos versículos que profetizan sobre el Mesías (véase el Salmo 16:10). Otros están totalmente dedicados a predecir su venida.

Aunque los tres Salmos que estudiamos en esta lección tuvieran algún significado para el escritor (no todos los profetas comprendían el mensaje que proclamaban por inspiración del Espíritu), son de una naturaleza totalmente mesiánica. Un erudito escribió que estos tres Salmos comprenden el núcleo de la apologética de la Iglesia con respecto al judaísmo.

Objetivos del aprendizaje

Al terminar esta lección, sus alumnos podrán:

1. explicar por qué estos Salmos son mesiánicos e identificar las veces que se menciona concretamente al Mesías en cada uno de ellos.
2. usar las palabras de estos Salmos para exaltar la Persona y la obra de Jesús por medio de su oración personal.
3. hablar a los demás sobre la realidad de que Jesús es el Mesías.

Fundamento bíblico
Salmos 2:1–12; 22:1–31; 110:1–7

Enfoque
Descubrir al Mesías en los Salmos y exaltar su Nombre.

Bosquejo

I. El Ungido
   A. Es inútil rebelarse contra el Ungido del Señor
   B. El Hijo de Dios reinará

II. El Salvador Sufriente
   A. Jesús sufrió por nosotros
   B. Proclame lo que ha hecho Jesús

III. El Rey y Sacerdote eterno
   A. El Rey gobierna desde Sion
   B. El doble papel de Rey y Sacerdote
   C. El Rey vencedor

Preparación

☐ Escoja las preguntas, actividades de aprendizaje y artículos del *Folleto de ayudas y recursos* que le ayuden a alcanzar sus objetivos en la lección.

☐ Llene la hoja "Planificación de la clase".

☐ Prepare las siguientes copias maestras: El Salmo 2 en el Nuevo Testamento, La predicción sobre Jesús en el Salmo 22, "Jehová dijo a mi Señor", Para un estudio más amplio 22

2:2. Se levantarán los reyes de la tierra, y príncipes consultarán unidos contra Jehová y contra su ungido, diciendo:

3. Rompamos sus ligaduras, y echemos de nosotros sus cuerdas.

4. El que mora en los cielos se reirá; el Señor se burlará de ellos.

6. Pero yo he puesto mi rey sobre Sion, mi santo monte.

7. Yo publicaré el decreto; Jehová me ha dicho: Mi hijo eres tú; yo te engendré hoy.

8. Pídeme, y te daré por herencia las naciones, y como posesión tuya los confines de la tierra.

9. Los quebrantarás con vara de hierro; como vasija de alfarero los desmenuzarás.

12. Honrad al Hijo, para que no se enoje, y perezcáis en el camino; pues se inflama de pronto su ira. Bienaventurados todos los que en él confían.

22:1. Dios mío, Dios mío, ¿por qué me has desamparado? ¿Por qué estás tan lejos de mi salvación, y de las palabras de mi clamor?

2. Dios mío, clamo de día, y no respondes; y de noche, y no hay para mí reposo.

14. He sido derramado como aguas, y todos mis huesos se descoyuntaron; mi corazón fue como cera, Derritiéndose en medio de mis entrañas

15. Como un tiesto se secó mi vigor, y mi lengua se pegó a mi paladar, y me has puesto en el polvo de la muerte.

16. Porque perros me han rodeado; me ha cercado cuadrilla de malignos; horadaron mis manos y mis pies.

17. Contar puedo todos mis huesos; entre tanto, ellos me miran y me observan.

18. Repartieron entre sí mis vestidos, Y sobre mi ropa echaron suertes.

110:1. Jehová dijo a mi Señor: Siéntate a mi diestra, hasta que ponga a tus enemigos por estrado de tus pies.

2. Jehová enviará desde Sion la vara de tu poder; domina en medio de tus enemigos.

3. Tu pueblo se te ofrecerá voluntariamente en el día de tu poder, en la hermosura de la santidad. Desde el seno de la aurora tienes tú el rocío de tu juventud.

4. Juró Jehová, y no se arrepentirá: Tú eres sacerdote para siempre según el orden de Melquisedec.

Comentario bíblico

I. El Ungido

A. *Es inútil rebelarse contra el Ungido del Señor*
Salmo 2:1–6

IDEA 1. Distribuya la hoja de información "El Salmo 2 en el Nuevo Testamento".

Dios puso a David como rey sobre Israel, y lo usó para que fuera sombra de la venida de Jesús el Mesías, el Rey eterno. Es evidente que el Salmo 2 es mesiánico. Es citado o se hace alusiones a él diez veces en el Nuevo Testamento. Los versículos 1 y 2 se hallan citados en Hechos 4:25–26; el versículo 7, en Hechos 13:33; Hebreos 1:5 y Hebreos 5:5. Se hace alusión al versículo 7 en los evangelios sinópticos cuando el Padre dice que Jesús es su "Hijo amado" en Mateo 3:17; Marcos 1:11 y Lucas 3:22. Se cita el versículo 9 en Apocalipsis 2:27; 12:5 y 19:15. Todas las citas, menos la de Apocalipsis 2:27, son utilizadas con respecto al gobierno del Mesías, el Señor Jesucristo.

Los tres primeros versículos del Salmo 2 podrían describir cualquier momento en la historia mundial. Los gobernantes de las naciones han competido siempre por el poder. Pero estas naciones tiene en mente una sola cosa: la rebelión contra Dios. Están decididas a desprenderse del dominio del Señor y se oponen a su ungido.

¿Quién es el ungido del Señor (Salmo 2:2)?

La palabra "ungido" traduce la palabra hebrea de la cual hemos tomado el título de "Mesías". Se trata de una clara mención de Jesús, el Mesías. Los líderes de sus tiempos trataron de impedir que Él cumpliera la voluntad de Dios.

Sin embargo, no hay ser humano alguno que pueda frustrar el cumplimiento de la voluntad divina (vv. 4–6). Dios es el que gobierna; las naciones "piensan cosas vanas" (v. 1). Observe las palabras que describen la reacción de Dios: "se reirá", "se burlará" (v. 4), "hablará con su furor" y "turbará con su ira" (v. 5). Dios ha puesto a su rey en Sion (v. 6), y este se enfrentará a esas naciones.

El nombre de "Sion" se refiere a la ciudad de Jerusalén. Y con el tiempo éste ha llegado a convertirse en sinónimo del reino eterno de Dios. El Señor ha puesto a su Rey, el Señor Jesucristo, sobre su Reino eterno.

B. El Hijo de Dios reinará
Salmo 2:7–12

El Salmo 2:7 recoge lo que dijo un rey cuando coronó públicamente a su hijo, para que pudiera comenzar su propio reinado. Varios reyes de Judá y de Israel elevaron al trono a sus hijos mientras ellos, los padres, aún vivían.

Algunos expertos creen que esta terminología era la usada cuando un rey elevaba al trono a su hijo para que reinara en su lugar. Se pueden mencionar muchos ejemplos de esto en la historia de Israel: David y Salomón, Josafat y su hijo Joram, y Uzías con su hijo Jotam, por contar solo algunos.

La herencia que se menciona en el versículo 8 concuerda con este pacto de cesión. En este caso, a este rey se le ofrece el mundo entero. Ahora sabemos que se trata de Jesús el Mesías. Cuando Él regrese, juzgará a las naciones (a los gentiles) y las gobernará "con vara de hierro" (v. 9). Ante el Rey Jesús, las naciones rebeldes serán como frágiles vasijas de barro, que se rompen con facilidad.

Los versículos 10–12 se dirigen a los reyes de esas naciones. Se les ofrece la oportunidad de ser sabios. El salmista les ruega que tomen en serio esta advertencia y sirvan al Señor. Incluso deben ir tan lejos como para celebrar su reinado, pero hacerlo "con temblor" (v. 11; v. 5). Se les indica que "honren al Hijo" (v. 12), demostrando así que le rinden homenaje; de lo contrario serán destruidos cuando Él venga a juzgar.

¿Cómo se puede aplicar el Salmo 2 al mundo de hoy?

Cuando se escribió este Salmo, aún no se había producido la Encarnación. Los sucesos predichos en él se cumplirán en su Segunda Venida. En estos tiempos intermedios entre la primera venida de Jesús y la segunda, la gente aún tendrá la oportunidad de aceptarlo como Salvador. El versículo 12 afirma: "Bienaventurados todos los que en él confían".

II. El Salvador Sufriente
A. Jesús sufrió por nosotros
Salmo 22:1–21

¿Por qué se le hacía tan difícil a la gente de los tiempos de Jesús darse cuenta de que Él era el Mesías?

Recuerde que gran parte de la profecía acerca del Mesías se refiere al Mesías como Rey. Jesús vino para ser el Rey de todos, el heredero de David y gobernante del pueblo de Abraham. Pero también vino para ser el Sacerdote que se ofrecería a sí mismo como el Sacrificio por los pecados de todos.

De manera que el Mesías sería tanto Rey como Aquel que es humillado y sufre. El Salmo 22 comienza con el papel del Mesías como el que sufrió y murió por nosotros. Sabemos que este Salmo anuncia a Jesús como Mesías, porque Jesús mismo lo citó en la cruz.

> **IDEA 2.** Presente la hoja "La predicción sobre Jesús en el Salmo 22" y dé copias de ella a sus alumnos. Indíqueles que busquen estas frases en los sucesos que rodearon a la Crucifixión en los cuatro evangelios. Le sugerimos que divida la clase en cuatro grupos, uno por cada evangelio. Escriba las citas en la columna "El cumplimiento mesiánico".

Nuestro Señor Jesús, el hombre sin pecado, sufrió y murió en la cruz para redimirnos. En ese momento, sintió la separación de Dios que somos nosotros los que la merecemos. En realidad no podemos llegar a comprender lo que aquello significó para Él. Pero el hecho de que haya usado el Salmo 22 para gritar lo que sentía nos da una idea (vv. 1–2). E incluso en ese momento, confió en el Padre y llevó a cabo el plan del Padre (vv. 3–5).

Los detalles físicos de la muerte de Jesús quedan anunciados en los versículos 6–18. Lo escarnecieron (vv. 6–7). Entre las burlas había ideas como "Se encomendó a Jehová, líbrele él" (v. 8). La muchedumbre lo rodeó (vv. 12–13). Los maltratos que sufrió en su cuerpo le destrozaron las articulaciones, le robaron toda su fuerza y le secaron la boca (vv. 14–15). Le atravesaron las manos y los pies (v. 16). Los soldados echaron suertes sobre su ropa (v. 18).

Cuando recordamos lo que Jesús hizo por nosotros, nos sentimos llenos de humildad. Él sufrió una muerte cruel para que nosotros tuviéramos vida eterna. Las palabras de este Salmo nos ayudan a hallar las palabras que nos permiten sentir lo que Él sufrió, y darle gracias.

Los tres versículos siguientes (vv. 19–21) son una oración de liberación. Es posible que Jesús estuviera pensando en estas palabras en la cruz mientras recordaba el Salmo.

¿Cómo lo podría ayudar el texto del Salmo 22:19–21?

El Salmo 22 es un Salmo Mesiánico, pero debemos recordar que era David quien expresaba lo que sentía en unas circunstancias sumamente difíciles. A causa de esto, lo podemos usar para expresarle nuestros sentimientos a Dios cuando estemos sufriendo. De hecho, porque Jesús sufrió como lo describe este Salmo, nosotros tenemos la seguridad de tener un Sumo sacerdote que se puede sentir conmovido, "compadecerse de nuestras debilidades" y ayudarnos (véase Hebreos 4:14–16).

B. Proclame lo que ha hecho Jesús
Salmo 22:22–31

En la primera mitad del Salmo 22 escuchamos el clamor de un hombre que estaba pasando por un intenso sufrimiento. En la segunda mitad del Salmo, oímos cómo su sufrimiento se convierte en alabanza a Dios (vv. 22–23). Desde el sentimiento de haber sido rechazado por Dios (v. 1), pasa a alabarlo por escucharle y por no esconder de él su rostro (v. 24).

? Desde el versículo 22 hasta el 26, ¿cuáles palabras usaría usted para alabar a Dios?

> **IDEA 3.** Pida a sus alumnos que indiquen las palabras que usarían, y por qué. Escríbalas en una pizarra o en una presentación electrónica. Observe que las palabras "Mis votos pagaré" se refieren a la ofrenda de acción de gracias, que prometió bajo voto cuando estaba en medio de su problema (cf. Levítico 7:11–18). Lo que quedaba de esta ofrenda se podía disfrutar en una cena comunal; de aquí que los pobres quedarían también satisfechos (v. 26).

El resto del Salmo 22 es una proclamación de lo que ha hecho el Señor en la historia de la redención: "anunciarán su justicia" (v. 31). Todas las naciones y las familias (v. 27), todos los ricos y todos los que mueren (v. 29) y todas las generaciones futuras (vv. 30–31) proclamarán las alabanzas de Dios, porque Él gobierna sobre todos y sobre todas las cosas (v. 27).

? ¿Qué recordarán "todos los confines de la tierra" (v. 27)?

El acto de recordar no es un simple traer a la mente algo. Incluye la obediencia y la adoración al regresar al Señor. Se remonta al Pacto Abrahámico, en el cual todas las naciones del mundo serán bendecidas. Pero proféticamente, contempla la victoria final de Jesucristo cuando regrese. Como discípulos suyos, debemos "anunciar su justicia", de manera que todos tengan una oportunidad de escuchar las buenas nuevas antes que Él regrese.

III. El Rey y Sacerdote eterno
A. El Rey gobierna desde Sion
Salmo 110:1–3

En Mateo 22, los fariseos pusieron a prueba a Jesús después que Él había silenciado a los saduceos. Él respondió a su pregunta, y a continuación, citó el Salmo 110:1, "Jehová dijo a mi Señor: Siéntate a mi diestra, hasta que ponga a tus enemigos por estrado de tus pies" (véase Mateo 22:41–46). Ellos se sintieron confundidos, porque sabían que Dios le hablaba al Hijo de David, pero no podían reconciliar el hecho de que el Mesías pudiera ser al mismo tiempo Hijo y Señor de David.

El Mesías es Hijo de David e Hijo de Dios. Como heredero de David, es el rey de Israel. Como Hijo de Dios, es el Rey divino que puede unir a todos los creyentes, tanto judíos como gentiles, en unidad dentro de la familia de la fe de Abraham. Sabemos que Jesús espera, sentado a la diestra de Dios, hasta que el Padre ponga a sus enemigos bajo sus pies. O como lo dice el Salmo 110:1, "hasta que ponga a tus enemigos por estrado de tus pies". El versículo 2 indica también que cuando llegue el momento, Jesús reinará desde Sion.

El versículo 3 está lleno de imágenes poéticas. El "día de tu poder", o el día de tu batalla, indica que "tu pueblo" es el ejército del Señor, y que está formado para la batalla "en la hermosura de la santidad". El "seno de la aurora" es el amanecer, indicador de un esplendor radiante. La imagen añadida del "rocío" está de acuerdo con la idea de la aurora, reforzando la fortaleza de la juventud.

B. El doble papel de Rey y Sacerdote
Salmo 110:4

El versículo 4 afirma que el Rey también es sacerdote según "el orden de Melquisedec". En el Antiguo Testamento, los oficios de sacerdote y de rey estaban separados. En cambio, en Jesús están unidos. Él es el Rey Eterno y el Sacerdote Eterno también (v. 40).

IDEA 4. Se menciona a Melquisedec cinco veces en la Biblia. La primera está en Génesis 14:18–20. Se le presenta como "rey de Salem" (o paz). La segunda vez que se le menciona es en el Salmo 110:4. Después es mencionado numerosas veces en el Nuevo Testamento. (Véase Hebreos 5:6, 10; 6:20; 7:1, 10, 11, 15, 17).

Melquisedec es el rey sacerdote que se encontró con Abraham después de la batalla en la que este salvó a su sobrino Lot (Génesis 14). Su nombre significa "rey de justicia", y se le presenta sirviendo pan y vino, y bendiciendo a Abraham. Estos elementos, junto con la mención de Melquisedec en Hebreos 7:1–4, conectan claramente con Jesús el sacerdocio eterno.

¿Qué podemos compartir los cristianos con otras personas acerca del Mesías para ayudarlas a llegar a la fe?

Jesús es nuestro gran Sumo sacerdote. Por medio de su sacrificio, hizo la paz entre nosotros y Dios. Jesús es también el Rey de justicia, que nos hace justos ante los ojos del Padre

C. El Rey vencedor
Salmo 110:5–7

"El día de su ira" (Salmo 110:5) se refiere al Día del Señor, en el cual Jesús regresará como Rey vencedor. Todos los enemigos de Dios serán derrotados. Jesús "juzgará entre las naciones (gentiles)" y determinará el destino de todas (v. 6). "Las llenará de cadáveres; quebrantará las cabezas en muchas tierras" indica que su juicio será total. Podemos ver un paralelo de esto en Apocalipsis 19, cuando serán destruidos todos los enemigos del Señor.

En el Salmo 110:7, las palabras "levantará la cabeza" indican que la fortaleza física y emocional del Rey vencedor será refrescada por el agua del arroyo.

IDEA 5. Tenga preparado un canto que hable de Jesús como Rey vencedor, tal vez basado en el mismo Salmo 110, y reparta copias de la letra. A sus alumnos les podría agradar cantarlo, o comparar la paráfrasis del texto bíblico que utilice con el lenguaje original del Salmo en el cual se inspira.

Discipulado en acción

Estos tres Salmos Mesiánicos predicen con claridad la venida del Salvador. Sin embargo, los judíos del siglo primero no lo reconocieron cuando vino. Esperaban a un poderoso libertador, tal como lo presentan los Salmos 2 y 110, porque sufrían bajo la opresión del imperio romano. No se daban cuenta de que el Mesías tenía que venir primero a salvar a su pueblo y al mundo entero de sus pecados.

Un día Jesús el Mesías volverá para establecer su reinado en la tierra. Mientras tanto, estamos viviendo en los días intermedios entre su primera venida como Salvador y su regreso como Rey victorioso. Si lo hemos aceptado como Salvador, necesitamos ser obedientes a las Escrituras. Lo debemos proclamar como el Salvador, Bautizador, Sanador y Rey que viene pronto. También debemos vivir de tal manera que los demás sepan que Jesús es el Señor de nuestra vida, y amar a los demás como Él nos ha amado a nosotros.

Ministerio en acción

El mundo necesita ver a Jesús como el Sacerdote que se ofreció a sí mismo para redimirnos, y también como nuestro Rey que viene pronto. A sus seguidores se nos ha encomendado la tarea de llevar el Evangelio a todos en todas partes. Esta semana, busque oportunidades para hablarle a alguien de que Jesús lo ama y llevarlo a los pies del Salvador.

Lectura devocional

Lunes
El Cántico del Siervo Sufriente.
Isaías 53:1–12

Martes
Luz para las naciones.
Isaías 60:1–7

Miércoles
El nacimiento del Mesías.
Lucas 2:1–7

Jueves
Andrés identifica al Mesías.
Juan 1:35–42

Viernes
Marta reconoce a Jesús como el Mesías.
Juan 11:21–27

Sábado
Cristo, nuestro Sumo Sacerdote.
Hebreos 9:11–15

Santiago:
el cristianismo práctico

Imagine que pasara por una operación quirúrgica. Su ansiedad aumenta mientras el anestesista lo seda. Entonces entra el cirujano, muy seguro. Él nota su preocupación y lo trata de tranquilizar, dice que ha dedicado su vida a la medicina interna, y ha estudiado los procedimientos más novedosos en las mejores universidades. Usted sonríe, "gracias, doctor. Es bueno saber que usted ha hecho esto muchas veces antes. Estoy seguro de que ya no hay nada que lo sorprenda." Entonces dice él, "esta es la primera vez que tomo un bisturí en la mano. Pero le aseguro que nadie ha estudiado este procedimiento más que yo."

Esta historia es absurda, pero nos recuerda que a veces no basta con los conocimientos. Tenemos necesidad de practicar lo que sabemos. En nada es esto más cierto que en la vida cristiana. Seguir a Cristo es mucho más que saber cosas acerca de Él. Debemos aplicar sus enseñanzas, y vivir de acuerdo a sus mandamientos.

Santiago, tal vez más que ningún otro libro de las Escrituras, nos ayuda a comprender lo que es el cristianismo práctico. Este explora cuestiones fundamentales sobre lo que es ser cristiano, y nos llama a amar, a tener misericordia, a estar unidos y a ser fieles a Cristo.

En las cinco clases próximas, será retado a examinar sus propias actitudes y acciones con respecto a cuestiones de la vida real, como el establecimiento de prioridades, la manera de enfrentarnos a las pruebas y la adquisición de la mente de Cristo.

Aunque Santiago escribió estas palabras hace dos mil años, sus temas son para todos los tiempos. Se enfrenta a la manera en que el cristiano considera el dinero y trata el problema de la pobreza y la injusticia en el mundo. Nos enfrenta con la manera en que nos hablamos unos a otros, usando una franqueza que hace que sea imposible ignorar sus palabras.

Santiago explora también los deseos interiores del corazón y la mente mientras nos enfrentamos al desafío de vivir para Cristo en un mundo secular. ¿Cómo enfrentaremos las persecuciones y a las pruebas? ¿Qué podemos hacer para estar firmes en la fe cuando la vida parece abrumarnos? ¿Cómo rechazamos el arrastre de la mundanalidad para mantenernos consagrados a Cristo? Somos llamados a poner en práctica nuestra fe; a actuar de acuerdo con lo que creemos. Esta es la esencia misma de la fe verdadera.

Ánimo para enfrentar las pruebas

Verdad central

Con la gracia de Dios soportamos y superamos las pruebas.

Versículo clave: Santiago 1:12

Bienaventurado el varón que soporta la tentación; porque cuando haya resistido la prueba, recibirá la corona de vida, que Dios ha prometido a los que le aman.

Introducción

La vida cristiana no tiene nada de fácil. Nuestros deseos, motivaciones y actos como cristianos contradicen con frecuencia a nuestra naturaleza como seres humanos. En muchos aspectos nuestra vida terrenal nos prepara para la eternidad. Este proceso de preparación comprende pruebas y evaluaciones. Durante estos períodos difíciles, los cristianos podemos estar seguros de que estamos bajo el cuidado soberano de Dios. Él nos ha prometido que usará estas pruebas para edificarnos y fortalecernos. El estudio de hoy explora la forma en que nos podemos sentir animados durante esos momentos.

Objetivos del aprendizaje

Al terminar esta lección, sus alumnos podrán:

1. reconocer que Dios los ayudará a perseverar durante los momentos de prueba.
2. reconocer que Dios es bueno, y que Él no es la fuente de las cosas malas.
3. comprender que necesitan aprender la Palabra de Dios y reaccionar ante ella.

Fundamento bíblico
Santiago 1:1–27

Enfoque
Recordar que Dios nos da su gracia para que soportemos las pruebas y las venzamos por medio de su poder.

Bosquejo

I. Persevere en medio de las pruebas
   A. El propósito de Dios en las pruebas
   B. El propósito de Dios nos da perspectiva

II. Reconozca la bondad de Dios
   A. Dios no tienta
   B. Dios es bueno

III. Escuche y obedezca la Palabra de Dios
   A. Un corazón dócil
   B. La verdadera religión

Preparación

☐ Escoja las preguntas, actividades de aprendizaje y artículos del *Folleto de ayudas y recursos* que le ayuden a alcanzar sus objetivos en la lección.

☐ Llene la hoja "Planificación de la clase".

☐ Prepare las siguientes copias maestras: Los atributos morales de Dios, Oír y no hacer, Para un estudio más amplio 23

1:2. Hermanos míos, tened por sumo gozo cuando os halléis en diversas pruebas,

3. sabiendo que la prueba de vuestra fe produce paciencia.

4. Mas tenga la paciencia su obra completa, para que seáis perfectos y cabales, sin que os falte cosa alguna.

5. Y si alguno de vosotros tiene falta de sabiduría, pídala a Dios, el cual da a todos abundantemente y sin reproche, y le será dada.

6. Pero pida con fe, no dudando nada; porque el que duda es semejante a la onda del mar, que es arrastrada por el viento y echada de una parte a otra.

12. Bienaventurado el varón que soporta la tentación; porque cuando haya resistido la prueba, recibirá la corona de vida, que Dios ha prometido a los que le aman.

13. Cuando alguno es tentado, no diga que es tentado de parte de Dios; porque Dios no puede ser tentado por el mal, ni él tienta a nadie;

14. sino que cada uno es tentado, cuando de su propia concupiscencia es atraído y seducido

15. Entonces la concupiscencia, después que ha concebido, da a luz el pecado; y el pecado, siendo consumado, da a luz la muerte.

17. Toda buena dádiva y todo don perfecto desciende de lo alto, del Padre de las luces, en el cual no hay mudanza, ni sombra de variación.

19. Por esto, mis amados hermanos, todo hombre sea pronto para oír, tardo para hablar, tardo para airarse;

20. porque la ira del hombre no obra la justicia de Dios.

21. Por lo cual, desechando toda inmundicia y abundancia de malicia, recibid con mansedumbre la palabra implantada, la cual puede salvar vuestras almas.

22. Pero sed hacedores de la palabra, y no tan solamente oidores, engañándoos a vosotros mismos.

23. Porque si alguno es oidor de la palabra pero no hacedor de ella, éste es semejante al hombre que considera en un espejo su rostro natural.

24. Porque él se considera a sí mismo, y se va, y luego olvida cómo era.

25. Mas el que mira atentamente en la perfecta ley, la de la libertad, y persevera en ella, no siendo oidor olvidadizo, sino hacedor de la obra, éste será bienaventurado en lo que hace.

Comentario bíblico

I. Persevere en medio de las pruebas

A. El propósito de Dios en las pruebas

Santiago 1:1–8

El libro de Santiago fue escrito por Santiago o Jacobo, el hermano de Jesús que fue uno de los líderes de la iglesia en sus primeros tiempos. Le escribía a los creyentes esparcidos por el mundo entero, en algunos casos como consecuencia de la persecución que siguió al martirio de Esteban.

Santiago les indicó a esos creyentes que se consideraran bendecidos cuando se tropezaran con pruebas en la vida (Santiago 1:1–2).

¿Cuáles son las pruebas de mencionadas en el versículo 2?

Santiago hablaba de los problemas en los que se veían involucrados los creyentes sin haberlos causado ellos. Es probable que estos problemas tuvieran que ver con la persecución por su fe, tal vez tanto de parte de judíos como de gentiles.

Como es lógico, nos preguntaremos: "¿Cómo es esto posible? ¿Cómo puede alguien regocijarse sinceramente en esos momentos de dificultad?" Las pruebas traen consigo invariablemente sufrimiento, angustia y confusión. ¿Cómo es posible que estas cosas sean también fuentes de gozo?

Santiago responde a estas preguntas a lo largo del primer capítulo. Dios tiene un propósito que quiere realizar en nosotros cuando nuestra fe es puesta a prueba. Estas pruebas son inevitables, puesto que nuestra fe es probada de una amplia variedad de maneras. Estas circunstancias sirven para desarrollar nuestro carácter, una bendición permanente de la que podemos disfrutar a pesar de nuestras luchas diarias. Las pruebas no tienen por propósito hacernos daño, sino fortalecernos. Los tiempos difíciles vienen y se van, pero nuestro carácter nos ayuda a definirnos como seguidores de Cristo.

Entre las cualidades específicas que el Señor quiere formar en nosotros se encuentran la perseverancia y la paciencia (vv. 3–4). El mantenimiento de una confianza constante en el Señor hace madurar nuestra fe.

¿Cuál es la respuesta adecuada que nos indica Santiago cuando nos enfrentamos a las luchas y las confusiones que acompañan a las pruebas?

A veces se cita Santiago 1: 5 como una indicación más genérica de que tenemos que pedir a Dios la sabiduría. Y aunque esto es cierto, no lo debemos separar de su contexto. El versículo 4, dice que mientras perseveramos y maduramos, estaremos pasando a estar perfectos y cabales, al adquirir lo que necesitamos en nuestra vida espiritual. El versículo 5 instruye concretamente a los creyentes sobre lo que deben hacer cuando luchen con la falta de entendimiento o de sabiduría que suele acompañar a las pruebas. Es fácil preguntarnos por qué suceden ciertas cosas, e incluso

que nos desalentemos. Pero todo lo que necesitamos es acudir a Dios, que nos dará sabiduría en medio de las pruebas que enfrentamos.

No obstante, Santiago hace una advertencia en los versículos 6–8. Debemos pedir con fe. En este contexto, quiere decir que nos debemos identificar con la voluntad de Dios para nuestra vida, sin permitir que nuestro corazón quede dividido por las dudas o la amargura. La persona que tiene el corazón dividido durante las pruebas, pronto presentará una fe inestable en todo sentido.

¿Qué debemos hacer cuando luchamos para comprender la razón de nuestras pruebas?

IDEA 1. Dé a los miembros de la clase un momento para meditar en la pregunta anterior. Dé una oportunidad para que dos o tres hablen sobre su respuesta. Después, insista en el punto siguiente.

Las circunstancias difíciles pueden enturbiar nuestro sentido de la realidad. Las emociones se pueden interponer en el camino de nuestro entendimiento cuando luchamos con cuestiones que rodean a las pruebas sobre nuestra fe. Hasta podemos perder de vista el propósito real de nuestra vida. Solo cuando volvamos a la verdad del control y la protección de Dios, aprenderemos a regocijarnos, aunque tengamos el corazón cargado.

B. El propósito de Dios nos da perspectiva
Santiago 1:9–12

¿En qué maneras específicas es probada nuestra fe, y por qué no hay nadie que sea inmune a estas pruebas?

Todos los creyentes pasamos por pruebas en nuestra fe. Tanto ricos como pobres pasamos por enfermedades, tragedias y problemas inesperados. Nadie es inmune en cuanto a los tiempos difíciles de la vida. Pero Dios valora por igual a todos los cristianos, sin importarle nuestra situación en la vida, y se mantiene obrando en la vida de todos sus hijos.

Un principio importante para poder soportar las pruebas es mantener la perspectiva adecuada. Los que son pobres, se deben regocijar en el hecho de que son iguales que los demás para Dios. También las personas que tienen abundancia de posesiones materiales se deben alegrar, comprendiendo que nadie se llevará sus riquezas al terminar su vida en la tierra, y que además, esa riqueza puede desaparecer en cualquier momento (vv. 9–11).

La alusión que hace Santiago a la hierba que se seca debe haber resonado fuertemente en la vida de los creyentes de aquella región del mundo, donde estaban acostumbrados a breves temporadas de vegetación exuberante, seguidas por largos períodos de calor y sequedad. De igual manera, la prosperidad relativa de hoy terminará dando paso a las dificultades y las pérdidas. Al final, todas las riquezas de este mundo serán destruidas.

El versículo 12 nos proporciona una perspectiva de gran importancia con respecto a las pruebas por las que pasamos. La perseverancia en medio de las pruebas sirve para darnos la seguridad de que al final, cuando haya terminado nuestra vida en la tierra, recibiremos una recompensa eterna. Habremos vencido, y veremos cumplirse la promesa de Dios; una promesa que solo le está reservada a quienes lo aman.

II. Reconozca la bondad de Dios

A. Dios no tienta
Santiago 1:13–15

Podríamos decir que existen dos clases de pruebas. En primer lugar, hay pruebas que vienen en medio de las experiencias comunes de la vida. Todas las personas se encuentran con esta clase de prueba. En segundo lugar están las pruebas que vienen a causa de nuestra desobediencia hacia el Señor. El pecado siempre trae problemas y dificultades. A veces, los problemas que experimentaremos habrán sido creados por nuestras propias acciones de rebeldía.

¿Por qué es importante distinguir entre las pruebas normales y externas de la vida, y las que son causadas por nuestra desobediencia?

El pecado es consecuencia de que cedamos ante las tentaciones. Dios no es el iniciador de las tentaciones. Él no nos atrae hacia el pecado, y por tanto, no causa sus consecuencias.

En cambio, la tentación a pecar tiene una fuente distinta. Satanás es quien nos tienta para que actuemos con maldad. Dios es bueno, y quiere buenas cosas para los suyos. A veces hay luchas en la vida que no parecen buenas en sí mismas. Pero como Santiago demostró anteriormente, las pruebas de nuestra fe sirven para producir madurez en nosotros.

Sin embargo, las tentaciones a pecar no son beneficiosas. No tratan de edificar, sino de destruir. Cuando algo atrae a nuestra lujuria carnal, podemos estar seguros de que no procede de Dios.

El pecado puede tener unas consecuencias espirituales horribles, como destaca Santiago 1:15. Las tentaciones, cuando les permitimos que conciban, dan a luz pecado. Y el pecado, si no lo resolvemos, nos lleva a la destrucción eterna. El fracaso espiritual nunca es lo que Dios quiere para nosotros. Lo que Él quiere es que crezcamos y maduremos a su semejanza.

B. Dios es bueno
Santiago 1:16–18

Dios no solo no es nunca la fuente del mal, sino que es la única Fuente verdadera del bien. Todo don bueno y perfecto procede de su mano (Santiago 1:16–17). Él es totalmente bueno, y en su calidad de Creador, nos da cosas buenas a sus hijos. Él no quería que la humanidad cayera. El pecado se produjo como resultado del libre albedrío del ser humano, que se manifiesta en la desobediencia a sus mandatos. Como consecuencia del hecho de vivir en un mundo lleno de pecado, experimentaremos el impacto negativo del mal a través de toda una variedad de desafíos físicos, emocionales y espirituales. Sin embargo, esto nunca estuvo en las intenciones de Dios.

¿Por qué es esencial sostener que Dios es bueno, que no puede cambiar, y que no nos puede tentar a la maldad?

Dios no cambia. Él no es bueno en un momento, y malo en otro. Su bondad nunca cambia. Y Él nunca será diferente a lo que es (v. 17). En teología este principio se conoce como la doctrina de la inmutabilidad de Dios. Puede ser una gran fuente de consuelo y de seguridad en un mundo siempre cambiante que con demasiada frecuencia nos presenta desaliento y promesas rotas.

Comprender la naturaleza moral de Dios nos puede dar seguridad. Ya que podemos confiar en Él sin reservas pues da buenos dones a sus hijos.

El mayor de esos dones es la salvación (v.18). En su bondad y su misericordia, Dios tomó la iniciativa para abrirnos el camino de la salvación. Durante los tiempos en que vivió Santiago, esta gran cosecha de almas solo estaba comenzando. Hoy en día, Dios sigue salvando a todos los que acuden a Él, al mismo tiempo que nos llama a nosotros a proclamar su gloriosa salvación.

III. Escuche y obedezca la Palabra de Dios
A. Un corazón dócil
Santiago 1:19–25

Dios nos llama a acercarnos a Él con un corazón humilde. Esto es siempre cierto, y en especial lo es cuando nuestra fe pasa por pruebas.

¿Cuáles son los peligros que enfrentamos cuando no permanecemos humildes ante Dios?

El orgullo se encuentra en la raíz misma de numerosos males e incredulidades. El orgullo causó la caída de Satanás. Adán y Eva cayeron en desobediencia debido a su orgulloso deseo de ser como Dios.

Así como el orgullo está en la raíz de los males, es la humildad la que nos abre el camino a la justicia y la santidad. La humildad permite escuchar la voz de Dios, como destaca (vv. 19–21). Por tanto, debemos tomar de inmediato la posición del que escucha. Cuando tratemos de vivir como personas que siguen la verdad de Dios, escuchar y aprender es mucho más valioso que hablar.

A medida que desarrollamos un corazón receptivo, nos fortalecemos para rechazar la inmoral inmundicia que inunda el mundo que nos rodea. A la vez, nuestro corazón se ablanda a causa del amor de Dios que habita en nuestro interior. Rechazamos la maldad y los pensamientos de ira contra los demás, tomando la decisión de cultivar actitudes que produzcan justicia en nuestra vida.

Al decir esto, Santiago indica con claridad que para recibir realmente la Palabra de Dios hace falta algo más que limitarse a escuchar palabras. Debemos poner en práctica lo que oímos (vv. 22–25). Si escuchamos la verdad sin obedecerla, estaremos demostrando que esa verdad no ha encontrado un lugar en nuestra vida.

¿Por qué es peligroso caer en la costumbre de oír la Palabra sin llevarla a la práctica?

> **IDEA 3.** Divida la clase en grupos pequeños, y distribuya la hoja de trabajo "Oír y no hacer". Cuando los alumnos examinen los pasajes bíblicos que contienen estos ejemplos, que observen las características de cada persona que no siguió los caminos del Señor. Comente sus observaciones.

Santiago afirma que la persona que oye la Palabra de Dios, y no la obedece, es como quien se mira en un espejo y, apenas se marcha, olvida el aspecto que tenía. De igual manera, cuando nosotros no llevamos a la práctica lo que oímos, olvidamos nuestras necesidades espirituales y ese descuido nos meterá en problemas más adelante en el camino de la vida.

B. La verdadera religión
Santiago 1:26–27

¿Cómo definiría usted la "religión verdadera"?

En algunos círculos, la palabra "religión" tiene una connotación negativa, tal vez porque se considera que consiste en una serie de prácticas religiosas vacías. Otros definen su práctica religiosa en función del impacto, o incluso el beneficio, que produce en ellos. Los versículos 26 y 27 dicen que la verdadera religión es buena ante los ojos de Dios; es algo que Él espera de sus seguidores. No obstante, Santiago nos dice que la religión verdadera nos costará algo, y hará que demos a nuestra conducta la forma que Dios espera de ella. Dicho con sencillez, la religión pura se expresa en una humilde entrega a Dios, y un amor sincero por los más vulnerables entre los que nos rodean.

La religión pura nos lleva a cuidar las viudas y los huérfanos que viven en medio de angustias. Nos es fácil pasar por alto estos grupos de personas, pero Dios espera que no ignoremos sus aprietos cuando tengamos la oportunidad de ayudarlos.

La religión verdadera permanece libre de toda mancha mundana. Puede ser difícil escapar a la influencia del mundo, y por eso debemos estar continuamente en guardia contra sus efectos contaminantes. Necesitamos acercarnos de manera persistente al Señor y hacer de su búsqueda nuestra prioridad más elevada. Al hacerlo saldremos de todas las pruebas con el corazón firmemente fijado en Él.

Discipulado en acción

Aun en medio de las pruebas, es posible experimentar el gozo que nos produce caminar con el Señor. Nuestra sensación de esperanza para el futuro no tiene por qué descarrilarse.

Sin embargo, el mantenimiento del gozo y la esperanza no se produce de manera natural. Exige un punto de vista que parece contradecir a la respuesta humana que es desesperarse en los tiempos difíciles. Es crítico mantener una perspectiva de eternidad. Cuando uno se centra en el cuadro general y se aferra a la convicción de que servimos a un Dios bueno, puede experimentar un gozo capaz de desafiar a las circunstancias.

¿Está pasando usted hoy por una prueba en cuanto a su fe? ¿Cómo la está manejando? ¿Se siente derrotado, o está viviendo con la expectativa de recibir del Señor ayuda y fortaleza? Si está luchando, rechace la tentación de buscar en usted mismo las respuestas. Pida sabiduría a Dios. Confíe en que Él le dará gracia y entendimiento. Dios no lo ha olvidado.

Ministerio en acción

Recuérdele a sus alumnos que los no creyentes pasan por luchas y crisis en la vida, y con frecuencia no saben a dónde acudir. Si los alumnos se mantienen centrados en Cristo en medio de sus dificultades, pueden manifestar la esperanza que tenemos en Cristo. Dedique tiempo al final de la clase para orar por los parientes y amigos que no son salvos, y que necesitan hallar esperanza en tiempos de tribulación.

Lectura devocional

Lunes
Librados del enemigo.
Éxodo 14:13–21
Martes
El reconocimiento del Libertador.
Salmo 66:1–9
Miércoles
La presencia de Dios en las pruebas.
Isaías 43:1–7

Jueves
La razón de ser del sufrimiento.
Romanos 5:1–5
Viernes
Más que vencedores.
Romanos 8:31–39
Sábado
Sufrir sin sentirse avergonzado.
1 Pedro 4:12–19

Fundamento bíblico
Santiago 2:1–26

Enfoque
Examinar y poner en práctica los principios cristianos sobre nuestra forma de tratar a los demás.

Bosquejo

I. Evite las discriminaciones
   A. No muestre favoritismo
   B. Ricos y pobres
II. Guarde la Ley Real
   A. El Gran Mandamiento
   B. Evite el juicio de Dios
III. Obre de acuerdo con su fe
   A. Las evidencias de una fe genuina
   B. Ejemplos del Antiguo Testamento

Preparación

☐ Escoja las preguntas, actividades de aprendizaje y artículos del *Folleto de ayudas y recursos* que le ayuden a alcanzar sus objetivos en la lección.

☐ Llene la hoja "Planificación de la clase".

☐ Prepare las siguientes copias maestras: El Buen Samaritano, Fe y fidelidad, Oración y fidelidad, Para un estudio más amplio 24

La fe cristiana en acción

Verdad central

La Biblia nos orienta con claridad en cuanto a nuestra manera de tratar a los demás.

Versículo clave: Santiago 2:8

Si en verdad cumplís la ley real, conforme a la Escritura: Amarás a tu prójimo como a ti mismo, bien hacéis.

Introducción

¿Qué dice acerca de nuestra relación con el Señor la manera en que tratamos a los demás?

La forma en que los cristianos tratan a los demás a través de cualquier día normal es una medida válida de su grado de espiritualidad. Cuando ese trato es bueno o malo, según la riqueza de la persona o su posición social, está demostrando que el cristiano no comprende los valores y prioridades de Dios. El estudio de hoy explora la responsabilidad que tiene el creyente de amar a los demás, sin importarle su posición social. Aproveche esta oportunidad para pedirle al Señor que le revele si su actitud hacia la gente es un reflejo de la actitud de Él.

Objetivos del aprendizaje

Al terminar esta lección, sus alumnos podrán:

1. rechazar la tentación de discriminar a otras personas en nuestra manera de tratarlas.
2. evaluar lo que significa la palabra "prójimo" en lo que se refiere al Gran Mandamiento.
3. hacer suya la relación entre la fe genuina y un estilo de vida que honre a Dios.

2:1. Hermanos míos, que vuestra fe en nuestro glorioso Señor Jesucristo sea sin acepción de personas.

2. Porque si en vuestra congregación entra un hombre con anillo de oro y con ropa espléndida, y también entra un pobre con vestido andrajoso,

3. y miráis con agrado al que trae la ropa espléndida y le decís: Siéntate tú aquí en buen lugar; y decís al pobre: Estate tú allí en pie, o siéntate aquí bajo mi estrado;

4. ¿no hacéis distinciones entre vosotros mismos, y venís a ser jueces con malos pensamientos?

5. Hermanos míos amados, oíd: ¿No ha elegido Dios a los pobres de este mundo, para que sean ricos en fe y herederos del reino que ha prometido a los que le aman?

6. Pero vosotros habéis afrentado al pobre. ¿No os oprimen los ricos, y no son ellos los mismos que os arrastran a los tribunales?

7. ¿No blasfeman ellos el buen nombre que fue invocado sobre vosotros?

8. Si en verdad cumplís la ley real, conforme a la Escritura: Amarás a tu prójimo como a ti mismo, bien hacéis;

9. pero si hacéis acepción de personas, cometéis pecado, y quedáis convictos por la ley como transgresores.

10. Porque cualquiera que guardare toda la ley, pero ofendiere en un punto, se hace culpable de todos.

11. Porque el que dijo: No cometerás adulterio, también ha dicho: No matarás. Ahora bien, si no cometes adulterio, pero matas, ya te has hecho transgresor de la ley.

12. Así hablad, y así haced, como los que habéis de ser juzgados por la ley de la libertad.

13. Porque juicio sin misericordia se hará con aquel que no hiciere misericordia; y la misericordia triunfa sobre el juicio.

14. Hermanos míos, ¿de qué aprovechará si alguno dice que tiene fe, y no tiene obras? ¿Podrá la fe salvarle?

15. Y si un hermano o una hermana están desnudos, y tienen necesidad del mantenimiento de cada día,

16. y alguno de vosotros les dice: Id en paz, calentaos y saciaos, pero no les dais las cosas que son necesarias para el cuerpo, ¿de qué aprovecha?

17. Así también la fe, si no tiene obras, es muerta en sí misma.

26. Porque como el cuerpo sin espíritu está muerto, así también la fe sin obras está muerta.

Comentario bíblico

I. Evite las discriminaciones

A. *No muestre favoritismo*
Santiago 2:1–4

Santiago, el autor de esta epístola, era medio hermano de Jesús, y líder de la iglesia en Jerusalén (Hechos 15:1–20). Escribió con el propósito de que circulara entre los cristianos judíos que se hallaban en iglesias situadas fuera de la Tierra Santa. En ella, Santiago habla de una serie de cuestiones con las que se tenían que enfrentar los primeros creyentes. Una de las cuestiones más prominentes parece mantenerse a través del tiempo, puesto que es tan relevante hoy, como lo era entonces: la práctica del favoritismo (Santiago 2:1).

La forma en que está redactado el versículo 1 indica que Santiago se enfrentaba a un problema que ya ocurría. No se limitaba a hacer una advertencia con respecto a unas prácticas potencialmente incorrectas. Se dio cuenta de que, con frecuencia, la gente de las iglesias que tenía poca prominencia social era tratada de manera diferente a la que tenía una posición elevada. Mientras que se prestaba una atención especial a los ricos, ofreciéndoles los sitios de honor, los pobres eran recibidos de manera muy diferente. Se les pedía estar de pie en algún lugar donde no estorbaran, o incluso, que se sentaran en el suelo. Básicamente, se les hacía sentir menos importantes (vv. 2–4). Santiago se enfrentaba al hecho de que los cristianos no habían comprendido que ese favoritismo era un pecado muy grave ante los ojos de Dios.

Hoy en día, los cristianos se dejan influir algunas veces por los prejuicios de su cultura. El mundo valora la posición social y la riqueza. La sociedad reacciona ante las personas a partir de su posición dentro de la comunidad. Es fácil para la iglesia sentir la tentación de valorar en exceso a aquellos que la sociedad considera importantes, y no valorar debidamente a los que se considera que son inferiores dentro de ella.

¿Por qué es tan fácil que nos dejemos influir por los valores y las prioridades del mundo?

> **IDEA 1.** Pida a sus alumnos responder a la pregunta y explique algunos valores comunes del mundo que podríamos sentir presión a aceptar. Ej., las formas específicas en que podríamos inclinarnos a manifestar favoritismo, y cómo podemos demostrar un sutil rechazo hacia ciertos individuos. Hable sobre cómo nos podemos preparar para reaccionar adecuadamente cuando nos presionan a aceptar valores mundanos con respecto a cómo tratar a los demás.

Por mucho que sepamos que hemos sido llamados a ser diferentes al mundo y poseer actitudes distintas, tenemos un fuerte anhelo por ser aceptados en el ambiente que nos rodea. No queremos parecer insignificantes ante los ojos del mundo, ni que que nos asocien con los rechazados por la sociedad en general. Como consecuencia, podríamos actuar de una manera nada agradable a Dios con el fin de darnos valor ante los no creyentes. Esto nos puede llevar a los mismos pecados que describe Santiago. Debemos recordar que tenemos la obligación de representar a Cristo, y por tanto, es a su sistema de valores al que nos debemos conformar.

B. Ricos y pobres
Santiago 2:5–7

Santiago exhorta a los creyentes a examinar de nuevo la manera en que tratan a los pobres y a los ricos, a la luz de sus propias experiencias en la vida. Lo hace en Santiago 2:5–7 por medio de una serie de preguntas. La Iglesia estaba formada en sus primeros años, mayormente por gente que era pobre ante los ojos del mundo. De hecho, su ejemplo demostraba lo que significa ser verdaderamente rico: tenían la riqueza de su fe.

Por otra parte, eran los ricos los que los habían perseguido y explotado. En su mayoría, estos ricos rechazaban el Evangelio, al mismo tiempo que oprimían a los seguidores de Cristo y se aprovechaban de ellos.

También los ricos eran culpables con frecuencia de difamar el nombre de Cristo. Estaban dedicados a acumular riquezas materiales para ellos mismos, aunque fuera a expensas de los pobres y los necesitados. Santiago quería que los creyentes tuvieran presente que los ricos a los que ellos trataban de impresionar rechazaban la misma fe que ellos amaban tanto.

Santiago no decía esto para insinuar que las riquezas hacían malas a las personas. Lo que señalaba era la contradicción de halagar de manera poco sincera a los que rechazaban a Cristo, al mismo tiempo que estos miraban con ojos de apatía a los creyentes pobres que los rodeaban.

> **IDEA 2.** Pida a sus alumnos que definan las actitudes que consideran más corrientes entre los cristianos con respecto a los no creyentes ricos e influyentes. Anote sus respuestas. Compare y contraste lo que anote con la manera en que los cristianos deberían considerar a estos no creyentes.

En general, ¿cómo tratan hoy en día los ricos e influyentes a los cristianos, sobre todo en cuanto a su fe en Cristo?

Es frecuente que los ricos tengan una actitud hostil hacia los fieles, tal como sucedía en los tiempos de Santiago. Lo vemos en el evangelismo. En muchos países del Tercer Mundo, el Evangelio es recibido con gran gozo, mientras que en otras naciones más ricas, el crecimiento de la Iglesia es mucho más lento. No debemos considerar a los ricos como una clase especial de personas a las que hay que buscar a causa de su posición social. Muchas veces ellos participan en las burlas y las persecuciones dirigidas contra los cristianos. Sencillamente, los debemos ver solo como almas que necesitan la salvación.

II. Guarde la Ley Real
A. El Gran Mandamiento
Santiago 2:8

Tratar a todos con equidad y con respeto es una importante aplicación de lo que Santiago llama "la ley real": "Amarás a tu prójimo como a ti mismo" (v. 8). Aquí cita a Levítico 19:18. La palabra "real" se le aplica, porque abarca todos los aspectos de la ley moral. En cierto sentido, es el resumen de la Ley.

Jesús se refirió a este mandamiento, junto con Deuteronomio 6:5, al decir que es el mayor de todos los mandamientos (templo 22:37–40; Marcos 12:28–31; Lucas 10:25–28), y añadió que los cristianos debemos amar al Señor con todo su corazón, alma y mente. Santiago indica claramente que amar a nuestro prójimo como a nosotros mismos significaba entre otras cosas respetar a todos los seres humanos, sin tener en cuenta su posición social. El favoritismo no tiene lugar en la vida de los que aman al Señor y le quieren servir.

> **IDEA 3.** Distribuya la hoja de trabajo "El Buen Samaritano". Que sus alumnos que lean esta parábola en grupos pequeños. Después que respondan a las preguntas, comente sus respuestas. Hable sobre la manera en que esta parábola nos puede ayudar a superar unas actitudes incorrectas hacia las personas que pertenecen a las clases más necesitadas de la sociedad.

Amar a nuestro prójimo nos puede ser relativamente sencillo cuando esa persona es alguien a quien nosotros aceptaríamos y querríamos conocer de manera natural. Pero entre nuestros prójimos también se encuentran los que son rechazados, e incluso despreciados por la sociedad. Dios les da valor, y quiere que nosotros también se lo demos. En cambio, si evaluamos a las personas de acuerdo a las normas humanas, haremos algo que desagrada a Dios.

Dios vino a alcanzar con su inmensa compasión a la humanidad llena de pecado. No nos juzgó indignos de su amor, sino que entregó a su Hijo para que muriera por nuestros pecados. La salvación que nos viene a causa de la muerte de Cristo no está relacionada con nuestra posición social, ni con las riquezas que tengamos. Jesús murió por todos.

❓ ¿Por qué es tan común que los cristianos no veamos la necesidad de tratar a los demás con la clase de amor y de respeto que Dios tiene con nosotros?

Muchas veces, los cristianos no reconocemos la profundidad de la gracia divina que fue necesaria para salvarnos. Subestimamos la cruz a menos que tratemos de valorar la maravillosa gracia que Dios tuvo que aportar para otorgarnos la salvación, lo más probable es que carezcamos de compasión por los demás.

B. Evite el juicio de Dios
Santiago 2:9–13

Santiago apela a la Ley para presentar su idea a sus destinatarios judíos. La manera en que algunos trataban a los pobres violaba la esencia de los seis últimos mandamientos (vv. 9–10). Aquí había una acusación potencial. Jesús reprendió a los fariseos, por ignorar las partes de la Ley que ellos no querían seguir (véase Mateo 23:23–24). Ahora, parecía como si el pueblo de Dios se sintiera con derecho a ignorar el mandato de amar que le había dado Dios, cuando iba contra sus sensibilidades personales. Santiago los reprendió a ellos también, y con toda razón.

Utiliza el ejemplo extremo del adulterio para que vean su hipocresía (Santiago 2:11–12). Obedecer a Dios en algunas cosas, y descuidar otras, los convertía en transgresores de la Ley, cualquiera que fuera su pecado.

❓ ¿Qué razón dio Santiago por la cual un creyente debía evitar el servir a Dios solo en algunos aspectos, al mismo tiempo que descuidaba su obediencia en otros?

La desobediencia trae consigo el juicio (Santiago 2:12–13). Recordemos que recibimos la misericordia de Dios. Ahora nos toca ser misericordiosos con los demás. Tal vez no haya una traición mayor a la misericordia, que los prejuicios. Pero la presencia del amor y la misericordia en nuestra vida demuestra que Dios está obrando en ella.

III. Obre de acuerdo con su fe
A. Las evidencias de una fe genuina
Santiago 2:14–19

❓ ¿Son esenciales las obras o acciones piadosas para vivir por la fe en Cristo? Explique.

La fe y las obras se hallan inseparablemente enlazadas. Jesús enseñó que la persona que tiene una fe genuina, hace la voluntad de Dios (Mateo 7:21). Esto no significa que seamos salvos por obras (Efesios 2:8–9). Lo que significa es que el carácter de Dios es definido por ciertas cualidades, como el amor, la misericordia y la justicia. Si no buscamos estas características, indicamos que no caminamos en una relación con Cristo, quien nos llama a seguirlo. La fe genuina se manifiesta en la piedad (Santiago 2:14).

Santiago usa el ejemplo de un hermano o hermana en necesidad para demostrar que las obras son necesarias. Si un cristiano no se conmueve ante su necesidad, no está manifestando tener el amor y la compasión que lo asemejan a Dios. La fe de esa persona carece de vida y de energía. Es vacía e inútil (vv. 15–16).

El ejemplo usado en el versículo 16 es poderoso, puesto que "Id en paz" era una expresión compasiva y llena de sentido que demostraba una preocupación real por alguien. Decirla y al mismo tiempo ignorar su necesidad era mucha hipocresía.

Santiago continúa retando a sus lectores a que le den un ejemplo de fe verdadera que no vaya acompañada de acciones (vv. 18–19). Es imposible encontrarlo, porque esa clase de fe consistiría solamente en simples palabras que manifestarían unas creencias producto de un acuerdo mental. Hasta los demonios tienen unas creencias correctas con respecto a quién es Dios. El servicio humilde en el nombre del Señor es lo que indica que hay una fe salvadora genuina.

> **IDEA 4.** Distribuya la hoja de trabajo "Fe y fidelidad". Indique a sus alumnos que respondan a los textos bíblicos, y comente sus respuestas en clase. Anímelos a responder las preguntas personales por su cuenta, y meditar en ellas durante la semana próxima.

¿Cómo pueden impactar nuestras obras el testimonio que damos ante el mundo?

Muchas veces, los no creyentes condenan al cristianismo a partir de la hipocresía que ven entre los cristianos. Así llegan a la conclusión de que la fe en Jesús no es genuina, y usan esto como una excusa para vivir en rebelión contra Dios. En cambio, la fe auténtica es una parte importante de todo evangelismo que tenga éxito. Los que nombramos el nombre de Cristo debemos vivir de acuerdo con nuestra fe delante de los no creyentes. Ellos nos juzgarán por lo que vean, y no por lo que nosotros les digamos.

B. Ejemplos del Antiguo Testamento
Santiago 2:20–26

Santiago utiliza ejemplos del Antiguo Testamento para mostrar la relación entre la fe y la acción. El primero es Abraham (vv. 20–24). Cuando el Señor le ordenó sacrificar a su hijo Isaac, Abraham obedeció. Esta fidelidad hizo que Dios lo declarara justo.

La fe de Abraham y su obediencia eran consideradas como una misma cosa. Jesús dijo algo similar en Juan 15:14–15. Es imposible separar lo que hacemos de lo que creemos. Los seguidores de Cristo hemos sido llamados a obedecer sus mandamientos.

Santiago narra la historia de Rahab (vv. 25–26; véase Josué 2:1–24). Rahab estaba tan convencida de que el Dios único y verdadero de los israelitas les daría la victoria sobre Jericó, que escondió a los espías israelitas de los soldados. Era arriesgado, y exigía una fe combinada con la acción adecuada. Pero su fiel confianza fue recompensada, y fue considerada como justa por su piadosa acción.

El capítulo dos termina con una declaración determinante: La fe sin obras es comparable a un cuerpo sin espíritu (v. 26). Una fe así es como un cadáver. La fe y las obras van unidas, como el cuerpo y el espíritu.

¿En qué difiere decir que la fe debe ir acompañada por obras, y decir que las obras son la manera de asegurar la salvación?

Las obras no son el medio para lograr la salvación. Son el fruto necesario de esa salvación. La relación con Cristo transforma lo que somos. Ese cambio en cuanto a valores y prioridades se refleja naturalmente en como vivimos. Ya no vivimos para nosotros, sino que vivimos para glorificar a Dios.

Discipulado en acción

IDEA 5. Distribuya la hoja de trabajo "Oración y fidelidad". Anime a sus alumnos a llenar la hoja durante los próximos días, y usarla después como parte de su lista de oración por aquellos que necesitan a Cristo.

Nuestra manera de tratar a los demás es parte fundamental del desarrollo de una relación saludable con el Señor. Él espera que nosotros no nos limitemos a profesar nuestra fe, sino que también la pongamos en práctica. Una parte importante de esta práctica de nuestra fe tiene que ver con amar a todas las personas, sin tener en cuenta su posición social ni sus riquezas materiales.

Los no creyentes nos observan con detenimiento. Cuando vivimos de una manera incoherente, les podemos dar excusas a los que no quieren vivir para Dios. Un testimonio de este tipo no les ofrece orientación alguna a los que sí quieren conocer mejor a Cristo.

Dedique un momento a evaluar su testimonio. Pida a Dios que lo ayude a dejar de lado cuanta hipocresía haya en su vida, para decidirse a seguirlo con fidelidad y constancia.

Ministerio en acción

Invite a sus alumnos a reunirse para tener un momento de oración colectiva. Indíqueles que oren unos por otros para pedir a Dios que fortalezca su fe, al mismo tiempo que ellos dejan atrás todo aquello que sea un estorbo para su caminar con Él.

Lectura devocional

Lunes
Decidida hacer lo correcto.
Rut 1:1–10
Martes
Rut no se despega de Noemí
Rut 1:11–18
Miércoles
Booz actúa con bondad.
Rut 2:8–17

Jueves
El Gran Mandamiento.
Mateo 22:34–40
Viernes
Todos son bienvenidos.
Lucas 14:15–24
Sábado
Dios no hace acepción de personas.
Hechos 10:30–38

Domestique su lengua

Fundamento bíblico
Santiago 3:1–18

Enfoque

Darnos cuenta de que las palabras pueden afectar a otras personas para el bien o para el mal, y edificar a los demás con lo que decimos.

Bosquejo

I. Controle sus palabras
  A. Una advertencia a los maestros
  B. Domine su lengua

II. La naturaleza destructora de la lengua
  A. El poder corruptor
  B. Una fuerza persistente

III. Hable y viva sabiamente
  A. La sabiduría de este mundo
  B. La sabiduría de lo alto

Preparación

☐ Escoja las preguntas, actividades de aprendizaje y artículos del *Folleto de ayudas y recursos* que le ayuden a alcanzar sus objetivos en la lección.

☐ Llene la hoja "Planificación de la clase".

☐ Prepare las siguientes copias maestras: El uso sabio de las palabras, El poder de la lengua, La sabiduría terrenal y las del Fruto del Espíritu, Para un estudio más amplio 25

Verdad central

La lengua tiene poder para levantar o para destruir.

Versículo clave: Proverbios 12:18

Hay hombres cuyas palabras son como golpes de espada; mas la lengua de los sabios es medicina.

Introducción

Un viejo refrán dice: "Los palos y las piedras podrán quebrarme los huesos, pero las palabras nunca me podrán herir". Es difícil imaginarse una declaración que sea más falsa que esta. Las palabras pueden ser más devastadoras que las acciones, y continúan hiriendo mucho después que desaparece el dolor físico. En ese caso, no es de sorprenderse que las Escrituras nos adviertan claramente a los cristianos para que tengamos cuidado con lo que decimos.

El estudio de esta semana analiza cuanto poder tienen nuestras palabras, tanto para bendecir como para herir. Al estudiar la lección de hoy, piense en las maneras importantes en que puede aplicar a su vida estas enseñanzas prácticas de la epístola de Santiago.

Objetivos del aprendizaje

Al terminar esta lección, sus alumnos podrán:

1. reconocer que necesitan practicar la disciplina de controlar lo que dicen.
2. aplicar la sabiduría de origen divino a sus palabras, y hablar de una manera que sea agradable a Dios y edifique a los demás.
3. reconocer el potencial de destrucción que hay en la lengua.

3:1. Hermanos míos, no os hagáis maestros muchos de vosotros, sabiendo que recibiremos mayor condenación.

2. Porque todos ofendemos muchas veces. Si alguno no ofende en palabra, éste es varón perfecto, capaz también de refrenar todo el cuerpo.

3. He aquí nosotros ponemos freno en la boca de los caballos para que nos obedezcan, y dirigimos así todo su cuerpo.

4. Mirad también las naves; aunque tan grandes, y llevadas de impetuosos vientos, son gobernadas con un muy pequeño timón por donde el que las gobierna quiere.

5. Así también la lengua es un miembro pequeño, pero se jacta de grandes cosas. He aquí, ¡cuán grande bosque enciende un pequeño fuego!

6. Y la lengua es un fuego, un mundo de maldad. La lengua está puesta entre nuestros miembros, y contamina todo el cuerpo, e inflama la rueda de la creación, y ella misma es inflamada por el infierno.

7. Porque toda naturaleza de bestias, y de aves, y de serpientes, y de seres del mar, se doma y ha sido domada por la naturaleza humana;

8. pero ningún hombre puede domar la lengua, que es un mal que no puede ser refrenado, llena de veneno mortal.

9. Con ella bendecimos al Dios y Padre, y con ella maldecimos a los hombres, que están hechos a la semejanza de Dios.

10. De una misma boca proceden bendición y maldición. Hermanos míos, esto no debe ser así.

11. ¿Acaso alguna fuente echa por una misma abertura agua dulce y amarga?

12. Hermanos míos, ¿puede acaso la higuera producir aceitunas, o la vid higos? Así también ninguna fuente puede dar agua salada y dulce.

13. ¿Quién es sabio y entendido entre vosotros? Muestre por la buena conducta sus obras en sabia mansedumbre.

14. Pero si tenéis celos amargos y contención en vuestro corazón, no os jactéis, ni mintáis contra la verdad;

15. porque esta sabiduría no es la que desciende de lo alto, sino terrenal, animal, diabólica.

16. Porque donde hay celos y contención, allí hay perturbación y toda obra perversa.

17. Pero la sabiduría que es de lo alto es primeramente pura, después pacífica, amable, benigna, llena de misericordia y de buenos frutos, sin incertidumbre ni hipocresía.

18. Y el fruto de justicia se siembra en paz para aquellos que hacen la paz.

Comentario bíblico

I. Controle sus palabras

A. Una advertencia a los maestros
Santiago 3:1

❓ ¿Por qué cree usted que los líderes van a ser juzgados de una manera más estricta, tal como se describe en Santiago 3:1?

Los que buscan puestos de liderazgo en la iglesia deben reconocer que ellos solo son mayordomos, y que un día tendrán que rendir cuentas de su liderazgo. Santiago escribió que los maestros espirituales serán juzgados de una manera más estricta, porque sus palabras tienen la capacidad de guiar a los demás hacia el Señor, o apartarlos de Él.

La Iglesia luchó en sus primeros tiempos con un gran número de herejías presentadas por falsos maestros. Estos falsos maestros enseñaban doctrinas y prácticas que producían grandes confusiones dentro del cuerpo de Cristo. Había cristianos que los seguían. Como resultado de este problema, algunas de las epístolas que aparecen en el Nuevo Testamento fueron escritas para combatir las enseñanzas heréticas que se abrieron paso en las iglesias. Santiago se refiere a este problema de las falsas enseñanzas al principio del capítulo tercero.

Observe que Santiago llama "hermanos" a los que tienen el deseo de ser maestros. Esto nos indica una fuerte realidad: Las falsas enseñanzas pueden venir, y con frecuencia vienen, de dentro de la misma Iglesia. Algunas veces, esas enseñanzas comienzan en el corazón de personas que comenzaron a enseñar con buenas intenciones.

Es importante que aquellos que quieren ser maestros, y todos los que se dediquen a cualquier tipo de liderazgo espiritual, reconozcan la inmensa responsabilidad que acompaña a un papel así. Los maestros no solo son responsables de lo que digan, sino también del impacto que puedan tener sus enseñanzas en los que las escuchen y actúen de acuerdo a ellas. Santiago señala que desear y aceptar puestos en el liderazgo, y en especial en la enseñanza, es algo que no se debe tomar a la ligera.

¿Cómo se pueden proteger los maestros contra la posibilidad de ser juzgados por haber fallado espiritualmente?

Los que predican la Palabra de Dios necesitan estudiar constantemente la Palabra que proclaman. Deben adquirir la costumbre de buscar al Señor en oración. Y deben estar dispuestos a someterse a las autoridades que de Dios ha puesto, con el fin de poder rendir cuentas a esas autoridades.

B. Domine su lengua
Santiago 3:2–5

A partir de Santiago 3:2, la epístola pasa de centrarse solo en los maestros a incluir a todos los creyentes. Santiago comienza indicando algo que la mayoría de los creyentes estarán de acuerdo en que es evidente: todos los cristianos tenemos que luchar en algún aspecto de nuestro caminar cristiano. Aquí afirma que todo el que sea capaz de controlar sus palabras, es capaz de controlar virtualmente todo lo demás. De una persona así, dice que es "perfecta" (v. 2), lo cual se refiere a la madurez espiritual y moral, y no al hecho literal de que no tenga pecado. Hay la probabilidad de controlar otros aspectos de nuestra vida, si podemos controlar nuestra lengua.

Los versículos 3–5 se refieren a este principio, destacan lo poderosa que puede ser la lengua. Es una parte pequeña del cuerpo, pero puede inflamar pasiones gigantescas. Santiago la describe como una chispa capaz de incendiar todo un bosque. Como el freno en la boca de un caballo o el timón que controla un barco, la lengua, tan relativamente pequeña, puede causar un gran impacto en las personas, e incluso en las naciones.

¿Cuáles ejemplos bíblicos tenemos de las consecuencias negativas que se producen cuando no hablamos con sabiduría?

IDEA 1. Distribuya la hoja de trabajo "El uso sabio de las palabras". Divida la clase en grupos pequeños. Asigne a cada grupo un pasaje bíblico y pídales que presenten un informe sobre las consecuencias que trae el no hablar con sabiduría. Comente sus respuestas.

Nuestra lengua tiene el poder de alterarnos la vida. Aunque aprender a controlar lo que decimos sea difícil, el Espíritu nos puede ayudar. Dentro del fruto del Espíritu del que habla Pablo en Gálatas, se halla la templanza, o dominio propio (Gálatas 5:23). Una de las razones por las que nuestras palabras son tan poderosas, es su potencial para producir daños cuando se las usa mal. Una vez que hemos pronunciado descuidadamente esas palabras, es frecuente que no se pueda reparar el daño hecho. Necesitamos que el poder del Espíritu obre en nosotros para controlar el poder de la lengua.

II. La naturaleza destructora de la lengua

A. El poder corruptor
Santiago 3:6–8

El peligro que significa la lengua va más allá de lo difícil que es controlarla. Cuando se combina con nuestra naturaleza egoísta caída, tiene un gran poder corruptor. Las palabras descuidadas pueden destruir familias, terminar amistades, e incluso iniciar guerras entre naciones.

Santiago dice de la lengua que es "un fuego, un mundo de maldad". Es una herramienta sumamente poderosa en las manos de Satanás (v. 6), que amenaza con corromper nuestra personalidad y contaminar nuestra alma. Por ejemplo, una palabra dura puede causar ira, lo cual lleva al resentimiento, y este a su vez puede llegar a amargar el alma.

La lengua también se halla en fuerte contraste con la capacidad que tiene el ser humano de domesticar muchas otras cosas (vv. 7–8). Las personas han podido domesticar los reinos de los mamíferos, las aves y las criaturas marinas. Hemos desarrollado tratamientos y vacunas contra numerosas enfermedades. Sin embargo, el hombre nunca ha sido capaz de domesticar el poder de la lengua. Esta sigue siendo tan poderosa y corrosiva como un veneno mortal, y sigue demostrando su tendencia a dejar que la encienda el enemigo de nuestras almas.

? ¿De qué maneras específicas puede tener la lengua un impacto venenoso en los cristianos dentro de la iglesia local?

IDEA 2. Distribuya el estudio de casos "El poder de la lengua". Que los alumnos los lean y respondan, y después comente sus respuestas.

Lamentablemente, el poder destructor de la lengua se evidencia frecuentemente en la Iglesia. Los creyentes les dicen cosas sin pensar a otros y fomentan el resentimiento. La gente se siente libre para murmurar contra sus líderes espirituales y propagar el descontento. Estas acciones son un obstáculo para la obra de Dios. Los creyentes debemos tomar deliberadamente la decisión de usar nuestra lengua de maneras que edifiquen y construyan, en lugar de destruir.

B. Una fuerza persistente
Santiago 3:9–12

Es cosa corriente que los seres humanos dividamos nuestra vida en distintos compartimentos, y esto es cierto sobre todo cuando se trata de las palabras que usamos. Santiago ilustra esta realidad cuando reprende a los que alaban a Dios, pero hablan mal de otro ser humano (v. 9). Esta situación es especialmente contradictoria, porque exaltar a Dios es el uso más elevado que tiene la lengua. Sin embargo, este mismo Dios que nosotros exaltamos es el que hizo a su imagen a los seres humanos.

Hay una serie de analogías que confirman este principio (vv. 10–12). Los que viajaban por Judea siempre buscaban manantiales para refrescarse. Algunos manantiales eran de agua potable, y otros no. Sin embargo, había algo cierto: Era imposible que un manantial diera al mismo tiempo agua potable y no potable. Afirmar tal cosa sería absurdo.

De igual manera, los viajeros hallaban higueras, olivos y vides a su paso. Ellos esperaban recoger higos en una higuera, que los olivos dieran aceitunas, y que las vides dieran uvas. Una vez más, sería absurdo pensar que las cosas fueran diferentes: las higueras dan higos, los olivos aceitunas y las vides uvas. Dios espera la misma coherencia en nuestra vida. Nuestras palabras deben bendecir a los demás, así como bendicen al Señor.

¿De qué maneras podría alguien tratar de justificar el hablar mal de otro, y por qué esto no es digno de un cristiano?

> **IDEA 3.** Después que comente la pregunta anterior, pregunte a los alumnos por las cosas específicas que las personas exaltan acerca del Señor (Ej. su bondad, su gracia, etc.). Después pregunte acerca de las maneras concretas en que los cristianos pueden decir cosas buenas acerca de otros creyentes (Ej., centrarse en algo bueno que han hecho, en una cualidad de su persona, etc.). Hable acerca de la forma en que el hecho de centrarse en estas cosas afecta a la manera en que pensamos de los demás.

III. Hable y viva sabiamente
A. La sabiduría de este mundo
Santiago 3:14–16

Santiago hace en el capítulo 3:13–18 un contraste entre dos tipos de sabiduría. Es posible que tuviera en mente a los maestros de los que

habló (v.1). Ciertamente, los maestros necesitan haber captado con firmeza la sabiduría que lleva a la vida eterna. No obstante, estas enseñanzas de Santiago se aplican bien a un público más general. Es vital que todos escojamos la sabiduría celestial por encima de la del mundo.

¿Qué nos enseñan los versículos 14 al 16 acerca de la sabiduría del mundo?

Santiago parece reconocer que varios de sus lectores albergaban en su corazón actitudes pecaminosas, como la envida y las ambiciones egoístas.

Con la perspectiva de que estos versículos son para los maestros, es probable que haya reprendido las actitudes de arrogancia y las ambiciones. Es posible que diversos líderes dentro de su iglesia sintieran celo por reafirmar sus propias interpretaciones de la verdad. Aquello era algo interesado y tenía el impacto de dividir a los cristianos. Se atrincheraban en la sabiduría del mundo, aunque afirmaban proclamar la verdad.

Estas características negativas de egoísmo y envidia no tenían lugar entre los cristianos, porque se centraban en la persona, en vez de centrarse en los demás y en alabar a Dios. Esta falsa sabiduría atrae a nuestra naturaleza caída, pero se revela como impía. Es una sabiduría que solo se centra en lo que ganamos para nosotros, y descuida las cualidades que definen a la sabiduría que viene de Dios: el amor, la piedad, el desprendimiento, la misericordia y la prioridad de las cosas eternas.

> **IDEA 4.** Distribuya la hoja de trabajo "La sabiduría terrenal y las del Fruto del Espíritu". Cuando los alumnos terminen, comente sus respuestas.

❓ ¿Qué consecuencias trae para los cristianos buscar la sabiduría del mundo?

La sabiduría va más allá de una simple comprensión mental de conceptos. Llega hasta nuestras decisiones y en última instancia sirve como reflexión de nuestra relación con Dios. Si vivimos de acuerdo a la sabiduría del mundo, esa relación recibirá un impacto negativo. La sabiduría de este mundo solo es capaz de producir destrucción. La fuente de esta es Satanás, el enemigo de nuestras almas y del reino de Dios.

B. La sabiduría de lo alto
Santiago 3:13, 17–18

Contrario a la sabiduría terrenal, la sabiduría que viene de Dios es pura; libre de todo lo pecaminoso (v. 17). A diferencia de la sabiduría de los falsos maestros, que puede traer desunión y disfunción a las congregaciones que afecta, la sabiduría que viene de Dios hace nacer la paz. En vez de buscar unos fines egoístas, la sabiduría de Dios es considerada y misericordiosa. En vez de ser arrogante, es sumisa. Y mientras que la sabiduría terrenal no suele ver problema alguno en el engaño o la duplicidad, la sabiduría de Dios es sincera.

❓ ¿De qué maneras prácticas se puede ver la sabiduría de Dios en nuestras acciones y palabras?

La sabiduría que viene de Dios se manifiesta a través de una conducta que nos asemeja a Cristo (v. 13). Nuestra relación mutua refleja el amor a Cristo, y el deseo de cumplir con sus mandamientos. La sabiduría que viene de lo alto obra en nosotros cuando se nos identifica por nuestra piedad y nuestra humildad.

❓ ¿Por qué tiene tanta importancia la humildad en nuestras relaciones con los demás?

Las características de la sabiduría terrenal carecen de humildad. Es corriente ver esto en toda la sociedad. Se acepta el que una persona esté centrada en sí misma, e incluso se la anima a estarlo. En ese caso, no es de sorprenderse que la humildad sea un indicador clave de que uno sigue la senda de la sabiduría que viene de Dios. Cristo se humilló a sí mismo, dejando las glorias del cielo para venir a este mundo. Lo imitamos cuando practicamos la humildad en nuestras relaciones con los demás. La humildad nos lleva a mirarlos como los mira Cristo, y después a tratarlos con un amor que viene también de Dios.

Por lo general, las personas humildes son más capaces de ser transparentes y vulnerables. Admiten que se han equivocado y ven voluntariamente el punto de vista de la otra persona cuando hay un desacuerdo. La humildad permite que las personas perdonen las ofensas que les hayan hecho, y muestren misericordia. Lo hacen, debido a que reconocen sus propias limitaciones.

Tal vez no hay nada donde se haga más evidente la sabiduría que viene de Dios, que en nuestras palabras. Cuando nuestra manera de hablar se caracteriza por el amor piadoso y por la generosidad, el cuerpo de Cristo se beneficia. Nuestras palabras establecen el ambiente para una unidad que honra a Dios y un amor que le dice a un mundo perdido que somos el pueblo de Dios. Cuando nuestras palabras son sabias, nuestra vida da un fuerte testimonio de justicia (v. 18).

Discipulado en acción

Nuestras palabras tienen el poder de acarrearnos grandes bendiciones. También tienen capacidad para causar tristezas insondables. Todos hemos conocido el poder que tienen las palabras para levantar o para echar abajo. Es importante que nunca subestimemos el bien o el mal que pueden presentarse como consecuencia de las palabras que salen de nuestros labios. La forma en que usted use su lengua dependerá en última instancia de la calidad de su relación con Cristo. Cuando somete lo que dice a la dirección del Espíritu Santo, su vida puede servir de bendición para muchos, tanto cristianos, como otros que no caminan con Cristo. Esta semana, haga un inventario sobre la manera en que usted usa sus palabras. ¿Edifican al cuerpo de Cristo? ¿Dan buen testimonio del poder de Cristo que obra en usted? Pida a Dios que lo ayude a asegurarse de que sus palabras son dirigidas por una santa sabiduría.

Ministerio en acción

Los cristianos podemos llevar una gran bendición a los que están perdidos en sus pecados, por medio de la proclamación del Evangelio. Tal vez no exista gozo mayor que el de saber que Dios ha usado nuestras palabras para alcanzar a las almas perdidas. Al terminar la clase, oren unidos para que Dios guíe a todos los alumnos de manera que encuentren oportunidades para pronunciar en esta semana unas palabras de aliento que testifiquen a favor de Cristo.

Lectura devocional

Lunes
Las quejas injustificadas enojan a Dios.
Números 11:1–10

Martes
Recuerde siempre las palabras de Dios.
Deuteronomio 6:3–9

Miércoles
Cumpla lo que promete.
Deuteronomio 23:21–23

Jueves
Las palabras inspiradas por el Espíritu.
Mateo 10:16–20

Viernes
Hable la verdad con amor.
Efesios 4:11–16

Sábado
Hable con valentía acerca del Evangelio.
Efesios 6:18–20

Fundamento bíblico

Santiago 4:1–17

Enfoque

Reconocer las señales de la mundanalidad y vivir dentro de la justicia de Cristo.

Bosquejo

I. Controle sus apetitos
   A. Comprenda la raíz que los causa
   B. Esté consciente de las consecuencias

II. Acérquese a Dios
   A. Sométase a Dios
   B. El sometimiento mutuo

III. Busque la voluntad de Dios
   A. Véase adecuadamente a sí mismo
   B. Vea adecuadamente a Dios

Preparación

☐ Escoja las preguntas, actividades de aprendizaje y artículos del *Folleto de ayudas y recursos* que le ayuden a alcanzar sus objetivos en la lección.

☐ Llene la hoja "Planificación de la clase".

☐ Prepare las siguientes copias maestras: Mundanos, Las claves de la sintonía con Dios, La planificación del futuro, Para un estudio más amplio 26

No viva como un mundano más.

Verdad central

La mundanalidad aleja al cristiano de la amistad con Dios.

Versículo clave: Santiago 4:7

Someteos, pues, a Dios; resistid al diablo, y huirá de vosotros

Introducción

IDEA 1. Distribuya la hoja de trabajo "Mundanos". Cuando terminen, debatan sobre la forma en que ellos definirían en qué consiste ser mundano.

Cuando pensamos en la conducta mundana, con frecuencia nos centramos en ciertos actos inmorales, como la ebriedad, el adulterio, la pornografía y actividades parecidas. En Santiago vemos que la vida mundana no se define solo por las actividades inmorales. Puede existir vida mundana de manera que nunca nos imaginaríamos que significaran el vivir en conflicto con la Palabra de Dios.

En esta lección, los alumnos conocerán la definición bíblica de la mundanalidad. También aprenderán las maneras de evitarla.

Objetivos del aprendizaje

Al terminar esta lección, sus alumnos podrán:

1. definir el significado bíblico de la palabra "mundanalidad".
2. evaluar las decisiones que toman en la vida desde una perspectiva y una cosmovisión bíblicas.
3. tomar la decisión de llevar una vida de piedad.

4:1. ¿De dónde vienen las guerras y los pleitos entre vosotros? ¿No es de vuestras pasiones, las cuales combaten en vuestros miembros?

2. Codiciáis, y no tenéis; matáis y ardéis de envidia, y no podéis alcanzar; combatís y lucháis, pero no tenéis lo que deseáis, porque no pedís.

3. Pedís, y no recibís, porque pedís mal, para gastar en vuestros deleites.

4. ¡Oh almas adúlteras! ¿No sabéis que la amistad del mundo es enemistad contra Dios? Cualquiera, pues, que quiera ser amigo del mundo, se constituye enemigo de Dios.

5. ¿O pensáis que la Escritura dice en vano: El Espíritu que él ha hecho morar en nosotros nos anhela celosamente?

6. Pero él da mayor gracia. Por esto dice: Dios resiste a los soberbios, y da gracia a los humildes.

7. Someteos, pues, a Dios; resistid al diablo, y huirá de vosotros.

8. Acercaos a Dios, y él se acercará a vosotros. Pecadores, limpiad las manos; y vosotros los de doble ánimo, purificad vuestros corazones.

9. Afligíos, y lamentad, y llorad. Vuestra risa se convierta en lloro, y vuestro gozo en tristeza.

10. Humillaos delante del Señor, y él os exaltará.

11. Hermanos, no murmuréis los unos de los otros. El que murmura del hermano y juzga a su hermano, murmura de la ley y juzga a la ley; pero si tú juzgas a la ley, no eres hacedor de la ley, sino juez.

12. Uno solo es el dador de la ley, que puede salvar y perder; pero tú, ¿quién eres para que juzgues a otro?

13. ¡Vamos ahora! los que decís: Hoy y mañana iremos a tal ciudad, y estaremos allá un año, y traficaremos, y ganaremos;

14. cuando no sabéis lo que será mañana. Porque ¿qué es vuestra vida? Ciertamente es neblina que se aparece por un poco de tiempo, y luego se desvanece.

15. En lugar de lo cual deberíais decir: Si el Señor quiere, viviremos y haremos esto o aquello.

16. Pero ahora os jactáis en vuestras soberbias. Toda jactancia semejante es mala;

17. y al que sabe hacer lo bueno, y no lo hace, le es pecado.

Comentario bíblico

I. Controle sus apetitos
A. Comprenda la raíz que los causa
Santiago 4:1–3

IDEA 2. Pida a sus alumnos que hablen de eran niños y discutían con sus hermanos. ¿Cuáles eran los motivos? Explique las razones que hay detrás de sus argumentos.

Santiago comienza su explicación sobre la vida mundana haciendo una pregunta retórica con el fin de llegar a la causa que es la raíz de esa manera de vivir. Le pregunta a sus lectores por qué tienen tendencia a pelear y a discutir. Les explica que cuando las personas se sienten insatisfechas con su vida, pelean con los demás, en un intento por obtener lo que creen que les puede dar satisfacción. La insatisfacción interna lleva a los conflictos externos (vv. 1–2).

El versículo 3 explica que cualquier insatisfacción que tenga una persona en su vida, no es una acusación contra Dios, que siempre está dispuesto a darnos lo que necesitamos. Tampoco es culpa de otras personas. La culpa del descontento de alguien cae redondamente sobre sus propios hombros. La razón por la cual las personas no consiguen lo que buscan, es que tienen una motivación equivocada.

Sus discusiones son sencillamente un producto de sus "pasiones". El término que usa Santiago en el versículo 1 es la misma palabra de la cual sale el concepto del hedonismo.

Habla de unos apetitos personales y mundanos, y estos apetitos están alejando de Dios a estos creyentes.

¿Cómo podemos saber si nuestros deseos son correctos o incorrectos?

La respuesta a esa pregunta exige que hagamos una evaluación sincera del motivo por el que queremos esas cosas. Si es porque las buscamos para que nos traigan realización a nuestra vida, es posible que nuestra motivación esté equivocada. Cuando busquemos algo, por bueno o noble que sea, para reemplazar o realzar la satisfacción única que hallamos en nuestra relación con Dios, tenemos una motivación errada.

¿Cómo podemos disfrutar de las cosas que existen en el mundo sin volvernos mundanos?

La motivación incorrecta se centra en la satisfacción y la realización de la propia persona, y no en Dios. La motivación correcta se centra en los grandes mandamientos de Dios: amarlo a Él y amar a los demás. Por eso, buscar cosas buenas en un intento por darle una importancia o un propósito mayor a nuestra vida es algo mal orientado. Solo Dios nos puede dar una satisfacción genuina en la vida.

B. Esté consciente de las consecuencias
Santiago 4:4–6

Santiago condena fuertemente la mundanalidad (v. 4). A los que aman las cosas del mundo los llama "almas adúlteras". Él no es el primero en usar esta clase de terminología con el pueblo de Dios. A lo largo de todo el Antiguo Testamento, los profetas iban revelando el adulterio espiritual en la nación (Deuteronomio 31:16;

Jeremías 3:20). La definición del adulterio espiritual es que consiste en tratar de continuar en una relación de compromiso con Dios, al mismo tiempo que buscamos la satisfacción personal a base de abrazar las cosas de este mundo. Santiago señala con claridad que no es posible servir a dos amos.

El adulterio espiritual que describe Santiago es capaz de convertir a una persona en un enemigo tal de Dios, que llegue a expresar su odio hacia Él (v. 4). Las palabras de Santiago revelan lo seria que era la situación. No se puede proclamar que se es cristiano y llevar una doble vida. O encontramos contentamiento en nuestra relación con Dios, o manifestamos insatisfacción con lo que nos provee Él, y buscamos nuestra realización en otra parte.

¿Qué tiene de malo tratar de servir a Dios, y también buscar satisfacción en la familia, la posición social o las cosas materiales?

La razón por la que una persona no puede buscar su realización al mismo tiempo en Dios y en los placeres mundanos no tiene sus raíces en nuestra capacidad para mantenernos centrados en Dios de cierta manera, al mismo tiempo que disfrutamos de las cosas materiales. Aunque pudiéramos realizar este acto de equilibrio, no lo haríamos en justicia. Santiago declara que es imposible, porque Dios no lo va a permitir. Dios no tolera los corazones divididos que sienten ansias por los apetitos carnales (v. 5). Lo que espera es nuestra consagración total, y al adúltero espiritual lo persigue con la esperanza de que regrese a Él. Pero no permanece en estas personas si ellas se deciden a buscar otra fuente de satisfacción.

Las personas que se comprometen con Dios no quedan inmediatamente libres del anhelo de hallar satisfacción en otros lugares. Pero Santiago explica en el versículo 6 que Dios nos dará fortaleza para mantenernos comprometidos con Él. Dios está en contra de los que ponen en tela de juicio su capacidad para proporcionarles lo que necesitan y buscan orgullosamente su realización por cuenta propia. En cambio, les muestra favor a los que humillan y hallan su satisfacción en Él.

II. Acérquese a Dios
A. Sométase a Dios
Santiago 4:7–10

IDEA 3. Distribuya la hoja de trabajo "Las claves de la sintonía con Dios". Indique a los alumnos que llenen los espacios en blanco mientras usted explica la lección.

En Santiago 4 se nos dan siete claves para entrar en sintonía con Dios y hallar una realización personal piadosa y genuina. La primera clave consiste en someternos a Él (v. 7). La sumisión consiste en un acto voluntario de sometimiento a otra persona. Los cristianos nos debemos someter a Dios, reconociendo su posición y autoridad soberanas y tomando la decisión de vivir de acuerdo con su voluntad y su propósito para nuestra vida.

La segunda clave consiste en resistir al diablo (v. 7). Nuestra sumisión a Dios no va a impedir que el diablo busque la manera de volvernos a atraer a sus garras. Todo cristiano tiene la responsabilidad de resistirse activamente a las tentaciones. La clave para resistirnos a las tentaciones del diablo consiste en el desarrollo de un firme amor y un continuo contentamiento en Dios. Muchas veces, el diablo tienta a la persona en aquellos aspectos en que es débil; esa actividad, ese pensamiento o esa ambición hacia los cuales siente un deseo especialmente grande. Esta tentación puede ser muy agresiva; en 1 Pedro 5:7–9 se describe al diablo como un león buscando la manera de devorar a todos los que pueda capturar. Por tanto, resistirse ante una tentación puede ser difícil. Pero es más fácil resistirnos, si hemos sometido esos aspectos a Dios, y reconocido que la relación con Él es más importante que una realización personal por un tiempo, y la búsqueda con un propósito errado.

La tercera clave consiste en acercarnos a Dios (v. 8). Él nunca se aleja de los creyentes, y en Deuteronomio 31:6 promete que nunca dejará ni abandonará a su pueblo (véase también Hebreos 13:5). Si los creyentes descarriados dejan a un lado sus apetitos para buscar a Dios, Él estará listo para recibirlos de nuevo en una relación correcta.

En cuarto lugar, los cristianos se deben "limpiar las manos" (Santiago 4:8). Nos viene a la mente la imagen de un campesino en un campo, con las manos llenas de tierra, como es natural. Necesita lavárselas. De igual manera, cuando las personas tratan de hallar su realización por medios mundanos, parte de esa mundanalidad se les queda pegada. El que sigue a Dios debe abandonar las cosas pecaminosas, y también someterle las cosas buenas que han adquirido un nivel inadecuadamente alto de importancia en su vida.

La quinta clave consiste en purificar nuestro corazón, que es el asiento de nuestros afectos (v. 8). No podemos ser de doble ánimo cuando de lealtades se trata. No podemos tener dos amores. Dios no nos permite que compartamos nuestros afectos. Lo debemos seguir solamente a Él. No podemos ser de doble ánimo y aun así, agradar a Dios.

La sexta clave consiste en afligirnos por nuestros pecados del pasado (v. 9). Santiago indica que los cristianos deben reconocer el impacto que ha tenido su doble ánimo en su relación con Dios. Nadie que ame realmente a Dios puede llegar al reconocimiento de la manera en que su mundanalidad afecta a su relación con Él, sin sentirse afligido. Lo que esto implica es serio. Si una persona puede llevar una doble vida sin sentir dolor por sus pecados, es posible que su relación con Dios se esté muriendo.

La clave final es humillarnos a nosotros mismos (v. 10).

¿Por qué cree usted que la humildad verdadera es difícil?

La humildad nos lleva a la sumisión. Los creyentes sienten muchas veces que saben lo que es mejor para ellos. Pero la humildad reconoce que Dios es más sabio que nosotros. Una humildad sincera exige una confianza genuina en Dios.

B. El sometimiento mutuo
Santiago 4:11–12

Santiago 4:11–12, habla de los conflictos dentro de las relaciones, demostrando que si los cristianos someten realmente su vida a Dios, no juzgarán a los demás. La sumisión a Dios exige que los cristianos le dejen a Él todo juicio sobre los demás. Entre los cristianos no hay lugar para las deslealtades y las calumnias.

Lo irónico es que la gente trata de utilizar las Escrituras para señalar los errores que cometen otras personas en su vida, pero al hacerlo violan la esencia misma de las Escrituras. Cuando alguien se levanta como juez de otros, en realidad se está levantando como juez de las leyes de Dios, porque se considera capaz de decidir cuáles aspectos hacer cumplir, y cuáles no. El único que puede hacer cumplir las leyes de Dios, es Dios mismo.

¿Cuál es el papel de los creyentes cuando ven que un hermano o hermana ha caído en unas actividades pecaminosas?

Los cristianos estamos llamados a restaurar, no a condenar. Es posible que llegue un momento en que la persona se niegue a ser restaurada, y se tengan que tomar decisiones con respecto a la asociación con ella. En ese punto, los cristianos están llamados a separarse del rebelde (Mateo 18:15–17; 1 Corintios 5:1–5). Pero nunca corresponde a ellos condenar a alguien que haya sido atrapado en pecado. Los que hallan su realización en Dios buscan la forma de edificar y restaurar a los demás, y le dejan el juicio a Dios.

III. Busque la voluntad de Dios

A. Véase adecuadamente a sí mismo
Santiago 4:13–14

IDEA 4. Distribuya el estudio de casos "La planificación del futuro". Lea la escena y comente las respuestas de los alumnos.

¿Cuál es la diferencia entre los planes para el futuro de un cristiano y un no creyente?

Los no creyentes piensan que ellos controlan su vida, y no tienen en cuenta las consecuencias espirituales de sus decisiones (Santiago 4:13). Hacer planes no es malo en sí mismo. Pero Dios deberá ocupar el lugar central cuando hagamos esos planes (véase Hechos 16:1–10). Lo que pensaba Santiago aquí es que había personas que planificaban su vida sin contar con Dios para nada.

Nadie tiene el control de su propia vida (v. 14). Las personas solo pueden adivinar lo que tal vez les suceda en el futuro. El mercado de valores se derrumba, tienen un accidente de auto o contraen una enfermedad, y esto cambia su vida en un momento. Solo Dios sabe lo que nos depara el futuro. Los que toman decisiones sin consultar a Dios son necios.

La vida es breve (v. 14). Solo cuando una persona comprende su insignificancia, es capaz de aceptar la gran importancia que tiene Dios. Lo irónico del caso es que cuando los cristianos descubren la importancia de Dios, comprenden mucho mejor lo fugaz que es su propia vida.

B. Vea adecuadamente a Dios
Santiago 4:15–17

❓ **¿Cómo puede practicar un cristiano los principios para una planificación dirigida por Dios?**

Los cristianos debemos pensar todas nuestras decisiones considerando la voluntad y los propósitos de Dios (v. 15). Esto se aplica a las grandes decisiones, como la persona con la que se casarán o la ocupación a la que se dedicarán. Los cristianos deben consultar a Dios al planificar sus compras y sus estrategias para su jubilación. Es inteligente que busquen a Dios con respecto a todas sus relaciones. No basta con tomar decisiones basadas en el balance de la cuenta de banco, o en lo que nos parece sabio. Dios podría tener en mente un propósito distinto. Aunque no planificar es una falta de responsabilidad, los cristianos no nos debemos aferrar a nuestros planes, que cuando Dios nos pida ajustarlos, no estemos dispuestos a hacerlo.

Según Jesús, es incorrecto vivir de una manera que no haga de la voluntad de Dios su primer factor. Este es un camino mundano (vv. 15–16). Vivir sin reconocer la supremacía de Dios es pecaminoso. Santiago reprende a sus lectores con respecto al orgullo por sus éxitos personales. Han olvidado reconocer el papel central que desempeña Dios, o ni siquiera lo han buscado. Una perspectiva adecuada sobre quién es Dios nos guía a una saludable humildad.

Cuando el cristiano reconozca que se debe someter a Dios por completo, y halle en Él su contentamiento, tiene una decisión que tomar. Se debe preguntar si tomará decisiones mundanas que le produzcan placeres temporales en la vida, o si va a buscar su satisfacción en Dios. La definición del pecado es que consiste en llevar una vida mundana, en vez de una vida sometida a Dios.

El toque final en las enseñanzas de Santiago acerca de la mundanalidad consiste en recordarnos que el pecado no tiene que ver solo con lo que hacemos. También tiene que ver con lo que decidimos no hacer (v. 17). Al no querer caminar en humildad, practicar el amor a los demás, ni acercarse a Dios, los oyentes de Santiago eran tan culpables ante Dios como el pecador más vil. Es un fuerte recordatorio de que Dios nos llama hacia la decisión de seguirlo activamente todos los días de nuestra vida.

Discipulado en acción

Es imprescindible que usted pase más tiempo esta semana pidiendo a Dios que le revele si ha adoptado un estilo de vida mundano. Después de un período de evaluación personal, comprométase a tomar una decisión. Decida que ya no buscará excusas para ningún tipo de pecado. Decídase también a llevar una vida de piedad y hallar un contentamiento verdadero en saber que vive de acuerdo a la voluntad de Dios.

Además, dedique un momento a analizar si ha cometido pecados de omisión. ¿Qué bien lo habrá llamado Dios a hacer, que usted ha evitado hacerlo? ¿Cómo le puede manifestar amor a alguien que es más fácil limitarse a ignorar? ¿De qué maneras podría estar usted luchando con el contentamiento en Cristo, o con la disposición de humillar su corazón ante Él? Si pone a Cristo en primer lugar, podrá experimentar el gozo de vencer la mundanalidad.

Ministerio en acción

El evangelismo auténtico recibe un impacto de la forma en que ven a los cristianos aquellos que los miran desde fuera. Si la vida del creyente recibe su impulso de las mismas pasiones que la de aquellos que se hallan fuera de la Iglesia, el evangelismo va a tener muy poca eficacia. Termine la clase con una oración para pedir que los alumnos traten a los demás con amor, reflejando así el amor de Dios por un mundo necesitado.

Lectura devocional

Lunes
La renuencia a abandonar al mundo.
Génesis 19:15–20
Martes
Tenga cuidado con lo que pide.
1 Samuel 8:10–22
Miércoles
Defienda la justicia.
Daniel 3:12–18

Jueves
No se preocupe por gusto.
Mateo 6:25–34
Viernes
La ira de Dios contra la impiedad.
Romanos 1:18–25
Sábado
Transfórmese.
Romanos 12:1–3

Cultive actitudes correctas

Verdad central

Las actitudes correctas nos llevan a glorificar a Dios y tratar con justicia a los demás.

Versículo clave: Santiago 5:8

Tened también vosotros paciencia, y afirmad vuestros corazones; porque la venida del Señor se acerca.

Introducción

> **IDEA 1.** Distribuya el estudio de casos "La respuesta del cristiano". Pida a sus alumnos que lean el estudio de casos y respondan las preguntas.

Algunas veces hay poca diferencia entre las actitudes de los cristianos y las de los no creyentes. Sin embargo, la epístola de Santiago enseña que la fe de un cristiano afecta a la manera en que reacciona ante todas las situaciones de la vida. El amor que han recibido de Dios se desborda hacia los necesitados. Los cristianos debemos considerar las dificultades de la vida como oportunidades, más que como obstáculos, en la seguridad de que no están solos. Pueden contar con los demás y con Dios, incluso cuando se enfrentan a luchas de tipo espiritual.

Objetivos del aprendizaje

Al terminar esta lección, sus alumnos podrán:

1. valorar lo importante que es que ayudemos con generosidad a los necesitados.
2. pasar por las dificultades de la vida con una actitud piadosa.
3. orar con una firme confianza en Dios.

Fundamento bíblico
Santiago 5:1–20

Enfoque
Identificar y cultivar aque-llas actitudes que glorifiquen a Dios.

Bosquejo

I. Busque la justicia
   A. No confíe en las riquezas
   B. Sea generoso

II. Sea paciente en medio del sufrimiento
   A. Espere anhelante el regreso de Jesús
   B. Espere ansioso su recompensa

III. Dependa de Dios
   A. Ore con fe
   B. Sea una persona de fe

Preparación

☐ Escoja las preguntas, actividades de aprendizaje y artículos del *Folleto de ayudas y recursos* que le ayuden a alcanzar sus objetivos en la lección.

☐ Llene la hoja "Planificación de la clase".

☐ Prepare las siguientes copias maestras: La respuesta del cristiano, La pobreza en el mundo, Una visión bíblica de la medicina, Para un estudio más amplio 27

5:1. ¡Vamos ahora, ricos! Llorad y aullad por las miserias que os vendrán.

2. Vuestras riquezas están podridas, y vuestras ropas están comidas de polilla.

3. Vuestro oro y plata están enmohecidos; y su moho testificará contra vosotros, y devorará del todo vuestras carnes como fuego. Habéis acumulado tesoros para los días postreros.

4. He aquí, clama el jornal de los obreros que han cosechado vuestras tierras, el cual por engaño no les ha sido pagado por vosotros; y los clamores de los que habían segado han entrado en los oídos del Señor de los ejércitos.

5. Habéis vivido en deleites sobre la tierra, y sido disolutos; habéis engordado vuestros corazones como en día de matanza.

6. Habéis condenado y dado muerte al justo, y él no os hace resistencia.

7. Por tanto, hermanos, tened paciencia hasta la venida del Señor. Mirad cómo el labrador espera el precioso fruto de la tierra, aguardando con paciencia hasta que reciba la lluvia temprana y la tardía.

9. Hermanos, no os quejéis unos contra otros,

para que no seáis condenados; he aquí, el juez está delante de la puerta.

10. Hermanos míos, tomad como ejemplo de aflicción y de paciencia a los profetas que hablaron en nombre del Señor.

11. He aquí, tenemos por bienaventurados a los que sufren. Habéis oído de la paciencia de Job, y habéis visto el fin del Señor, que el Señor es muy misericordioso y compasivo.

14. ¿Está alguno enfermo entre vosotros? Llame a los ancianos de la iglesia, y oren por él, ungiéndole con aceite en el nombre del Señor.

15. Y la oración de fe salvará al enfermo, y el Señor lo levantará; y si hubiere cometido pecados, le serán perdonados.

16. Confesaos vuestras ofensas unos a otros, y orad unos por otros, para que seáis sanados. La oración eficaz del justo puede mucho.

19. Hermanos, si alguno de entre vosotros se ha extraviado de la verdad, y alguno le hace volver,

20. sepa que el que haga volver al pecador del error de su camino, salvará de muerte un alma, y cubrirá multitud de pecados.

Comentario bíblico

I. Busque la justicia

A. No confíe en las riquezas
Santiago 5:1–3

El inicio del capítulo 5, se dirige a los ricos que ponen su confianza en las riquezas. Una actitud necia. Las riquezas no pueden proteger a nadie de las calamidades. Santiago observa (v. 1) la tragedia final de los que han querido confiar en las riquezas: al poner su esperanza en sus posesiones, y no en Dios, han tenido que enfrentarse con su juicio.

? ¿Por qué no es sabio confiar en nuestras riquezas?

Lo necio que es confiar en nuestras posesiones se ve en el reciente desplome de las economías occidentales. Las riquezas de hoy pueden desaparecer en un instante. Los desastres naturales, las economías que fracasan y las malas inversiones han sacudido la vida de muchos que confiaron en las riquezas. Las riquezas no garantizan la felicidad futura (v. 2).

? ¿Por qué es relevante hoy para tantos cristianos el tema de la confianza en las riquezas, aunque nuestros recursos materiales palidezcan comparados con los que tienen los ricos y famosos?

Aunque muchos cristianos de occidente no se considerarían ricos, muchos de ellos lo son, según el promedio mundial. Más de la mitad de la población mundial vive con menos de $2,50 al día. El mensaje de Santiago tiene una aplicación especialmente relevante a los cristianos de Estados Unidos y de otros países industrializados.

> **IDEA 2.** Distribuya la hoja de información "La pobreza en el mundo". Comente las estadísticas que aparecen en la misma y pida a sus alumnos que hagan observaciones con respecto al problema mundial de la pobreza.

Santiago indica que la aflicción asociada con una actitud incorrecta hacia las riquezas no es casualidad. Dios ve cómo tratan algunos ricos a los pobres. Toma nota de sus injusticias y su explotación. Estas acciones y actitudes llevan a juicios (v. 3). Queda al descubierto lo necio que es acumular riquezas a expensas de los pobres y necesitados. Las riquezas corrompen, y solo queda pendiente el juicio, si el rico no cambia de camino.

B. Sea generoso
Santiago 5:4–6

Los ricos descritos aquí acumularon sus riquezas a base de no pagar a sus obreros (v. 4). Dios observa cómo estos patrones tratan a sus empleados. Es comprensible que quieran obtener unas ganancias adecuadas a su inversión y a sus riesgos, pero no es un valor cristiano el maltratar a los empleados a base de robarles el sueldo debido para aumentar sus ganancias. Dios defiende a los que han sido tratados injustamente. Santiago describe a los ricos como llevando una vida de excesos, mientras sus empleados luchan en medio de la pobreza (v. 5). Los ricos consumían lo que no necesitaban, mientras

los necesitados sufrían. Pero, esas acciones solo servían para apresurar su juicio, si seguían por ese camino.

¿De qué maneras prácticas puede usted manifestar su generosidad con los pobres?

La actitud de generosidad comienza por comprender que todo lo que tenemos nos lo ha dado Dios. Muchas agencias cristianas se especializan en recoger fondos para distribuir ayuda entre los pobres. Los cristianos demuestran su compasión al ayudar a satisfacer las necesidades de los pobres, dando de sus finanzas e invirtiendo personalmente su tiempo.

¿De qué clase de actitud damos ejemplo cuando buscamos justicia para los pobres?

Santiago insiste en que los pobres no tenían medios ni poder siquiera para resistirse a la explotación de los ricos (v. 6). Estos acaudalados carecían de compasión. Como consecuencia, el corazón de los descritos aquí no se conmueven con una motivación piadosa. En cambio, los actos de interés, y de justicia por los pobres, demuestran amor y compasión. Debemos actuar de manera diferente, e incluso oponernos, a los que se quieren aprovechar de los pobres. Manifestamos actitudes semejantes a las de Cristo, como misericordia, empatía y desprendimiento, al buscar justicia para los pobres.

II. Sea paciente en medio del sufrimiento
A. Espere anhelante el regreso de Jesús
Santiago 5:7–9

Santiago da una importante clave para vivir en victoria en medio de la persecución: Ser pacientes (v. 7).

¿De qué hablaba Santiago al exhortarnos a ser pacientes en medio del sufrimiento?

Los primeros cristianos vivían esperando el regreso de Jesús, y esto los mantenía creciendo en su fe (v. 8). La esperanza del regreso de Jesús ha sido la motivación que ha movido a muchas personas perseguidas a lo largo de toda la historia. El valor de la paciencia, que espera confiada en el regreso de Cristo cuando se halla en medio de sus luchas, se ve con frecuencia en la música que usamos y cantamos en la iglesia.

IDEA 3. Pida a sus alumnos que mencionen los nombres de los cantos que cantan en la iglesia o escuchan por la radio. Céntrese sobre todo en los cantos que ilustran el valor ser pacientes y esperar las recompensas eternas de Dios. Escriba en la pizarra los nombres de estos cantos. Explique por qué esta clase de música nos puede ayudar en los momentos más difíciles.

¿Qué significa afirmar nuestros corazones, porque la venida del Señor se acerca (v. 8)?

La epístola de Santiago indica que el regreso de Jesús es inminente (v. 9). Hay quienes se han vuelto escépticos, por lo mucho que parece haberse retrasado su regreso. Es importante comprender que hay una diferencia entre el regreso inminente de Jesús y su regreso inmediato. El término "inminente" significa que Jesús puede regresar en cualquier momento; no que esto vaya a suceder de inmediato. Santiago les enseñaba a los creyentes a vivir en la expectación de que Cristo volvería pronto y de manera repentina.

Esta mentalidad nos protegerá contra las actitudes negativas hacia los demás, lo cual socava nuestra capacidad para mantenernos fuertes en la fe. Porque sabemos que Jesús podría regresar en cualquier momento, nos mantenemos centrados en Él. Y cuando nos centramos en Él, estamos mejor preparados para mantener la unidad y las buenas relaciones con los demás cristianos. Cuando nos centramos en nosotros, apartando los ojos de la eternidad, es cuando se pueden desarrollar en nosotros unas actitudes destructivas.

B. Espere ansioso su recompensa
Santiago 5:10–12

Santiago le recuerda a sus lectores su herencia espiritual para que adquieran una perspectiva correcta con respecto a las luchas por las que pasan en medio de las persecuciones y los sufrimientos (v. 10). Los profetas del Antiguo Testamento se tuvieron que enfrentar con frecuencia a la persecución, como consecuencia de seguir la voluntad de Dios. Esto es cierto aún hoy. Todo aquel que sigue fielmente a Dios, se arriesga a encontrar hostilidades, persecución y aflicciones a manos de este mundo.

Santiago destaca el valor de la perseverancia al mencionar la vida de Job (v. 11). Job perdió prácticamente todo lo que amaba, pero nunca quiso renunciar a su fe en Dios. Él no sabía cuál sería el final de la historia al soportar sus pruebas, y Dios lo recompensó por su fidelidad. Job constituye una esperanza para aquellos que se enfrentan actualmente con unas circunstancias difíciles.

¿Qué lecciones puede aprender un cristiano de hoy en la historia de Job?

Muchos cristianos de hoy miden su felicidad por la cantidad de cosas temporales que logran acumular. Si vemos esas cosas como una recompensa en sí, y nos centramos en ellas en vez de esperar con ansias la recompensa futura que nos dará Dios, nos podemos enojar con Él cuando la vida nos desilusione. Job se centró en Dios. Cuando enfrentamos momentos difíciles, ya sea por causa de las circunstancias o de la persecución, también nos debemos centrar en Él. Al final, Él nos recompensará.

El versículo 12 recuerda las palabras de Jesús en Mateo 5:33–37, que condenan el uso de los juramentos en las conversaciones informales (por oposición a los juramentos formales ante los tribunales, que eran permitidos). La manera de hablar del cristiano, al igual que su perseverancia y su paciencia, debe tener sus raíces en una actitud de confianza en Dios. Los demás sabrán que somos seguidores de Cristo, cuando nuestras palabras den ejemplo de confianza en Él y de esperanza en las bendiciones que derramará sobre nuestra vida.

III. Dependa de Dios
A. Ore con fe
Santiago 5:13–16

En Santiago 5:13–14, Santiago hace una serie de preguntas que servían para guiar a sus lectores mientras trataban de atravesar las difíciles circunstancias que vivían. Estas preguntas les recordarían a los cristianos que podían esperar la victoria espiritual, cualesquiera que sean los retos del momento.

Cuando nos golpean los problemas, la respuesta adecuada del cristiano consiste en orar. La oración conecta a los creyentes con el único que se puede enfrentar con eficacia a los problemas. De manera similar, la respuesta adecuada cuando nos va bien en la vida, es alabar a Dios. Los versículos 14–15 nos recuerdan que los cristianos tenemos numerosas razones para alabar a Dios.

Santiago reconocía la importancia que tiene la comunidad cristiana. Los cristianos no deberíamos tratar de enfrentarnos solos a nuestros desafíos. Dios ha establecido un sistema de liderazgo y de apoyo dentro de la iglesia. Cuando los cristianos están enfermos, deben llamar a los líderes de la iglesia para que los unjan con aceite y oren por ellos (v. 14).

¿Cuál es el equilibrio correcto entre la medicina actual y la fe?

Dios responde cuando los suyos lo buscan con fe (v. 15). En la Palabra, muchas veces el aceite es símbolo del Espíritu Santo. Cuando oramos, podemos tener fe en que Dios nos sanará por el poder de su Espíritu.

También debemos reconocer que las Escrituras sostienen la legitimidad de la ciencia médica. Lucas, quien escribió el tercer evangelio y el libro de los Hechos, era médico y acompañó a Pablo en su obra misionera. Jesús reconoció el papel de los médicos en Mateo 9:11–13.

Es sabio que los cristianos usen los avances de la medicina que están a su disposición. No obstante, nunca deben poner totalmente su confianza en la medicina. Aunque aprovechemos los recursos de la ciencia médica, Dios es la autoridad médica máxima. Él puede sanar al cuerpo humano de una manera que el hombre nunca podría. Quiere que confiemos en que Él puede hacer milagros.

IDEA 4. Distribuya la hoja de información "Una visión bíblica de la medicina". Comente la información.

Santiago menciona después el perdón en el versículo 15. El pecado y la enfermedad se entrelazan en ocasiones, porque las decisiones equivocadas producen malas consecuencias. Jesús no vino a la tierra primordialmente para sanar cuerpos enfermos, sino para sanar enfermedades espirituales. La sanidad física nunca es suficiente, porque la muerte física forma parte de la vida. La verdadera sanidad que se debe producir es una sanidad espiritual. La prioridad del creyente debe ser llevar la sanidad espiritual a una humanidad necesitada.

Los cristianos de la iglesia local sirven como instrumentos para proclamar la sanidad espiritual ante las personas (v. 16). Debemos luchar por alcanzar un nivel de confianza lo suficientemente alto como para que cuando una persona falle espiritualmente, o se enfrente a una tentación, pueda acudir a alguien de la iglesia para recibir una amorosa responsabilidad y orientación sin temor a ser juzgada, a que se murmure de ella o a que se tome venganza de ella.

La clave de la oración poderosa es una vida justa (v. 16). La vida justa se produce cuando nos humillamos ante Dios, escuchamos su voz, nos sometemos a su voluntad y actuamos de acuerdo a lo que hemos decidido. Nuestras oraciones solo serán eficaces cuando oremos de acuerdo a la voluntad de Dios.

B. Sea una persona de fe
Santiago 5:17–2

Santiago menciona lo que se llama "oración de fe" (V. 15). Usa la historia de Elías, un hombre lleno de luchas con el cual nos podemos identificar (v. 17).

¿Qué cree usted que significa "orar en fe"?

Es importante que tener una comprensión correcta de la fe. La fe no es una ilusión. No es algo que podamos acumular hasta "tener suficiente". No la podemos usar para forzar a Dios para que haga lo que nosotros queremos. La clave para orar en fe es buscar la voluntad de Dios y orar para que haya una conclusión que coincida con su voluntad. Hay momentos en los que los propósitos de Dios no se cumplirán por medio de una sanidad instantánea. No es incorrecto que expresar en nuestra oración el deseo que se produzca, pero es más útil pasar un tiempo en oración para buscar la voluntad de Dios en la situación. Entonces podremos orar con seguridad.

Elías no cesó de orar cuando la lluvia no apareció de inmediato. Lo que hizo fue seguir orando para que lloviera, porque estaba seguro de que Dios cumpliría su promesa. Dios respondió finalmente su oración, y como resultado, fue el que recibió la gloria (1 Reyes 18).

Uno de los temas centrales de Santiago es que la fe genuina en Dios se evidencia en obras prácticas. Reitera este tema, al recordarnos que debemos velar los unos por los otros (vv. 19–20). Si un cristiano se extravía, otros cristianos deben hacer lo que haga falta para restaurar al descarriado. Ciertamente, existen momentos en los que nuestros hermanos cristianos se alejan de su consagración a Dios. Lo pueden hacer de manera sutil, incluso sin darse cuenta plenamente de la seriedad de sus errores. En esos momentos, hemos sido llamados a acercarnos a ellos en fe, confiando en que Dios nos dirija para ayudar a esa persona, de manera que vuelva a una fuerte relación con Él. Esta es la clase de vida que Dios desea que exista en la comunidad de la fe.

Discipulado en acción

En Santiago 5 se nos recuerda lo importante que es tener una actitud correcta, tanto en los buenos tiempos como en los que constituyen un reto. Los cristianos tenemos la responsabilidad de actuar como canales del amor de Dios hacia los demás. Él derrama sus bendiciones sobre nuestras vidas, para que nosotros a nuestra vez le podamos manifestar a otros su amor.

Uno de los medios de evangelismo más eficaces es la generosidad de los cristianos hacia los que no conocen a Dios. Para que suceda esto, es necesario que evitemos una vida dedicada a satisfacernos a nosotros mismos y nos centremos en servir a Dios, y a los necesitados. Esta semana, haga un inventario de sus actitudes. ¿Se centran en Dios, o en este mundo? ¿Manifiestan fe, o autosuficiencia? ¿Acercan a otras personas a Cristo, o causan confusión en nuestra proclamación de fe? ¿Van a servir para ayudar a otros creyentes, o para crear división? Ore para que Dios lo ayude a manifestar en su vida unas actitudes que lo honren a Él y ayuden a los demás.

Ministerio en acción

En todas las comunidades hay personas necesitadas. Pregúntele a su pastor o a un líder de la iglesia qué oportunidades usted le puede presentar a sus alumnos, para que participen en la satisfacción de esas necesidades a través de los ministerios de su iglesia, o de un alcance comunitario. Termine con una oración para pedirle a Dios que dirija a sus alumnos a manifestar su fe a base de ayudar a las personas necesitadas.

Lectura devocional

Lunes
La actitud errónea de Caín.
Génesis 4:1–7

Martes
La actitud correcta de Abraham.
Génesis 13:5–9

Miércoles
La actitud reverente de Job.
Job 1:13–22

Jueves
Una actitud de generosidad.
1 Corintios 10:31–33

Viernes
Adopte una visión basada en la eternidad.
2 Corintios 4:11–18

Sábado
La mejor actitud.
Filipenses 2:1–8

CORRECTO/INCORRECTO

1. C I Samuel era un hombre de Dios que fue profeta y juez en Israel.

2. C I Samuel vivió durante unos tiempos de gran avivamiento en Israel.

3. C I Samuel reprendió a Israel por mezclar la adoración a Dios con las prácticas paganas en honor de Baal.

4. C I Samuel levantó un memorial de piedra en Ebenezer, para que el pueblo recordara que era Dios quien le había dado la victoria.

5. C I Samuel aconsejó a los israelitas que tuvieran un rey, para aumentar su fuerza entre las naciones.

6. C I El motivo primordial por el que Israel quería un rey, era ser como las demás naciones.

7. C I Samuel se negó a ungir a Saúl como rey, porque estaba convencido de que Israel estaba actuando fuera de la voluntad de Dios.

8. C I Saúl aceptó la responsabilidad por su desobediencia y su rebelión contra Dios.

9. C I Samuel supo de inmediato que Eliab, a pesar de su aspecto externo tan poderoso, no era el que Dios había escogido para rey.

10. C I David estaba pastoreando ovejas en el campo cuando Samuel lo mandó buscar.

SELECCIÓN MÚLTIPLE

1. Ana prometió a Dios que si le daba un hijo, ella
   A. serviría en el templo durante el resto de su vida.
   B. dedicaría a su hijo al servicio del Señor.
   C. sacrificaría su ganado y a su esposo Elcana en adoración a Dios.

2. ¿Qué profetizó Samuel acerca del sumo sacerdote Elí?
   A. La bendición de Dios porque él y sus hijos habían sido fieles.
   B. Sería juez sobre Israel para preparar el camino a su primer rey.
   C. Que se terminaría el linaje sacerdotal de Elí, porque permitió que sus malvados hijos sirvieran en el templo.

3. ¿Qué crisis nacional recogida en 1 Samuel 7 sucedió porque Israel se rebeló contra el Señor?
   A. Los filisteos capturaron el arca del pacto.
   B. Los edomitas sometieron y esclavizaron al pueblo de Israel.
   C. Los amorreos invadieron y destruyeron a Jerusalén.

4. Dios derrotó a los enemigos de Israel en Mizpa cuando
   A. se oyó su voz como de trueno, que aterró al enemigo.
   B. cubrió de tinieblas la ciudad, e Israel al enemigo desde las colinas.
   C. causó un caos entre los enemigos al confundir sus idiomas.

5. Samuel le dijo al pueblo que al tener un rey
   A. se convertirían en una potencia militar dominante.
   B. podrían como nación centrarse en la adoración y la obediencia a Dios.
   C. pagarían impuestos excesivos, y tendrían que hacer trabajos forzados y entrar al servicio militar.

6. El pueblo de inmediato proclamó rey a Saúl porque
   A. procedía de un grupo de profetas y tenía fama de ser un hombre de Dios.
   B. era un hombre de gran estatura y rasgos atractivos.
   C. había conducido al ejército de Israel en una gran victoria sobre los filisteos.

7. ¿Cuál fue el mensaje de Samuel al pueblo antes de ungir a Saúl?
   A. Todavía eran responsables de obedecer los mandamientos de Dios, según el pacto.
   B. Anularon el pacto y pronto caerían en la cautividad.
   C. Tendrían que obedecer una serie de mandamientos para que su rey siguiera siendo un hombre de Dios.

8. ¿Qué hizo Saúl que Dios lo desechó como rey de Israel?
   A. Mezcló la adoración a Dios con el paganismo.
   B. Ofreció un sacrificio a Dios y no esperó la llegada de Samuel.
   C. Saúl adulteró y después mató a Urías para encubrir su falta.

9. Por su rebelión, Saúl pasó la última parte de su vida
   A. en el exilio.
   B. atormentado por un espíritu maligno.
   C. ciego y cautivo de los amalecitas.

10. Dios preparó a David para que sirviera en la corte de Saúl
    A. le dio talento musical e hizo que hallara favor ante los ojos de Saúl.
    B. dándole poder para derrotar a los siervos de Saúl y ocupar un lugar de prominencia.
    C. capacitándolo para que ganara varias batallas militares, lo cual hizo que Saúl lo estimara.

Correcto/Incorrecto
1. C   2. I   3. C   4. C   5. I   6. C   7. I   8. I   9. I   10. C
Selección múltiple
1. B   2. C   3. A   4. A   5. C   6. B   7. A   8. B   9. B   10. A

Examen Unidad 2

La Iglesia apostólica: Hechos, primera parte

CORRECTO/INCORRECTO:

1. C I La Iglesia del primer siglo se distinguió por un poderoso sentido de unidad.

2. C I La persecución obligó a los primeros cristianos a dejar la proclamación el Evangelio.

3. C I Ananías y Safira fueron castigados porque no ofrendaron para los pobres.

4. C I Esteban fue la primera persona del Nuevo Testamento que no era apóstol, y que hizo señales milagrosas

5. C I Antes de su conversión, Pablo participó en el primer martirio de un creyente.

6. C I Los primeros creyentes aceptaron de buen grado a Pablo en la Iglesia después de su conversión.

7. C I Para huir de Damasco fue bajando por la muralla de la ciudad en un canasto.

8. C I Pedro luchó con sus prejuicios en cuanto al deseo de Dios de salvar a los gentiles.

9. C I Los ángeles derribaron a los guardias de Pedro mientras lo perseguían para devolverlo a la prisión.

10. C I Pedro permaneció valientemente en Jerusalén después de escapar de la cárcel, a pesar de las amenazas de los guardias romanos.

SELECCIÓN MÚLTIPLE:

1. ¿Qué hizo la iglesia primitiva para atender a los más necesitados?
   A. Los que tenían suficiente compartían con los que no tenían.
   B. Juntaron recursos, para que los necesitados pudieran comprar a un precio reducido.
   C. Los cristianos ricos proveyeron traabajo remunerado para los necesitados.

2. Cuando el Sanedrín amenazó a Pedro y Juan, ellos y los demás creyentes respondieron con
   A. la desafiante resolución de pasar por alto a las autoridades, por lo que hubo más arrestos.
   B. una fervorosa reunión de oración en la que recibieron una renovación de su valentía en el Espíritu Santo.
   C. una seria comprensión de que muchos los rechazarían, y un nuevo plan menos ofensiva de hacer la obra de evangelismo.

3. El juicio de Ananías y Safira es una ilustración
   A. de lo peligrosas que son las riquezas para los cristianos.
   B. de lo importante que es vivir recta y temerosamente.
   C. del rechazo de Dios ante la falta de sinceridad en su pueblo.

4. ¿A quién se considera el primer mártir cristiano?
   A. Pedro   B. Esteban   C. Silas

5. Cuando hubo quejas acerca del cuidado de las viudas, los apóstoles
   A. delegando el cuidado de las viudas para que ellos, en su condición de apóstoles, pudieran obedecer el llamado más elevado de predicar el Evangelio.
   B. recogiendo fondos para cuidar de las viudas, para que los líderes espirituales se pudieran centrar en los asuntos espirituales.
   C. nombrando unos diáconos que supervisaran el cuidado de las viudas mientras ellos se centraban en la proclamación del Evangelio.

6. Saulo tuvo un encuentro con Cristo mientras viajaba a
   A. Damasco   B. Jerusalén   C. Cesarea

7. Pedro tuvo una impresionante visión en la que vio
   A. una escalera al cielo.
   B. un hombre de Macedonia que le pedía ayuda.
   C. una sábana con animales inmundos que descendía del cielo.

8. ¿Qué aprendió Pedro de su visión y la visita a casa de Cornelio?
   A. Dios no hace acepción de personas, y la salvación para todos.
   B. Aunque Cornelio persiguió a los cristianos, fue después un fiel seguidor de Cristo.
   C. Dios lo preparó para predicar el Evangelio, a pesar de las consecuencias.

9. ¿Cómo respondieron los creyentes cuando Rode dijo que Pedro estaba afuera?
   A. Alabaron a Dios.
   B. Le dijeron que abriera la puerta para que se escondiera de los guardias romanos.
   C. Se rieron de Rode y no hicieron caso de lo que ella dijo.

10. ¿Por qué Herodes sufrió el juicio de Dios?
    A. Porque permitió la muerte de Esteban.
    B. Porque no corrigió a la multitud cuando ésta proclamó que él era un dios.
    C. Porque no reconoció que Dios había librado a Pedro y quiso arrestarlo.

Correcto/Incorrecto
1. C   2. I   3. I   4. C   5. C   6. I   7. C   8. C   9. I   10. I
Selección múltiple
1. A   2. B   3. C   4. B   5. C   6. A   7. C   8. A   9. C   10. B

Los diversos tipos de Salmos

CORRECTO/INCORRECTO:

1. C I Dios hizo un pacto con Abraham y le prometió una relación permanente.

2. C I La parte de Abraham en el pacto incluía la promesa de tener hijos para la gloria de Dios.

3. C I Salmo de las subidas significa "canción de acuerdo".

4. C I Algunos de los Salmos de las subidas fueron escritos por David.

5. C I David se convirtió en rey poco después de que Samuel lo ungiera.

6. C I El sufrimiento de David lo hizo escribir Salmos de reflexión acerca de la justicia de Dios.

7. C I Algunos salmos hacen referencia al Rey mesiánico y anuncian a Jesús.

8. C I Melquisedec es mencionado solo en Génesis y los Salmos.

SELECCIÓN MÚLTIPLE:

1. Un pacto de relación con Dios requiere de
   A. obediencia.   C. santidad.
   B. conocimiento.   D. sabiduría.

2. ¿Cuál es el aspecto más importante del pacto de amor de Dios?
   A. Solo fue ofrecido a Abraham.
   B. Es firme, permanente, y fiel.
   C. Culminó cuando Cristo nos redimió.
   D. Requiere que seamos perfectos.

3. Los Salmos de las subidas no están directamente relacionados con
   A. la ida a Jerusalén en los días sagrados.
   B. el sacerdote que sube los escalones del templo.
   C. la ascensión de Jesús en los evangelios.

4. Todos los hombres del pueblo de Israel debían ir a Jerusalén
   A. cada día de reposo.
   B. cada mes.
   C. los tres días sagrados: Pascua, Pentecostés, y Sucot.
   D. una vez al año, en la pascua, como lo vemos en la vida de Jesús.

5. Podemos confiar que Dios es justo
   A. en toda situación.
   B. cuando somos obedientes.
   C. cuando hacemos el mal.

6. Cuando fue perseguido y emboscado por sus enemigos, David

   A. siempre enfrentó las circunstancias con una actitud triunfante y confianza.

   B. cambió las circunstancias y los venció con su fuerza militar.

   C. confió en Dios a pesar de que a veces se preocupó.

7. El Salmo 22 predice los sufrimientos de Jesús al describir

   A. el sufrimiento del Mesías; la burla y el dolor que sufrió.

   B. la historia de un pastor va en busca de su oveja.

   C. la crucifixión, especialmente como la practicaban los romanos.

8. En Mateo 22: 41–46 Jesús le pregunta a los fariseos acerca del Salmo 110, en el que

   A. el Mesías desata su juicio sobre las naciones.

   B. los jóvenes se acercan al Mesías como el rocío sobre la tierra.

   C. los confunde con una pregunta acerca del hijo de David.

CORRECTO/INCORRECTO:

1. C I   Las tribulaciones son señal de que Dios ha quitado su bendición de nuestra vida.

2. C I   Dios a veces nos atrae al pecado para cumplir un bien mayor en nosotros.

3. C I   A Dios no le agrada cuando favorecemos a una persona o grupo sobre cualquier otro en la iglesia.

4. C I   Obedecer algunos mandamientos a la vez que descuidamos otros nos lleva al juicio.

5. C I   La fe y las obras están inseparablemente unidas.

6. C I   El juicio sobre los maestros será más severo porque ellos guían a las personas por el camino de perdición o hacia Dios.

7. C I   La sabiduría de este mundo es un recurso valioso para los cristianos que buscan conectarse con los pecadores.

8. C I   Santiago enseña que los cristianos que han caído y no quieren ser restaurados deben ser separados de la fraternidad de la iglesia.

9. C I   Antes de ayudar a los pobres, los cristianos deben asegurarse de que su pobreza no sea resultado de sus malas decisiones.

10. C I   Cuando los cristianos se enferman, deben entrar a su lugar de oración y deben pedir sanidad en humilde soledad.

SELECCIÓN MÚLTIPLE:

1. Santiago declara que cuando los cristianos pasan por tribulaciones se deben considerarse
   A. bendecidos.
   B. bien equipados.
   C. culpables.

2. Mostramos que hemos escuchado la palabra de Dios verdaderamente cuando
   A. la proclamamos a otros.
   B. podemos recordarla con rapidez.
   C. la ponemos en practica.

3. De acuerdo a Santiago, cuando un cristiano tiene abundante riqueza, debe
   A. renunciar a ella y mostrar un espíritu humilde.
   B. tratar a los pobres con compasión y justicia, y pagando salarios justos que provean para sus necesidades.
   C. expresar agradecimiento por el gran favor de Dios en su vida.

4. ¿Qué refiere Santiago como una ley real?

    A. Ama a tu prójimo como a ti mismo.

    B. Estos tres permanecen: la fe, la esperanza y el amor, y el mayor de ellos es el amor.

    C. Odia el pecado, ama al pecador.

5. Un estilo de vida piadoso es esencial para el creyente porque

    A. las buenas obras aseguran nuestra salvación.

    B. las buenas obras muestran la validez de la salvación.

    C. las buenas obras son la manera en que cual proclamamos el evangelio a los perdidos.

6. ¿Qué parte del cuerpo compara Santiago con un incendio, un timón, y un freno de caballos?

    A. La lengua

    B. Los ojos

    C. La mano

7. Santiago compara el amor por las cosas de este mundo con

    A. la idolatría.

    B. la fe tibia.

    C. el adulterio.

8. Según Sanriago, ¿cuál NO es una de las claves de que tenemos armonía con Dios?

    A. Resistir al diablo.

    B. Ganar las bendiciones de Dios.

    C. Lavarnos las manos.

9. Los ricos que se mencionan en Santiago 5 fueron condenados porque

    A. trataron a los pobres injustamente al negarles un salario justo por su labor.

    B. su riqueza era una señal de que sus prioridades estaban enfocadas en el mundo.

    C. mintieron a los líderes de la iglesia acerca de sus ingresos para disminuir la cantidad que ofrendaban.

10. Santiago les dice a quienes sufren por su fe

    A. que sean pacientes y se fortalezcan en el inminente regreso de Cristo.

    B. que se arrepientan de sus pecados que los guiaron a su sufrimiento.

    C. que recuerden que muchas personas de Dios sufrieron más que ellos por causa de su fe.

Correcto/Incorrecto

1. I   2. I   3. C   4. C   5. C   6. C   7. I   8. C   9. I   10. I

Selección múltiple

1. A   2. C   3. B   4. A   5. B   6. A   7. C   8. B   9. A   10. A